国家中等职业教育示范学校创新教材

U0649237

汽车材料

Qiche Cailiao

主编 仲 涛 张 彬

副主编 肖 宏

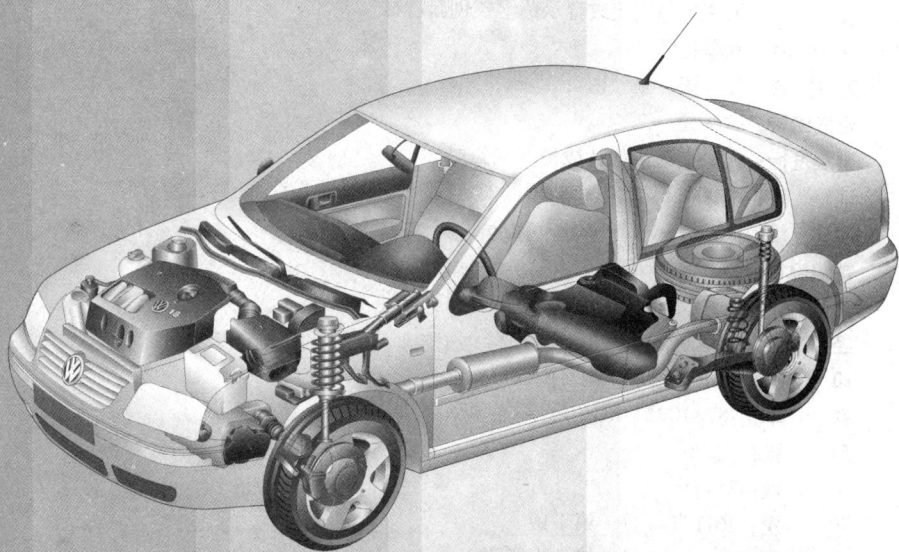

人民交通出版社
China Communications Press

内 容 提 要

本书共7章，主要内容有：金属材料及应用，非金属材料及应用，其他材料及应用，石油——汽车运行材料的基础，汽车燃料，汽车润滑材料，汽车专用工作液并附有阅读空间、小结和自我检测。

本书可作为中等职业学校汽车运用与维修专业的教材，也可作为汽车检测与维修人员的学习参考书。

图书在版编目（CIP）数据

汽车材料 / 仲涛，张彬主编. — 北京：人民交通出版社，2011.3

国家中等职业教育示范学校创新教材

ISBN 978-7-114-08824-7

Ⅰ.①汽⋯　Ⅱ.①仲⋯　②张⋯　Ⅲ.①汽车－工程材料－专业学校－教材　Ⅳ.①U465

中国版本图书馆 CIP 数据核字（2010）第 258213 号

国家中等职业教育示范学校创新教材

书　　名：汽车材料
著 作 者：仲 涛 张 彬
责任编辑：谢 元
出版发行：人民交通出版社股份有限公司
地　　址：(100011) 北京市朝阳区安定门外外馆斜街 3 号
网　　址：http://www.ccpress.com.cn
销售电话：(010) 59757973
总 经 销：人民交通出版社股份有限公司发行部
经　　销：各地新华书店
印　　刷：北京市密东印刷有限公司
开　　本：787×1092　1/16
印　　张：12.25
字　　数：274 千
版　　次：2011 年 3 月　第 1 版
印　　次：2021 年 7 月　第 5 次印刷
书　　号：ISBN 978-7-114-08824-7
定　　价：24.00 元

前言

本书是根据教育部颁发的中等职业学校汽车运用与维修专业教学指导方案，并参照相关职业技能鉴定规范等编写而成。

本教材根据中等职业学校教学培养目标、特点和要求，在内容选材上力求做到知识面广，不求深度，适用为主，注重应用，同时结合科学技术的发展，增加了新材料知识、新技术和工艺，注重使学生建立环保和节能意识。为了避免内容枯燥乏味，增加学生的学习兴趣，书中加入了一定数量的相关图片和阅读空间。

本书内容分为两篇，共七章，建议课时分配如下，仅供参考。

章　　序	课 程 内 容	教 学 时 数
	绪论	1
第1章	金属材料及应用	25
第2章	非金属材料及应用	10
第3章	其他材料及应用	6
第4章	石油——汽车运行材料的基础	2
第5章	汽车燃料	6
第6章	汽车润滑材料	6
第7章	汽车专用工作液	4
	授课合计	60
	机动	4
总计学时		64

本书由沈阳市汽车工程学校仲涛、张彬担任主编，肖宏担任副主编，参编人员有隋明轩、边唤辉、张凯良，全书由张彬统稿。本书在编写过程中得到了赵传胜、金春玉、郭春启、杨庆传、王维先、乌莉、穆冬梅的大力支持。另外，人民交通出版社在本书的编写过程中给予了很多帮助，提出了许多宝贵意见。编写过程中，也参阅了一些其他同行的著作，在此一并表示衷心的感谢。

由于编者水平有限，书中难免有不足及疏漏之处，恳请各位教师和广大读者批评指正。

编者

二〇一一年三月

目 录

目 录

目录

目 录

绪　　论

材料是汽车工业的基础。汽车材料包括制造汽车各种零部件用到的汽车工程材料，以及汽车在使用过程中用到的燃料、润滑材料和工作油液等汽车运行材料。

汽车工程材料大致可分为金属材料和非金属材料两大类。常用的汽车工程材料如图0-1所示。

汽车运行材料分类如图0-2所示。

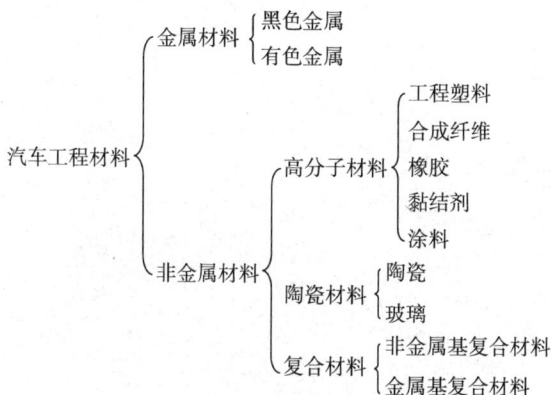

图 0-1　汽车工程材料分类

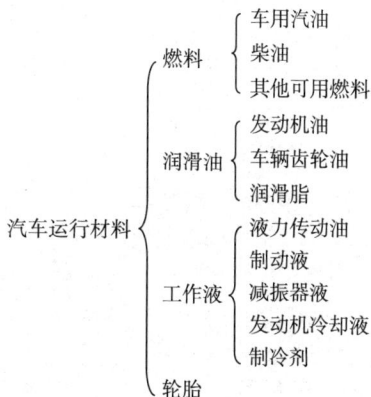

图 0-2　汽车运行材料分类

◆轮胎因制造材料橡胶以及结构在《汽车底盘构造与维修》一书中已经阐述，本书不再介绍。

一辆汽车有两万多个零件，用于汽车的材料品种和规格有四千多种。从汽车的设计、选材、加工制造，到汽车的使用、维护，无一不涉及材料。除钢铁、橡胶及燃油外，汽车还大量使用有色金属、塑料、涂料、玻璃、纤维制品、电线、润滑油脂、化学制剂、摩擦材料、纸以及各种电气材料和电子元件等。

目前，汽车所用材料在整车质量中所占的比例大约是：钢材为 55% ~ 60%；铸铁为 5% ~ 12%；有色金属为 6% ~ 12%；塑料为 10% ~ 15%；玻璃为 2% ~ 4%；橡胶为 4%；其他材料（油漆、各种液体等）为 5% ~ 15%。随着地球石油资源的不断减少，环境恶化所带来的全球气候变暖、人类亚健康等影响，人们的环境意识、能源意识不断加强。当前汽车工业发展的方向是汽车轻量化和减少污染以及发展新能源汽车。

当前，汽车材料总的发展趋势是：结构材料中钢铁材料所占比例将逐步下降，有色金属、陶瓷材料、复合材料、高分子材料等新型材料的用量逐步上升。在性能可靠的前提下，将尽可能多地采用铝合金、复合材料等轻型、新型材料取代钢铁材料。于此同时，纳米等新技术材料在汽车结构和运行材料上也获得了应用。

1

掌握汽车材料的性能、用途是汽车维修的基础。通过本课程的学习，应达到：

（1）对构成汽车的金属材料、非金属材料以及复合材料的概念、类型和性能、应用情况及发展趋势具备一定的认识，具有合理分析和使用材料的能力。

（2）掌握汽车运行材料的类型、品种、牌号、规格及性能，具备合理选择及使用运行材料的能力，建立能源和环保意识。

第一篇 汽车工程材料

Chapter

1

第一章 金属材料及应用

构成汽车的零件有两万多个，在这些零件中，使用了各种各样的材料（图 1-1），其中约 86% 是金属材料，而在金属材料中，钢铁材料占 80%；铝、铜等有色金属占 6% ～ 12%。

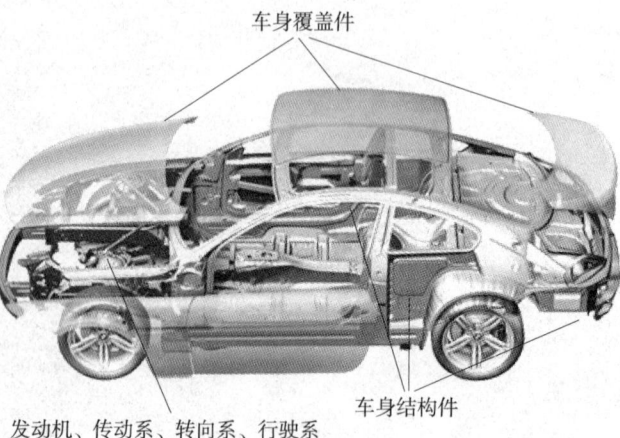

车身覆盖件

车身结构件

发动机、传动系、转向系、行驶系

图 1-1 汽车上的金属材料

一 金属材料的性能

知识目标

1. 了解金属材料的性能、分类方法；
2. 掌握金属材料力学性能的概念、符号、物理意义；
3. 理解各种性能指标的试验原理。

能力目标

1. 能运用本节知识做实际运用方面的简单分析；
2. 培养学生在生产和生活中善于思考的良好习惯。

金属元素或以金属元素为主构成的具有金属特性的材料统称为金属材料，包括纯金属、合金、金属间化合物等，但金属氧化物（如氧化铝）不属于金属材料。人类文明的发展和社会的进步同金属材料的关系十分密切。继石器时代之后出现的铜器时代、铁器时代，均以金属材料的应用为其时代的显著标志。如今，种类繁多的金属材料已成为汽车发展的重要物质基础，钢铁、铝和铝合金、铜和铜合金、镁和镁合金都广泛地应用于汽车上。金属材料的力学性能、化学性能、物理性能、工艺性能也决定了它们的使用方向。

1 金属材料的力学性能

物体内部单位截面积上承受的力称为应力。由外力作用引起的应力称为工作应力，在无外力作用条件下平衡于物体内部的应力称为内应力（例如组织应力、热应力、加工过程结束后留存下来的残余应力等）。

金属在一定温度条件下承受外力（载荷）作用时，抵抗变形和断裂的能力称为金属材料的力学性能。金属材料承受的载荷有多种形式，它可以是静态载荷，也可以是动态载荷，包括单独或同时承受的拉伸应力、压应力、弯曲应力、剪切应力、扭转应力，以及摩擦、振动、冲击等，因此衡量金属材料力学性能的指标主要有强度、塑性、硬度、韧性和疲劳强度。

1 强度

强度是表征材料在外力作用下抵抗变形和损坏的最大能力，可分为抗拉强度、抗弯强度、抗压强度等。由于金属材料在外力作用下从变形到破坏有一定的规律可循，因而通常采用拉伸试验（图1-2）进行测定，即把金属材料制成一定规格的试样，在拉伸试验机上进行拉伸，直至试样断裂，测定的强度指标主要有：

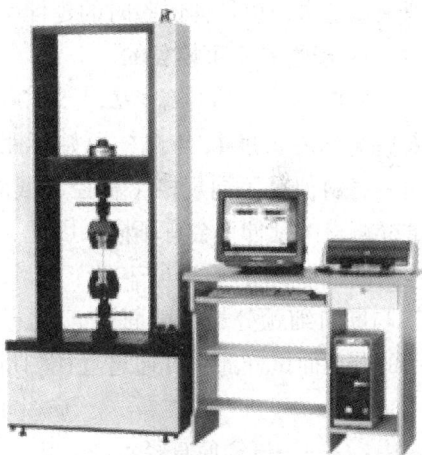

图1-2　拉伸试验

❶ 强度极限

材料在外力作用下能抵抗断裂的最大应力，一般指拉力作用下的抗拉强度极限，以 σ_b 表示，如图1-3中最高点 b 对应的强度极限，常用单位为 MPa。

❷ 屈服强度极限

金属材料试样承受的外力超过材料的弹性极限时，虽然应力不再增加，但是试样仍发生明显的塑性变形，这种现象称为屈服，即材料承受外力到一定程度时，其变形不再与外力成正比而产生明显的塑性变形。产生屈服时的应力称为屈服强度极限，用 σ_s 表示，单位为 MPa，相应于图1-3中的 s 点，称为屈服点。如图1-4所示，螺栓被拧紧过了屈服点，这样的螺栓就不能继续使用了。

❸ 弹性极限

材料在外力作用下将产生变形，但是去除外力后仍能恢复原状的能力称为弹性。金属材料能保持弹性变形的最大应力称为弹性极限，相应于图1-3中的 e 点，以 σ_e 表示，单位为 MPa。

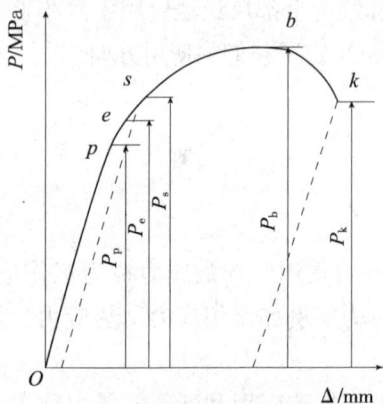

图1-3 拉伸试验曲线图

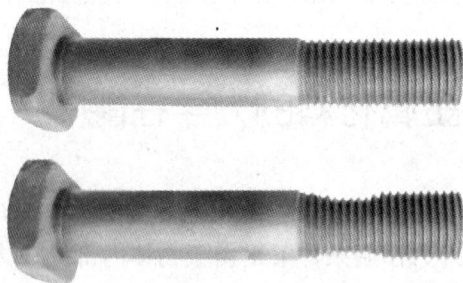

图1-4 螺栓被拧紧过了屈服点

❷ 塑性

金属材料在外力作用下，产生永久变形而不破坏的最大能力，称为塑性。对大多数工程材料来说，当其应力低于比例极限时，应力 - 应变关系是线性的。另外，大多数材料在其应力低于屈服点时，表现为弹性行为，也就是说，当移走载荷时，其应变也完全消失。通常，以拉伸试验时的延伸率和断面收缩率表示塑性好坏。

◆ **塑性是不可恢复的**

延伸率 $\delta = [(L_1 - L_0)/L_0] \times 100\%$，这是拉伸试验时试样拉断后，将试样断口对合起来后的标距长度 L_1 与试样原始标距长度 L_0 之差（增长量）与 L_0 之比。在实际试验时，同一材料但是不同规格（直径、截面形状——方形、圆形、矩形以及标距长度）的拉伸试样测得的延伸率会有不同，因此，一般需要特别加注。

断面收缩率 $\psi = [(F_0 - F_1)/F_0] \times 100\%$，这是拉伸试验时试样拉断后，原横截面积 F_0 与断口细颈处最小截面积 F_1 之差（断面缩减量）与 F_0 之比。实际应用中，对于最常用的圆截面试样通常可通过直径测量进行计算：

$$\psi = [1 - (D_1/D_0)2] \times 100\%$$

式中：D_0——试样原直径；

D_1——试样拉断后断口细颈处最小直径。

δ 与 ψ 值越大，表明材料的塑性越好。

❸ 硬度

金属材料抵抗其他更硬物体压入表面的能力，称为硬度，或者说，硬度是材料对局部塑性变形、压痕或划痕的抵抗能力，是衡量材料软硬的判定依据。材料的硬度越高，耐磨性越好，故常将硬度值作为衡量材料耐磨性的重要指标之一。

硬度与强度有着一定的关系。硬度测试应用最广的方法是压入法，即在一定载荷作用下，将比工件更硬的压头缓慢压入被测工件表面，使金属局部塑性变形而形成压痕，然后根据压痕面积大小或压痕深度来确定硬度值。

根据压头和压力不同，常用的硬度指标有布氏硬度（HBW）、洛氏硬度（HRA、HRB、HRC 等）和维氏硬度（HV）。

❶ 布氏硬度（HBW）

用布氏硬度测量仪（图 1-5）将一定直径 D（mm）的淬硬钢球在规定载荷 F（N）的作用下压入试样表面，保持一段时间后卸去载荷，在试样表面将会留下平均直径为 d（mm）的压痕（图 1-6），以试样的单位表面积能承受载荷的大小表示该试样的硬度。在实际应用中，通常直接测量压坑的直径，并根据载荷 F 和钢球直径 D 从布氏硬度数值表上查出布氏硬度值。例如：布氏硬度记为 200HBW10/1000/30，表示用直径为 10mm 的钢球，在 9800N（1000kgf）的载荷下保持 30s 时测得布氏硬度值为 200。显然，压坑直径越大，硬度越低，表示的布氏硬度值越小。布氏硬度与材料的抗拉强度之间存在一定关系：$\sigma_b \approx K\mathrm{HBW}$，$K$ 为系数，例如低碳钢 $K \approx 0.36$、高碳钢 $K \approx 0.34$、调质合金钢 $K \approx 0.325$ 等。

图 1-5 布氏硬度测量仪

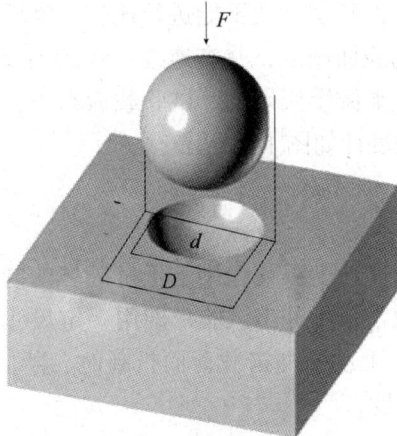

图 1-6 布氏硬度测量过程

❷ 洛氏硬度（HR）

当被测试样过小或者布氏硬度（HBW）大于 450 时，就改用洛氏硬度计量。试验方法是用有一定顶角（例如 120°）的金刚石圆锥体压头或一定直径 D（mm）的淬硬钢球，在一定载荷 P（预载荷 P_0 和总载荷 P_1）作用下压入试样表面，保持一段时间后卸去载荷，在试样表面将会留下某个深度的压痕。由洛氏硬度测量仪（图 1-7）自动测量压坑深度并以硬度值读数显示，测量原理如图 1-8 所示。显然，压坑越深，硬度越低，表示的洛氏硬度值越小。根据试验材料硬度的不同，可分为 3 种不同标度来表示：

（1）HRA 是采用 60kg 载荷和钻石锥压入器求得的硬度，用于硬度极高的材料，例如硬质合金。

（2）HRB 是采用 100kg 载荷和直径 1.58mm 淬硬的钢球求得的硬度，用于硬度较低的材料，例如退火钢、铸铁等。

（3）HRC 是采用 150kg 载荷和钻石锥压入器求得的硬度，用于硬度很高的材料，例如淬火钢等。

其中，HRC 主要用于测试淬火钢、回火钢、调质钢和部分不锈钢，这是金属加工行业应用最多的硬度试验方法。

图 1-7　洛氏硬度测量仪

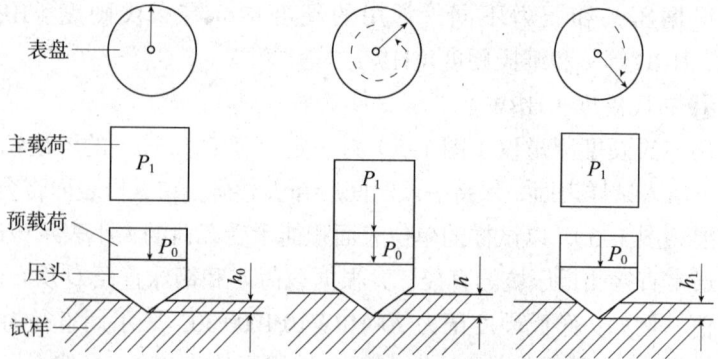

图 1-8　洛氏硬度测量原理图

❸ 维氏硬度（HV）

布氏硬度试验不适用于测定硬度较高的材料。洛氏硬度试验虽然可用于测定较硬材料和硬材料，但其硬度值不能进行比较。维氏硬度试验可以测量从软到硬的各种材料以及金属零件的表面硬度，并有连续一致的硬度标尺，适用于较薄工件、工具表面或镀层的硬度测定；显微维氏硬度，试验载荷小于 1.961N，适用于金属箔、极薄表面层的硬度测定。维化硬度计如图 1-9 所示。

❹ 韧度

金属材料在冲击载荷作用下抵抗破坏的能力，即抗磨损、抗拉伸、抗压入等的能力称为韧度。通常采用冲击试验，即用一定尺寸和形状的金属试样在规定类型的冲击试验机（图 1-10）上承受冲击载荷而折断时，断口上单位横截面积上所消耗的冲击吸收功，表征材料的韧度：

$$\alpha_k = A_k/S\ (\text{J/cm}^2)$$

式中：α_k——金属材料的冲击韧度；

A_k——冲击吸收功；

S——断口处截面积。

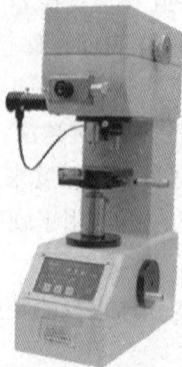

图 1-9　维氏硬度计

图 1-10　冲击试验机

5 疲劳强度

许多机械零件和工程构件是承受交变载荷工作的。在交变载荷的作用下，虽然应力低于材料的屈服极限，但经过长时间的应力反复循环作用以后，也会发生突然脆性断裂，这种现象称作金属材料的疲劳，这种断裂方式称为疲劳断裂。

（1）金属材料疲劳断裂的特点是：

①载荷应力是交变的；

②载荷的作用时间较长；

③断裂是瞬时发生的；

④无论是塑性材料还是脆性材料，在疲劳断裂区都是脆性的。

所以，疲劳断裂是工程上最常见、最危险的断裂形式。

（2）金属材料的疲劳现象，按条件不同可分为下列5种：

①高周疲劳：指在低应力（工作应力低于材料的屈服极限，甚至低于弹性极限）条件下，应力循环周数在1亿次以上的疲劳。它是最常见的一种疲劳破坏。高周疲劳一般简称疲劳。

②低周疲劳：指在高应力（工作应力接近材料的屈服极限）或高应变条件下，应力循环周数在1000万次以下的疲劳。由于交变的塑性应变在这种疲劳破坏中起主要作用，因而，又称塑性疲劳或应变疲劳。

③热疲劳：指由于温度变化所产生的热应力的反复作用所造成的疲劳破坏。

④腐蚀疲劳：指机器部件在交变载荷和腐蚀介质（如酸、碱、海水、活性气体等）的共同作用下所产生的疲劳破坏。

⑤接触疲劳：指机器零件的接触表面，在接触应力的反复作用下，出现麻点剥落或表面压碎剥落，从而造成零件失效破坏。

（3）金属材料在无数次重复交变载荷作用下不被破坏的最大应力，称为疲劳强度。金属材料的疲劳强度就是它的疲劳极限，可以通过提高疲劳极限的方法来防止断裂事故的发生：

①在进行设计时，尽量避免尖角和缺口，以及尽量减少能成为疲劳源的表面缺陷和各表面损伤。

②采用各种表面强化处理，以形成残余压力，提高疲劳抗力。

③改善零部件的结构形式、材料质量和工作条件。

◆ **疲劳破坏是机械零件失效的主要原因之一**（图1–11）。

据统计，在机械零件失效中，有80%以上属于疲劳破坏，而且疲劳破坏前没有明显的变形，所以，疲劳破坏经常造成重大事故。对于轴、齿轮、轴承、叶片、弹簧等承受交变载荷的零件，要选择疲劳强度较好的材料来制造。

图1–11　中国台湾华航"525空难"祸因可能是金属疲劳

2 金属材料的物理性能和化学性能

1 物理性能

物理性能指材料在发生物理变化过程中所表现出来的性能（电导性、热导性），金属的物理性能主要包括以下 5 个方面：

（1）密度（比重）：$\rho=m/V$（kg/m^3），式中，m 为质量，V 为体积。在实际应用中，除了根据密度计算金属零件的质量外，很重要的一点是金属的比强度（强度 σ_b 与密度 ρ 之比）来帮助选材。

（2）熔点：金属由固态转变成液态时的温度，对金属材料的熔炼、热加工有直接影响，并与材料的高温性能有很大关系。

（3）热膨胀性：随着温度变化，材料的体积也发生变化（膨胀或收缩）的现象称为热膨胀，多用线膨胀系数衡量，即温度变化 1℃时，材料长度的增减量与其 0℃时的长度之比。热膨胀性与材料的比热容有关。在实际应用中，还要考虑比体积（材料受温度等外界影响时，单位质量的材料其容积的增减，即容积与质量之比），特别是对于在高温环境下工作，或者在冷、热交替环境中工作的金属零件，必须考虑其膨胀性能的影响。

（4）磁性：能吸引铁磁性物体的性质称为磁性，它反映在磁导率、磁滞损耗、剩余磁感应强度、矫顽磁力等参数上，从而可以把金属材料分成顺磁与逆磁、软磁与硬磁材料。

（5）电学性能：主要是电导率，在电磁无损检测中对其电阻率和涡流损耗等都有影响。

2 化学性能

金属与其他物质引起化学反应的特性，称为金属的化学性能。在实际应用中，主要考虑金属的抗蚀性、抗氧化性（又称氧化抗力，是指金属在高温时对氧化作用的抵抗能力或者说稳定性），以及不同金属之间、金属与非金属之间形成的化合物对力学性能的影响等。在金属的化学性能中，特别是抗蚀性对金属的腐蚀疲劳损伤有着重大的意义。

3 金属材料的工艺性能

金属对各种加工工艺方法所表现出来的适应性，称为金属材料的工艺性能，主要有以下 5 个方面：

1 切削加工性能

切削加工性能反映用切削工具（例如车削、铣削、刨削、磨削等）对金属材料进行切削加工的难易程度。

❷ 可锻性

可锻性反映金属材料在压力加工过程中成型的难易程度，例如将材料加热到一定温度时其塑性的高低（表现为塑性变形抗力的大小），允许热压力加工的温度范围大小，热胀冷缩特性以及与显微组织、力学性能有关的临界变形的界限、热变形时金属的流动性、导热性能等。

❸ 可铸性

可铸性反映金属材料熔化浇铸成为铸件的难易程度，表现为熔化状态时的流动性、吸气性、氧化性、熔点，铸件显微组织的均匀性、致密性，以及冷缩率等。

❹ 可焊性

可焊性反映金属材料在局部快速加热，使结合部位迅速熔化或半熔化（需加压），从而使结合部位牢固地结合在一起而成为整体的难易程度，表现为熔点、熔化时的吸气性、氧化性、导热性、热胀冷缩特性、塑性以及与接缝部位和附近用材显微组织的相关性、对力学性能的影响等。

❺ 热处理工艺性能

金属材料适应各种热处理的工艺性能称为热处理性能。当金属的材料选择不同时，热处理性能也会反映性能指标的差异。

❶ 退火

退火指金属材料加热到适当的温度，保持一定的时间，然后缓慢冷却的热处理工艺。常见的退火工艺有再结晶退火、去应力退火、球化退火、完全退火等。退火的目的主要是降低金属材料的硬度，提高塑性，以利切削加工或压力加工，减少残余应力，提高组织和成分的均匀化，或为后道热处理作好组织准备等。

❷ 正火

正火指将钢材或钢件加热到 Ac_3 或 Ac_m（钢的上临界点温度）以上 $30 \sim 50℃$，保持适当时间后，在静止的空气中冷却的热处理工艺。正火的目的主要是提高低碳钢的力学性能，改善切削加工性能，细化晶粒，消除组织缺陷，为后道热处理作好组织准备等。

❸ 淬火

淬火指将钢件加热到 Ac_3 或 Ac_1（钢的下临界点温度）以上某一温度，保持一定的时间，然后以适当的冷却速度，获得马氏体（或贝氏体）组织的热处理工艺。常见的淬火工艺有盐浴淬火、马氏体分级淬火、贝氏体等温淬火、表面淬火和局部淬火等。淬火的目的使钢件获得所需的马氏体组织，提高工件的硬度、强度和耐磨性，为后道热处理作好组织准备等。

❹ 回火

回火指钢件经淬硬后，再加热到 Ac_1 以下的某一温度，保温一定时间，然后冷却到室温的热处理工艺。常见的回火工艺有低温回火、中温回火、高温回火和多次回火等。

回火的目的主要是消除钢件在淬火时所产生的应力，使钢件具有高的硬度和耐磨性外，并具有所需要的塑性和韧性等。

❺ 调质

调质指将钢材或钢件进行淬火及回火的复合热处理工艺。使用于调质处理的钢称调质钢。调质钢一般是指中碳结构钢和中碳合金结构钢。

❻ 化学热处理

化学热处理指金属或合金工件置于一定温度的活性介质中保温，使一种或几种元素渗入其表层，以改变其化学成分、组织和性能的热处理工艺。常见的化学热处理工艺有渗碳、渗氮、碳氮共渗、渗铝、渗硼等。化学热处理的目的主要是提高钢件表面的硬度、耐磨性、抗蚀性、抗疲劳强度和抗氧化性等。

❼ 固溶处理

固溶处理指将合金加热到高温单相区恒温保持，使过剩相充分溶解到固溶体中后快速冷却，以得到过饱和固溶体的热处理工艺。固溶处理的目的主要是改善钢和合金的塑性和韧性，为沉淀硬化处理作好准备等。

❽ 沉淀硬化（析出强化）

沉淀硬化指金属在过饱和固溶体中，溶质原子偏聚区和（或）由之脱溶出微粒弥散分布于基体中而导致硬化的一种热处理工艺。如奥氏体沉淀不锈钢在固溶处理后或经冷加工后，在 400～500℃或 700～800℃进行沉淀硬化处理，可获得很高的强度。

❾ 时效处理

时效处理指合金工件经固溶处理、冷塑性变形或铸造、锻造后，在较高的温度放置或室温保持，其性能、形状、尺寸随时间而变化的热处理工艺。若采用将工件加热到较高温度，并较长时间进行时效处理的时效处理工艺，称为人工时效处理；若将工件放置在室温或自然条件下长时间存放而发生的时效现象，称为自然时效处理。时效处理的目的是消除工件的内应力，稳定组织和尺寸，改善力学性能等。

❿ 淬透性

淬透性指在规定条件下，决定钢材淬硬深度和硬度分布的特性。钢材淬透性好与差，常用淬硬层深度来表示。淬硬层深度越大，则钢的淬透性越好。钢的淬透性主要取决于钢的化学成分，特别与含增大淬透性的合金元素及晶粒度、加热温度和保温时间等因素有关。淬透性好的钢材，可使钢件整个截面获得均匀一致的力学性能，以及可选用钢件淬火应力小的淬火剂，以减少变形和开裂。

⓫ 临界直径（临界淬透直径）

临界直径是指钢材在某种介质中淬冷后，心部得到全部马氏体或 50% 马氏体组织时的最大直径，一些钢的临界直径一般可以通过油中或水中的淬透性试验来获得。

⓬ 二次硬化

某些铁碳合金（如高速钢）须经多次回火后才能进一步提高其硬度，这种硬化现象即为二次硬化。

⓭ 回火脆性

回火脆性指淬火钢在某些温度区间回火或从回火温度缓慢冷却，通过该温度区间的脆化现象。回火脆性可分为第一类回火脆性和第二类回火脆性。第一类回火脆性又称不可逆回火脆性，主要发生在回火温度为 250 ~ 400℃时，在重新加热脆性消失后，重复在此区间回火，不再发生脆性；第二类回火脆性又称可逆回火脆性，发生的温度在 400 ~ 650℃，当重新加热脆性消失后，应迅速冷却，不能在 400 ~ 650℃区间长时间停留或缓冷，否则会再次发生脆化现象。回火脆性的发生与钢中所含合金元素有关，如锰、铬、硅、镍会产生回火脆性倾向，而钼、钨有减弱回火脆性倾向。

阅读空间

疲劳破坏的特点

尽管疲劳载荷有各种类型，但它们都有一些共同的特点：

1. 断裂时并无明显的宏观塑性变形或断裂前没有明显的预兆，而是突然地破坏。
2. 引起疲劳断裂的应力很低，常常低于静载时的屈服强度。
3. 疲劳破坏能清楚地显示出裂纹的发生、扩展和最后断裂三个组成部分。

汽车的传动轴、后桥半轴主要是承受扭转疲劳，柴油机曲轴和汽轮机主轴则是弯曲和扭转疲劳的复合。再如齿轮在啮合过程中，所受的负荷在零到某一极大值之间变化，而缸盖螺栓则处在大拉小拉的状态中，这类情况称为拉－拉疲劳；连杆不同于螺栓，始终处在小拉大压的负荷中，这类情况称为拉－压疲劳。大多数零件的失效属于疲劳破坏。

二 汽车制造金属材料

知识目标

1. 了解铁碳合金、碳钢、铸铁、合金钢、铝和铝合金、铜和铜合金、镁和镁合金、轴承合金、粉末冶金材料及硬质合金有关基本概念、分类和性能；

2. 掌握碳钢、铸铁、合金钢、铝和铝合金、铜和铜合金、镁和镁合金和轴承合金的牌号及牌号含义。

能力目标

1. 掌握碳钢、铸铁、合金钢、铝和铝合金、铜和铜合金、镁和镁合金、轴承合金、粉末冶金材料及硬质合金的特性及在汽车上的应用范围；

2. 通过本节学习，培养学生理论联系实际的能力。

金属材料是最重要的工程材料，工业上将金属及其合金分为两大类：黑色金属和有色金属。其中黑色金属是指铁、锰、铬；有色金属是指其余的所有金属。有色金属又可以分为以下4类：

（1）轻有色金属：一般是指密度在5g/cm³以下的有色金属，包括铝、镁、钠、钾、钙、钡、锶。

（2）重有色金属：一般是指密度在5g/cm³以上的有色金属，包括铜、镍、铅、锌、钨、钴、锡、锑、汞、镉、铋等。

（3）贵金属：指价格比较昂贵的金属，包括金、银、铂、铱、锇、钌、铑、钯。

（4）稀有金属：在地壳中含量比较少、比较分散、提取较难或研究应用较晚的金属，包括铍、钼、钽、铌、钛、钒、镓、铼、铟、铊、锗、铪，以及稀土元素和人造铀元素等。

汽车制造金属材料中广泛的应用了其中一些金属和金属合金。

① 铁碳合金

① 铁碳合金的基本组织和性能

铁碳合金是以铁元素和碳元素组成的合金（图1-12）。铁基材料中应用最多的一类——碳钢和铸铁，就是一种工业铁碳合金材料。

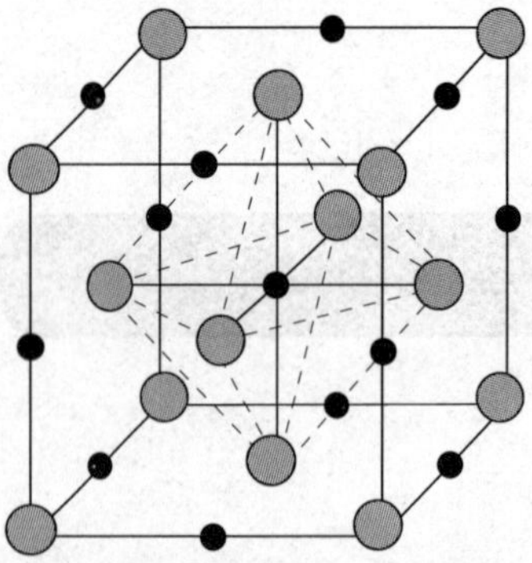

铁原子　●碳原子

图1-12　铁碳合金晶格

铁碳合金中合金的形成，与铁的晶体结构及碳在合金中的存在形式有关。

铁（熔点为1538℃）有3种同素异构状态（金属在固态下随温度的变化由一种晶格转变为另一种晶格的现象）：

（1）熔点在912℃以下的称α-Fe。

（2）熔点在912～1394℃的称γ-Fe。

（3）熔点在1394～1538℃的称δ-Fe。

在液态，在低于7%碳范围，碳和铁可完全互溶。在固态，碳在铁中的溶解是有限的，并且溶解度取决于铁的晶体结构。与铁的3种同素异构物相对应，碳在铁中形成的固溶体（固溶体指的是矿物一定结晶构造位置上离子的互相置换，而不改变整个晶体的结构及对称性等。但微观结构上如结点的形状、大小可能随成分的变化而改变）有3种：

（1）α固溶体（铁素体F）。

（2）γ固溶体（奥氏体A）。

（3）δ固溶体（δ铁素体）。

这些固溶体中，铁原子的空间分布与α-Fe、γ-Fe和δ-Fe一致，碳原子的尺寸远比铁原子为小，在固溶体中它处于间隙位置，造成畸变。碳在γ-Fe中的溶解度最大，但不超过2.11%；碳在α-Fe中的溶解度不超过0.0218%；而在δ-Fe中不超过

0.09%。当铁碳合金的碳含量超过在铁中的溶解度时，多余的碳可以以铁的碳化物形式或以单质状态（石墨）存在于合金中，可形成一系列碳化物，其中 Fe_3C（渗碳体，是一种铁碳化合物，其含碳量 w_c 为 6.69%）是具有复杂结构的间隙化合物。Fe_3C 有可能分解成铁和石墨，但该过程在室温下是极其缓慢的。铁碳合金因组织结构不同而性能各异：

（1）$\alpha\text{-}Fe$、$\gamma\text{-}Fe$、$\delta\text{-}Fe$ 一般强度低、硬度低、韧性、塑性好。

（2）Fe_3C 一般熔点高，硬而脆，塑性、韧性几乎为零。

❷ 铁碳合金的分类

铁碳合金按其内部的含碳量可分为碳钢（含碳量 w_c 为 0.0218% ~ 2.11%）和铸铁（含碳量 w_c 为 2.11% ~ 6.69%）两类。

❷ 碳钢

❶ 碳钢的基本概念

碳钢是基本工业用钢，约占钢铁总产量的 80%。主要指碳的质量分数小于 2.11%，而不含有特意加入的合金元素的钢，有时又称普碳钢或碳素钢。碳钢除含碳外，一般还含有少量的硅、锰、硫、磷。

❷ 碳钢的分类

碳钢主要按碳含量、钢含量、用途和制造时的脱氧方法来分类：

（1）按含碳量可以把碳钢分为低碳钢（碳含量 $w_c \leq 0.25\%$），中碳钢（碳含量 w_c 为 0.25% ~ 0.6%）和高碳钢（碳含量 $w_c > 0.6\%$）。一般碳钢中含碳量越高，则硬度越高，强度也越高，但塑性降低。

（2）按钢的质量可以把碳素钢分为普通碳素钢（含磷、硫较高）、优质碳素钢（含磷、硫较低）和高级优质钢（含磷、硫更低）。

（3）按用途可以把碳钢分为碳素结构钢、碳素工具钢和铸钢。

（4）按脱氧方法可分为沸腾钢（F）、镇静钢（b）、半镇静钢（Z）。

❸ 碳钢中杂质元素对钢性能的影响

碳钢除含碳外，一般还含有少量的硅、锰、硫、磷等杂质元素，由于这些杂质元素的存在势必对碳钢的性能产生影响。

碳钢中杂质元素对钢性能的影响：

（1）碳：存在于所有的钢材，是最重要的硬化元素，有助于增加钢材的强度。

（2）铬：增加耐磨损性和硬度，最重要的是增加耐腐蚀性（金属材料抵抗周围介质腐蚀破坏作用的能力称为耐腐蚀性），含铬量为 13% 以上的钢为不锈钢（耐空气、蒸汽、水等弱腐蚀介质和酸、碱、盐等化学浸蚀性介质腐蚀的钢）。

（3）锰：重要的元素，有助于生成纹理结构，增加坚固性、强度及耐磨损性。

（4）钼：碳化作用剂，防止钢材变脆。

（5）镍：保持强度、抗腐蚀性和韧性。

（6）硅：有助于增强强度，和锰一样，硅在钢的生产过程中用于保持钢材的强度。

（7）钨：增强抗磨损性。

（8）钒：增强抗磨损能力和延展性。

可见，锰和硅是有益元素，它们能提高碳钢的强度和硬度，降低脆性；而磷和硫是有害元素，它们会使碳钢的强度、塑性降低，脆性加大。

4 普通碳素结构钢

结构钢是指用于制造机械零件和各种工程结构件的钢，而碳素钢是指平均含碳量 $w_c < 2\%$，化学成分只包含硫、磷、锰、硅的钢，所以碳素结构钢是平均含碳量 $w_c < 2\%$，化学成分只包含硫、磷、锰、硅，用于制造机械零件和各种工程结构件的钢。普通碳素结构钢是指 $w_S \leq 0.035\%$，$w_P \leq 0.035\%$ 的碳素结构钢。普通碳素结构钢容易冶炼，不消耗贵重金属，价格低廉，性能能满足一般工业要求，所以是用量最大的一类钢。这类钢主要用于焊接、铆接、栓接构件，如用来制造铆钉、螺母、薄板、钢筋焊接钢，等等，如图 1-13 所示。

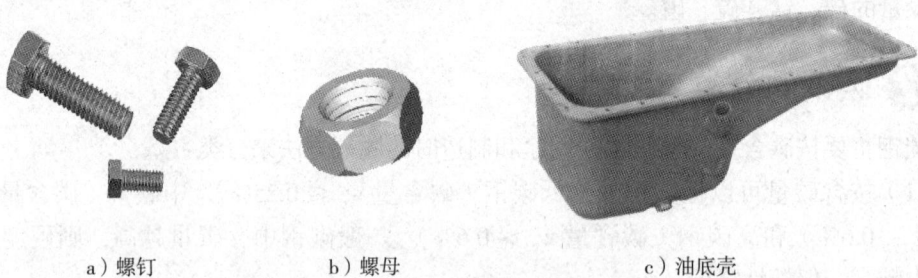

a）螺钉　　　　b）螺母　　　　c）油底壳

图 1-13　普通碳素结构钢的应用

普通碳素结构钢主要保证力学性能，故其牌号体现其力学性能。我国普通碳素结构钢的牌号表示标准是：

用 Q+ 数字表示，其中"Q"为屈服点（屈服强度又称屈服极限，是材料屈服的临界应力值）"屈"字的汉语拼音字首。数字表示屈服点数值，例如 Q275 表示屈服点为275MPa。若牌号后面标注字母 A、B、C、D，则表示钢材质量等级不同，含 S、P 的量依次降低，钢材质量依次提高。若在牌号后面标注字母"F"则为沸腾钢，标注"b"为半镇静钢，不标注"F"或"b"者为镇静钢。例如 Q235-AF 表示屈服点为 235MPa的 A 级沸腾钢，Q235-C 表示屈服点为 235MPa 的 C 级镇静钢。其中质量等级即含磷和硫的质量分数高低。

由于世界上各主要工业化国家钢的牌号标准各不相同，为方便查找，表 1-1 列举了 6个汽车生产大国以及国际标准化组织普通碳素结构钢牌号对照表。

品名	中国	美国	日本	德国	英国	法国	国际标准化组织
	GB	AST	JIS	DIN、DINEN	BS、BSEN	NF、NFEN	ISO 630
	牌号	牌号	牌号	牌号	牌号	牌号	
普通碳素结构钢	Q195	Cr.B Cr.C	SS330 SPHC SPHD	S185	040 A10 S185	S185	
	Q215A	Cr.C Cr.58	SS 330 SPHC		040 A12		
	Q235A	Cr.D	SS400 SM400A		080A15		E235B
	Q235B	Cr.D	SS400 SM400A	S235JR S235JRG1 S235JRG2	S235JR S235JRG1 S235JRG2	S235JR S235JRG1 S235JRG2	E235B
	Q255A		SS400 SM400A				
	Q275		SS490				E275A

碳素结构钢一般情况下都不经热处理，而在供应状态下直接使用。通常 Q195、Q215、Q235 钢碳的质量分数低，焊接性能好，塑性、韧性好，有一定强度，常轧制成薄板、钢筋、焊接钢管等，用于桥梁、建筑等结构和制造普通铆钉、螺钉、螺母等零件。Q255 和 Q275 碳钢的质量分数稍高，强度较高，塑性、韧性较好，可进行焊接，通常轧制成型钢、条钢和钢板作结构件以及制造简单机械的连杆、齿轮、联轴节、销等零件。

⑤ 优质碳素结构钢

优质碳素结构钢主要用于制造机器零件，这类钢必须同时保证化学成分和力学性能。其牌号是采用两位数字表示钢中平均含碳的质量分数的万分数（$w_c \times 10000$）。例如 45 钢表示钢中平均碳的质量分数为 0.45%；08 钢表示钢中平均碳的质量分数为 0.08%。

优质碳素结构钢制成零件后，一般都要经过热处理以提高力学性能，根据碳质量分数不同，有不同的用途。08、08F、10、10F 钢，塑性、韧性高，具有优良的冷成形性能和焊接性能，常冷轧成薄板，用于制作仪表外壳、汽车和拖拉机上的冷冲压件，如汽车车身、拖拉机驾驶室等；15、20、25 钢用于制作尺寸较小、负荷较轻、表面要求耐磨、心部强度要求不高的渗碳零件，如活塞销，样板等；30、35、40、45、50 钢经热处理（淬火＋高温回火）后具有良好的综合力学性能，即具有较高的强度和较高的塑性、韧性，用于制作轴类零件，例如 40、45 钢常用于制造汽车和拖拉机的曲轴、连杆、一般机床主轴、机床齿轮和其他受力不大的轴类零件；55、60、65 钢热处理（淬火＋中温回火）后具有高的弹性极限，常用于制作负荷不大、尺寸较小（截面尺寸小于 12 ~ 15mm）的弹簧，如调压和调速弹簧、柱塞弹簧、冷卷弹簧等。表 1-2 列举了 6 个汽车生产大国以及国际标准化组织普通碳素结构钢牌号对照表。

常用国内外优质碳素结构钢牌号对照表 表1-2

| 品名 | 中国 | 美国 | 日本 | 德国 | 英国 | 法国 | 国际标准化组织 |
| | GB | AST | JIS | DIN、DINEN | BS、BSEN | NF、NFEN | ISO 630 |
	牌号	牌号	牌号	牌号	牌号	牌号	牌号
优质碳素结构钢	08F	1008 1010	SPHD SPHE		040A10		
	10	1010	S10C S12C	CK10	040A12	XC10	C101
	15	1015	S15C S17C	CK15 Fe360B	08M15	XC12 Fe306B	C15E4
	20	1020	S20C S22C	C22	IC22	C22	
	25	1025	S25C S28C	C25	IC25	C25	C25E4
	40	1040	S40C S43C	C40	IC40 080M40	C40	C40E4
	45	1045	S45C S48C	C45	IC45 080A47	C45	C45E4
	50	1050	S50C S53C	C50	IC50 080M50	C50	C50E4
	15Mn	1019			080A15		

3 合金钢

1 合金钢的概念

碳钢价格低廉，工艺性能好，力学性能能够满足一般工程和机械的使用要求，是工业中用量最大的金属材料，但工业生产不断对钢提出更高的要求。

碳钢的缺点主要表现如下：

（1）淬透性差。

（2）回火稳定性差。

（3）综合力学性能低。

（4）不能满足某些特殊场合要求。

合金钢正是为了弥补碳钢的缺点发展起来的，合金钢是在碳钢的基础上，有意识地加入一种或多种合金元素而构成的铁碳合金。常加入元素有锰（Mn）、硅（Si）、铬（Cr）、镍（Ni）、钼（Mo）、钨（W）、钒（V）、钛（Ti）、铌（Nb）、锆（Zr）、稀土（Xt）等元素，根据添加元素的不同，并采取适当的加工工艺，即可获得高强度、高韧性、耐磨、耐腐蚀、耐低温、耐高温、无磁性等特殊性能。目前，世界上已有数千种合金钢。

❷ 合金钢的分类

合金钢种类很多，通常按合金元素含量多少分为低合金钢（含量＜5%），中合金钢（含量5%～10%），高合金钢（含量＞10%）；按质量分为优质合金钢、特质合金钢；按特性和用途又分为合金结构钢（用来制造各种机器零件及工程结构）、合金工具钢（用来制造各种重要的工具和量具）和特殊性能钢（用来制造有特殊性能要求的结构件和机械零件等）。

❶ 合金结构钢

合金结构钢是用于制造各种机器零件和各类工程结构的钢。这类钢是在碳素结构钢的基础上加入一些合金元素以提高其性能的钢，通常分为低合金结构钢、合金渗碳钢、合金调质钢、合金弹簧钢及滚动轴承钢等几种，其用途最广，用量最大。

（1）低合金结构钢：

①成分：在碳素结构钢的基础上加入少量合金元素制成的，其含碳量 w_c＜0.2%，合金元素总量＜3%。主要加入 Mn、Si 等元素，作用是强化铁素体，提高强度；加入 V、Ti 等元素，主要作用是细化组织，提高韧性；Cu、P 等元素在钢中能提高耐蚀性。

②性能：具有较高的强度，良好的综合力学性能，特别是有较高的屈服强度。有良好的塑性、焊接性能、耐腐蚀性，更低的冷脆转变温度。因而常称为低合金高强度钢。

③用途：一般工程结构和机械零件，如桥梁、船舶、车辆、锅炉、高压容器、输油管道、建筑钢筋等。

（2）合金渗碳钢：

①成分：含碳量很低，w_c 在 0.1%～0.25%，为了提高淬透性，加入 Cr、Mn、Ni、B 等并强化渗碳层和心部组织。此外，还加入微量的 Mo、W、V、Ti 等强碳化物形成元素。这些元素形成的稳定合金碳化物，不但能防止渗碳时晶粒长大外，还能增加渗碳层硬度，提高耐磨性。

②用途：制造受冲击载荷和受到强烈的摩擦和磨损的条件下工作的零件（图1-14），如汽车、拖拉机的变速齿轮、内燃机上的凸轮轴、活塞销等。

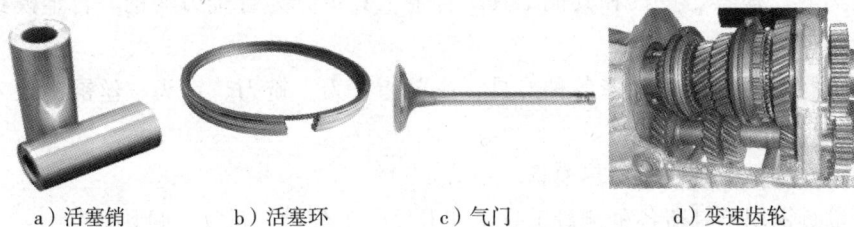

| a）活塞销 | b）活塞环 | c）气门 | d）变速齿轮 |

图1-14　用合金渗碳钢制造的汽车零部件

（3）合金调质钢：在中碳钢的基础上加入合金元素经调质处理后获得良好的综合力学性能的钢称为合金调质钢。

①成分：含碳量 w_c 一般在 0.25%～0.5%，常加入的合金元素有 Mn、Si、Cr、Ni、B 等，主要作用是提高钢的淬透性和保证良好的强度和韧性。

②用途：制造各种负荷较大的、受冲击的重要的机器零件，如齿轮、轴类件、连杆、

高强度螺栓等。常用的合金调质钢有 40Cr 等。

（4）合金弹簧钢：

①成分：合金弹簧钢含碳量 w_c 一般在 0.45% ~ 0.7%。经常加入的合金元素有 Si、Mn，主要作用是提高淬透性、回火稳定性，同时也提高屈强比，其中 Si 的作用最突出，但它热处理时促进表面脱碳，Mn 则使钢易于过热。因此，重要用途的弹簧钢，必须加入 Cr、V、W 等元素，以减少脱碳、过热倾向，并细化晶粒及进一步提高弹性极限的高温强度。

②用途：合金弹簧钢主要用于制造各种重要的弹性元件，如机器、仪表中的弹簧。合金弹簧钢中应用最广泛的是 55Si2Mn、60Si2Mn，常用于制作汽车、坦克、车辆上的板弹簧和螺旋弹簧，起减振作用。图 1-15 所示为汽车钢板弹簧。

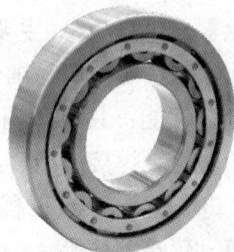

（5）滚动轴承钢：制造滚动轴承的滚动体、内外套圈的钢称为滚动轴承钢，如图 1-16 所示。

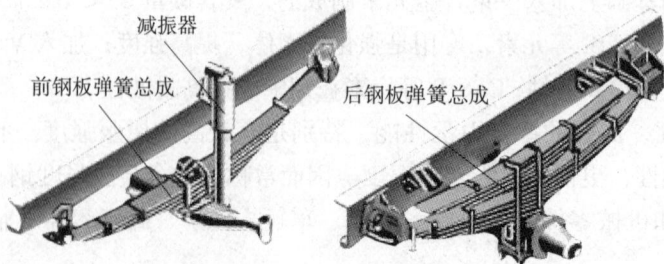

图 1-15　汽车钢板弹簧　　　　　　　　　　图 1-16　滚动轴承

滚动轴承钢的含碳量 w_c 为 0.95% ~ 1.10%，高碳是为了保证钢经热处理后具有高硬度和耐磨性。在轴承钢中加入的合金元素是 Cr、Mn、Si、V、Mo、Xt 等，作用是提高淬透性，细化晶粒，提高钢的回火稳定性，提高韧性并使组织均匀等。常用的滚动轴承钢为 GCr15。

❷ 合金工具钢

合金工具钢具有更高硬度、耐磨性，更好的淬透性、热硬性和回火稳定性等。因而可以制造刃具、模具、量具和其他工具。合金工具钢分为合金刃具钢、合金模具钢、合金量具钢。

合金刃具钢主要用于制造各种刀具，主要指车刀、铣刀、钻头、丝锥、扳牙等切削刀具。

合金模具钢用于制作冷、热模具。

合金量具钢用于制造各种测量工具，如卡尺、千分尺、量规、量块等。

❸ 特殊性能钢

特殊性能钢是指用于在特殊工作条件和环境，具有特殊的物理性能和化学性能的钢，又称为特殊用途钢，简称特殊钢。

特殊性能钢有不锈钢、耐热钢、耐磨钢等。

（1）不锈钢：是指在大气和一般介质中具有高耐蚀性能的钢。

①成分特点：

a. 高铬。当 Cr 含量大于 12% 时，就会使钢表面形成致密的氧化膜（Cr_2O_3），防止继续氧化。铬含量越高，钢的耐蚀性越好。

b. 低碳。一般不锈钢含碳量较低，只有要求高硬度和耐磨性的不锈钢才能适当地提高含碳量。

②不锈钢按组织状态分为：铁素体不锈钢、马氏体不锈钢和奥氏体不锈钢。

a. 铁素体不锈钢：主要牌号有 1Cr17，其含碳量 w_c < 0.12%，含铬量 w_{cr} 为 16% ~ 18%。一般用于耐蚀性要求高而工作应力不大的化工设备、容器和管道、食品工厂设备等。

b. 马氏体不锈钢：主要牌号有 1Cr13、2Cr13、3Cr13、4Cr13 等，这类钢含碳量稍高，w_c 为 0.8% ~ 1.0%。具有较高强度、硬度和耐磨性，是不锈钢中力学性能最好的钢种。缺点是耐蚀性稍低，可焊性差。主要用于制造弹簧、汽轮机叶片、水压机阀及医疗器械等。

c. 奥氏体不锈钢：主要牌号有 0Cr19Ni9、1Cr18Ni9 等，钢中含铬量 w_{cr} 为 18% ~ 20% 和含镍量 w_{Ni} 为 8% ~ 10%，是不锈钢中抗蚀性最好的钢，并具有良好的韧性、塑性及焊接性。这类钢用来制作耐酸设备，如耐蚀容器及设备衬里、输送管道、耐硝酸的设备零件等。

（2）耐热钢：耐热钢是具有包含高温抗氧化性和高温强度两方面性能的钢。耐热钢包括抗氧化钢和热强钢两类。抗氧化钢又简称不起皮钢，分为马氏体型、奥氏体型、铁素体型。主要应用在高压锅炉、汽轮机、内燃机、热处理炉等设备上。如发动机气门、活塞槽护圈、喷油嘴、某些柴油机活塞等。

（3）耐磨钢：耐磨损性能强的钢铁材料的总称。主要钢种是在冲击载荷下发生冲击硬化的高锰钢，主要成分是含碳量 w_c 为 1.0% ~ 1.4%，含锰量 w_{Mn} 为 11% ~ 14%，牌号为 ZGMn13。这种钢机械加工较困难，基本上铸造成型。高锰钢常用来制造破碎机齿板、大型球磨机衬板、挖掘机铲齿、坦克和拖拉机履带及铁轨道岔等，又由于它在受力变形时，吸收大量能量，不易被击穿，可制造防弹装甲车板、保险箱板等。

耐磨钢种类繁多，大体上可分为高锰钢，中、低合金耐磨钢，铬钼硅锰钢，耐气蚀钢，耐磨蚀钢以及特殊耐磨钢等。一些通用的合金钢如不锈钢、轴承钢、合金工具钢及合金结构钢等也都在特定的条件下作为耐磨钢使用，由于它们来源方便，性能优良，故在耐磨钢的使用中也占有一定的比例。

◆ 磨损

磨损是工件失效的主要形式之一，磨损造成了能源和原材料的大量消耗，根据不完全统计，能源的 1/3 ~ 1/2 消耗于摩擦与磨损。在美国，汽车每年由于磨损所造成的损失是 400 亿美元。

❹ 合金钢的牌号

按国家标准的规定，合金钢的牌号采用"数字＋合金元素符号＋数字"的方法来表示。

（1）合金结构钢牌号的前两位数字表示钢中碳的平均质量分数，以万分数计。合金元素符号后的数字表示该元素的平均质量分数，若合金元素的质量分数小于 1.5%，一般不标出。

例如：55Si2Mn，表示碳的平均质量分数为 0.55%，硅的平均质量分数为 2%，锰的平均质量分数小于 1.5% 的合金结构钢。

（2）合金工具钢牌号的前一位数字表示钢中碳的平均质量分数，以千分数计，若碳的平均质量分数超过1%时，一般不标出。合金元素质量分数的表示方法同合金结构钢。

例如：9SiCr，表示碳的平均质量分数为0.9%，硅和铬的平均质量分数均小于1.5%的合金工具钢。

（3）滚动轴承钢其表示方法基本与合金工具钢相同，因其碳的平均质量分数一般都大于或等于1.0%，故一般不标出。要注意的是铬元素后面的数字是表示含铬量的千分之几，并在牌号前冠以"G"或"滚"字。

例如：GCr15SiMn，"G"表示滚动轴承钢，铬的平均质量分数为1.5%，硅和锰的平均质量分数均小于1.5%。

（4）特殊性能钢牌号表示法与合金工具钢相同，只是当碳的平均质量分数小于0.1%时，用"0"表示，碳的平均质量分数≤0.03%时，用"00"表示。例如：0Cr13，表示碳的平均质量分数小于0.1%，铬的平均质量分数均为13%的不锈钢。

❺ 合金元素在钢中的作用

（1）碳（C）：钢中含碳量增加，屈服点和抗拉强度升高，但塑性和冲击性降低，当碳量超过0.23%时，钢的焊接性能变坏，因此用于焊接的低合金结构钢，含碳量一般不超过0.20%。含碳量高还会降低钢的耐大气腐蚀能力，在露天料场的高碳钢就易锈蚀；此外，碳能增加钢的冷脆性和时效敏感性。

（2）硅（Si）：在炼钢过程中加硅作为还原剂和脱氧剂，所以镇静钢含有0.15%～0.30%的硅。如果钢中含硅量超过0.50%～0.60%，硅就成为合金元素。硅能显著提高钢的弹性极限，屈服点和抗拉强度，故广泛用于作弹簧钢。在调质结构钢中加入1.0%～1.2%的硅，强度可提高15%～20%。硅和钼、钨、铬等结合，有提高抗腐蚀性和抗氧化的作用，可制造耐热钢。含硅1%～4%的低碳钢，具有极高的磁导率，用于电器工业做硅钢片。硅量增加，会降低钢的焊接性能。

（3）锰（Mn）：在炼钢过程中，锰是良好的脱氧剂和脱硫剂，一般钢中含锰0.30%～0.50%。在碳素钢中加入0.70%以上时就成为"锰钢"，较一般钢量的钢不但有足够的韧性，且有较高的强度和硬度，提高钢的淬性，改善钢的热加工性能，如16Mn钢比Q235屈服点高40%。含锰11%～14%的钢有极高的耐磨性，用于挖土机铲斗，球磨机衬板等。锰量增高，减弱钢的抗腐蚀能力，降低焊接性能。

（4）磷（P）：在一般情况下，磷是钢中有害元素，增加钢的冷脆性，使焊接性能变坏，降低塑性，使冷弯性能变坏。因此通常要求钢中含磷量小于0.045%，优质钢要求更低些。

（5）硫（S）：硫在通常情况下也是有害元素。使钢产生热脆性，降低钢的延展性和韧性，在锻造和轧制时造成裂纹。硫对焊接性能也不利，降低耐腐蚀性。所以通常要求硫含量小于0.055%，优质钢要求小于0.040%。在钢中加入0.08%～0.20%的硫，可以改善切削加工性，通常称易切削钢。

（6）铬（Cr）：在结构钢和工具钢中，铬能显著提高强度、硬度和耐磨性，但同时降低塑性和韧性。铬又能提高钢的抗氧化性和耐腐蚀性，因而是不锈钢、耐热钢的重要合金元素。

（7）镍（Ni）：镍能提高钢的强度，而又保持良好的塑性和韧性。镍对酸碱有较高的耐腐蚀能力，在高温下有防锈和耐热能力。但由于镍是较稀缺的资源，故应尽量采用其他合金元素代用镍铬钢。

（8）钼（Mo）：钼能使钢的晶粒细化，提高淬透性和热强性能，在高温时保持足够的强度和抗蠕变能力（长期在高温下受到应力，发生变形，称为蠕变）。结构钢中加入钼，能提高力学性能，还可以抑制合金钢由于回火而引起的脆性，在工具钢中可提高红硬性。

（9）钛（Ti）：钛是钢中强脱氧剂，它能使钢的内部组织致密，细化晶粒；降低时效敏感性和冷脆性；改善焊接性能。在 Cr18Ni9 奥氏体不锈钢中加入适当的钛，可避免晶间腐蚀。

（10）钒（V）：钒是钢的优良脱氧剂，钢中加 0.5% 的钒可细化组织晶粒，提高强度和韧性。钒与碳形成的碳化物，在高温高压下可提高抗氢腐蚀能力。

（11）钨（W）：钨熔点高，相对密度大，是贵重的合金元素。钨与碳形成碳化钨有很高的硬度和耐磨性。在工具钢中加钨，可显著提高红硬性和热强性，作切削工具及锻模具用。

（12）铌（Nb）：铌能细化晶粒和降低钢的过热敏感性及回火脆性，提高强度，但塑性和韧性有所下降。在普通低合金钢中加铌，可提高抗大气腐蚀及高温下抗氢、氮、氨腐蚀能力。铌可改善焊接性能。在奥氏体不锈钢中加铌，可防止晶间腐蚀现象。

（13）钴（Co）：钴是稀有的贵重金属，多用于特殊钢和合金中，如热强钢和磁性材料。

（14）铜（Cu）：铜能提高强度和韧性，特别是大气腐蚀性能。缺点是在热加工时容易产生热脆，铜含量超过 0.5% 塑性显著降低。当铜含量小于 0.50% 对焊接性无影响。

（15）铝（Al）：铝是钢中常用的脱氧剂。钢中加入少量的铝，可细化晶粒，提高冲击韧性，如作深冲薄板的 08Al 钢。铝还具有抗氧化性和抗腐蚀性能，铝与铬、硅合用，可显著提高钢的高温不起皮性能和耐高温腐蚀的能力。铝的缺点是影响钢的热加工性能、焊接性能和切削加工性能。

（16）硼（B）：钢中加入微量的硼就可改善钢的致密性和热轧性能，提高强度。

（17）氮（N）：氮能提高钢的强度，低温韧性和焊接性，增加时效敏感性。

（18）稀土（Xt）：稀土元素是指元素周期表中原子序数为 57～71 的 15 个镧系元素。这些元素都是金属，但它们的氧化物很像"土"，所以习惯上称稀土。钢中加入稀土，可以改变钢中夹杂物的组成、形态、分布和性质，从而改善了钢的各种性能，如韧性、焊接性，冷加工性能。在犁铧钢中加入稀土，可提高耐磨性。

❹ 铸铁

❶ 铸铁的概念

含碳量 w_c 在 2.11%～6.69% 的铁碳合金称为铸铁。工业用铸铁一般含碳量 w_c 为 2%～4%。碳在铸铁中多以石墨形态存在，有时也以渗碳体形态存在。除碳外，铸铁中还含有 1% ~ 3% 的硅，以及锰、磷、硫等元素。合金铸铁还含有镍、铬、钼、铝、铜、硼、钒等元素。碳、硅是影响铸铁显微组织和性能的主要元素。铸铁具有优良的铸造性能、切削加工性能以及减振性、耐磨性，铸铁生产工艺简单、成本低，因此在机械加工中得到了广泛的应用。特别是球墨铸铁和合金铸铁的应用，提高了铸铁的力学性能，原来用碳钢和合金钢制造的某些零件，现在可用铸件制造，形成了以铁代钢的趋势。

铸铁广泛应用于机械制造。按质量计算，汽车、拖拉机中铸铁零件占 50% ~ 70%；机床中占 60% ~ 90%。常见的机床床身、工作台、箱体、底座等形状复杂或受压力及摩擦作用的零件，大多由铸铁制成。

❷ 铸铁的分类和特征

铸铁可分为：

❶ 灰铸铁

含碳量 w_c 较高（2.7% ~ 4.0%），碳主要以片状石墨形态存在，断口呈灰色，简称灰铁。熔点低（1145 ~ 1250℃），凝固时收缩量小，抗压强度和硬度接近碳素钢，减振性好，用于制造机床床身、汽车零部件等。

❷ 白口铸铁

碳、硅含量较低，碳主要以渗碳体（Fe_3C）形态存在，断口呈银白色。凝固时收缩大，易产生缩孔、裂纹。硬度高，脆性大，不能承受冲击载荷，很少用来直接制造机器零部件，多用作可锻铸铁的坯件。

❸ 可锻铸铁

由白口铸铁退火处理后获得，石墨呈团絮状分布，简称韧铁。其组织性能均匀，耐磨损，有良好的塑性和韧性，用于制造形状复杂、能承受强动载荷的零件。

❹ 球墨铸铁

将灰铸铁铁水经球化处理后获得，析出的石墨呈球状，简称球铁。比普通灰铸铁有较高强度、较好韧性和塑性，用于制造内燃机、汽车零部件及农机具等。

❺ 蠕墨铸铁

将灰铸铁铁水经蠕化处理后获得，析出的石墨呈蠕虫状。力学性能与球墨铸铁相近，铸造性能介于灰铸铁与球墨铸铁之间。

❻ 合金铸铁

普通铸铁加入适量合金元素（如硅、锰、磷、镍、铬、钼、铜、铝、硼、钒、锡等）获得。合金元素使铸铁的基体组织发生变化，从而具有相应的耐热、耐磨、耐蚀、耐低温或无磁等特性，用于制造矿山、化工机械和仪器、仪表等的零部件。

❸ 各种铸铁的牌号

❶ 灰铸铁的牌号

按国家规定，灰铸铁的牌号由"HT"和一组数字组成。其中"HT"为灰铸铁的代号，代号后面的数字表示其抗拉强度值（MPa）。如 HT150 表示抗拉强度为 150MPa 的灰铸铁。

❷ 球墨铸铁的牌号

由"QT"和两组数字组成，其中"QT"为球墨铸铁的代号，代号后面的两组数字分别表示抗拉强度 σ_b（MPa）和伸长率 δ（%）。例如：QT450-10 表示抗拉强度为 450MPa，伸长率为 10% 的球墨铸铁。

❸ 可锻铸铁的牌号

由"KTH"（或"KTZ"、"KTB"）和两组数字组成。其中"KT"是可锻铸铁的代号，"H"表示黑心可锻铸铁，"Z"表示球光体可锻铸件，"B"表示白心可多大铸件；代号后面的两组数字分别表示抗拉强度 σ_b（MPa）和伸长率 δ（%）。例如 KTH370-12 表示抗拉强度为 370MPa，伸长率为 12% 的黑心可锻铸铁。

❹ 蠕墨铸铁的牌号

由"RuT"和两组数字组成，其中"RuT"为蠕墨铸铁的代号，代号后面的一组数字表示抗拉强度 σ_b（MPa）。例如：RuT300 表示抗拉强度为 300MPa 的蠕墨铸铁。

❹ 铸铁在汽车上的应用

灰铸铁用于制造汽车发动机汽缸体、汽缸盖、飞轮、离合器壳、排气管、活塞环、气门导管等结构件，如图 1-17 所示。

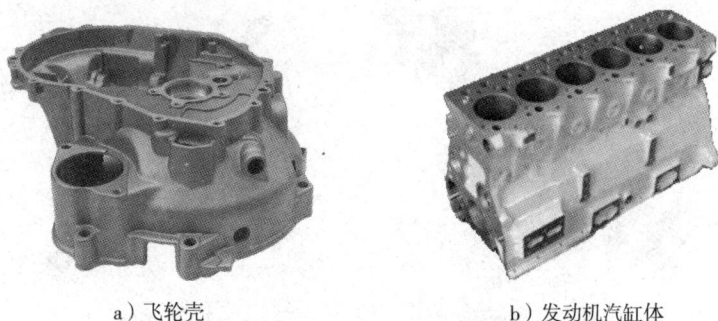

a）飞轮壳   b）发动机汽缸体

图 1-17 飞轮壳和发动机汽缸体

球墨铸铁用于制造汽车轮毂、离合器壳、差速器壳、机油泵齿轮、曲轴汽缸套、连杆、进排气门座、凸轮轴等汽车零部件。球墨铸铁的牌号和用途见表 1-3。

球墨铸铁的牌号和用途   表1-3

牌　号	基　体	应用举例
QT400-18	铁素体	汽车、拖拉机的轮毂、驱动桥壳体、拨叉、阀体、阀盖、汽缸、齿轮箱、飞轮壳、差速器壳
QT450-10		
QT500-07	铁素体-球光体	内燃机油泵齿轮，机车车轴瓦机械座架、飞轮、电动机架
QT600-03	球光体	柴油机、汽油机曲轴、凸轮轴、汽缸套、连杆、进排气阀座
QT700-02	球光体	曲轴、凸轮轴、缸体、缸套、轻负荷齿轮，部分磨床、铣床、车床的主轴
QT800-02		
QT900-02	贝氏体或回火马氏体	犁铧、耙片、汽车上的转向节、传动轴、拖拉机减速齿轮、内燃机曲轴

可锻铸铁用于制造后桥壳、转向器壳、弹簧钢板支座、曲轴、凸轮轴、连杆、齿轮、

25

摇臂、活塞环等汽车零部件。

蠕墨铸铁用于制造活塞环、汽缸盖、排气管、制动器、增压器、底盘零件等。蠕墨铸铁的牌号和用途见表1-4。

蠕墨铸铁的牌号和用途 表1-4

牌号	抗拉强度 σ_b/MPa	屈服强度 $\sigma_{0.2}$/MPa	延伸率 δ/%	硬度值范围 HBW	应用举例
	不小于				
RuT420	420	335	0.75	200~280	活塞环、汽缸套、制动盘等
RuT380	380	300	0.75	193~274	
RuT340	340	270	1.0	170~249	重型机床件、大型齿轮箱体、盖、座、飞轮等
RuT300	300	240	1.5	140~217	排气管、变速器体、汽缸盖、液压件、纺织机零件、钢锭模
RuT260	260	195	3	121~197	增压器废气进气壳体、汽车底盘零件等

铸铁在现代汽车上的应用中以逐渐被轻量化的金属及金属合金代替。比如汽缸体、水泵、进排气歧管等，当今应用最为广泛的部分主要集中在轴类零件上，例如凸轮轴和曲轴，如图1-18所示。

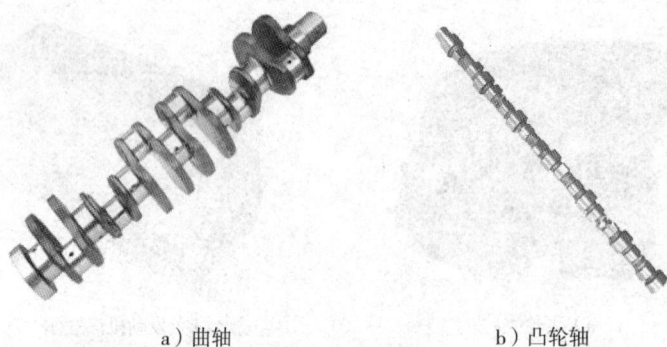

a）曲轴   b）凸轮轴

图1-18 曲轴和凸轮轴

5 铝和铝合金

1 铝和铝合金的概念

铝是一种化学元素，它的化学符号是Al，它的原子序数是13。铝元素在地壳中的含量仅次于氧和硅，居第三位，是地壳中含量最丰富的金属元素。在金属品种中，仅次于钢铁，为第二大类金属。而以铝为基的合金总称为铝合金，主要合金元素有铜、硅、镁、锌、锰，次要合金元素有镍、铁、钛、铬、锂等。

铝具有密度小、耐蚀性好等特点，且铝合金的塑性优良，铸、锻、冲压工艺均适用，最适合汽车零部件生产的压铸工艺。从生产成本、零件质量、材料利用等几个方面比较，铝合金已成为汽车生产不可缺少的重要材料。有资料表明，用铝合金结构代替传统钢结构，可使汽车质量减轻 30% ~ 40%，制造发动机可减轻 30%，制造车轮可减轻 50%。据有关数据介绍，汽车质量每减少 50kg，每升燃油行驶的距离可增加 2km；汽车质量每减轻 1%，燃油消耗下降 0.6% ~ 1%。采用铝合金是汽车轻量化及环保、节能、提速和运输高效的重要途径之一。

② 铝的分类

铝一般可分为纯铝和铝合金两大类：

（1）纯铝：纯铝按其纯度分为高纯铝（99.93% ~ 99.99%）、工业高纯铝（98.85% ~ 99.9%）和工业纯铝（98.0% ~ 99.0%）3 类。

（2）铝合金：根据铝合金的加工工艺特性，可将它们分作变形铝合金和铸造铝合金两类。

变形铝合金按照其性能特点和用途可分为防锈铝、硬铝、超硬铝和锻铝 4 种。铸造铝合金按加入主要合金元素的不同，分为铝硅系、铝铜系、铝镁系和铝锌系 4 种。

③ 变形铝合金

变形铝合金加热时能形成单相固溶体组织，塑性较好，适于压力加工。

（1）防锈铝合金：防锈铝合金包括铝锰和铝镁合金。这类铝合金具有耐蚀性好、塑性高、强度低（但高于工业纯铝），可焊性、压力加工性好等特点。主要用于载荷不大的压延、焊接，或耐蚀结构件，如油箱、导管、线材、轻载荷骨架以及各种生活器具等。防锈铝牌号为 5A05、3A21 等。

（2）硬铝合金：主要是铝铜镁合金，硬件铝经热处理后强度很高，还有较好的耐热性。但因其耐蚀性差，常在硬铝表面包一层纯铝以改善硬铝的耐蚀性。硬铝牌号为 2A01（铆钉硬铝）、2A11（标准硬铝）及 2A12（高强度硬铝）等。

（3）超硬铝合金：超硬铝是铝锌镁铜合金，有高强度铝合金之称。经热处理后可获得比硬铝更高的强度，是目前室温强度最高的一种铝合金。但其高温强度、冲压性较差、耐蚀性比硬铝更低。超硬铝合金的牌号为 7A04、7A09 等。

（4）锻铝合金：锻铝合金主要包括铝镁硅合金、铝镁硅铜合金以及铝铜镁铁镍合金。在常温和较高温度（250℃以下）有较高强度，易于锻造，可用热处理强化。锻铝合金的牌号为 2A50、2A70、2A14 等。

④ 铸造铝合金

Al-Si 系：其主加元素是硅，此外还有镁、铜、镍等。它除具有很好的铸造性能（流动性好、收缩率小、产生裂纹的倾向小）外，还具有密度小、抗蚀能力好，力学性能较好的优点。

（1）Al-Cu 系：Al-Cu 系合金具有较高的耐热性，但铸造性和耐蚀性差。

（2）Al-Mg 系：这类合金最大特点是抗蚀性好，密度小（2.55g/cm^3），强度、韧度较高，切削加工性好，但合金的铸造性能差，易氧化和产生裂纹。

（3）Al-Zn 系：Al-Zn 合金具有良好的铸造性能、切削加工性、焊接性及尺寸稳定

27

性，但耐蚀性差，密度大，热裂倾向大。

铸造铝合金的牌号由"铸"字的汉语拼音字首"Z"＋Al＋其他主要元素符号及百分含量来表示，如 ZAlSi12 表示含 12%Si 的铸造 Al-Si 合金。而合金的代号用"铸铝"的汉语拼音字首"ZL"加三位数字表示，第一位数字表示合金类别，第二、三位则表示合金的顺序号。例 ZL102 表示 2 号 Al-Si 系铸造铝合金。顺序号表示其化学成分和力学性能。

5 铝和铝合金在汽车上的应用

一般汽车中，铝和铝合金通常用来制作活塞（图 1-19）、覆盖件、空调系统、座椅、窗框和换热器、窗框和换热器扰流板、车门、行李舱、车身面板、保险杠、发动机罩、车轮的轮辐、轮毂罩、轮外饰罩、制动器总成的保护罩、消声罩、防抱死制动系统、车身构架等结构件以及仪表板等装饰件。

❶ 发动机用铝合金

发动机用铝合金是铸造铝合金，汽车发动机用铝合金制造轻量化最为明显，一般可减重 30% 以上。发动机的汽缸体和汽缸盖均要求材料的导热性能好、抗腐蚀能力强，而铝合金在这些方面具有非常突出的优势，因此各汽车制造厂纷纷进行发动机铝材化的研制和开发。目前国外很多汽车公司均已采用了全铝制的发动机汽缸体和汽缸盖。如美国通用汽车公司已采用了全铝汽缸套；法国汽车公司铝汽缸套已达 100%，铝汽缸体达 45%；日本日产公司 VQ 和丰田公司的凌志 IMZ-FEV6 均采用了铸铝发动机油底壳；宝马 X1、进口奥迪 Q5 和克莱斯勒公司新 V6 发动机汽缸体和汽缸盖都使用了铝合金材料。

❷ 车身板件用铝合金

车身板件用铝合金属于形变铝合金，铝合金板材在汽车上的应用比重不断上升。图 1-20 所示为 1996 年奥迪公司生产的全铝 A8 轿车采用铝合金挤压车架。

a）活塞　　　b）轮毂

图 1-19　铝合金活塞和轮毂

图 1-20　铝合金挤压车架

6 铜和铜合金

❶ 铜和铜合金的概念

铜是一种化学元素，它的化学符号是 Cu，纯铜是呈紫红色光泽的金属。铜是人类发现最早的金属之一，也是最好的纯金属之一，稍硬、极坚韧、耐磨损，还有很好的延展性，导热和导电性能较好。以纯铜为基体加入一种或几种其他元素所构成的合金称为铜合金。如铝、镍、锰、锡、硅、铅、铁、锌等元素。铜和它的一些合金有较好的耐腐蚀能力，在干燥的空气里很稳定。

❷ 铜的分类

铜一般可分为纯铜和铜合金两大类：

（1）纯铜：工业上按氧含量及加工方法不同，将纯铜分为工业纯铜和无氧（低于0.003%）纯铜两大类，两者的铜含量皆高于99.5%。纯铜的突出优点是导电及导热性好，此外它还具有较高的抗蚀性。广泛地应用在电气工业方面，纯铜的主要用途就是制作电工导体。

（2）铜合金：铜合金按加入的元素，可分为黄铜、青铜、白铜三大类。

❸ 铜合金

（1）黄铜：以锌作主要添加元素的铜合金，具有美观的黄色，统称黄铜或普通黄铜。为了改善普通黄铜的性能，常添加其他元素（如铝、镍、锰、锡、硅、铅等）则称为特殊黄铜。铝能提高黄铜的强度、硬度和耐蚀性，但使塑性降低，适合作海轮冷凝管及其他耐蚀零件。锡能提高黄铜的强度和对海水的耐腐性，故称海军黄铜，用作船舶热工设备和螺旋桨等。铅能改善黄铜的切削性能，这种易切削黄铜常用作钟表零件。黄铜铸件常用来制作阀门和管道配件等。

（2）青铜：原指铜锡合金，后除黄铜、白铜以外的铜合金均称青铜，又分为普通青铜和特殊青铜。普通青铜根据加工工艺和用途分为压力加工青铜和铸造锡青铜。锡青铜的铸造性能、减摩性能好和力学性能好，适合制造轴承、蜗轮、齿轮等。由于锡青铜价格比较昂贵，力学性能也不是很好，故出现了不加锡的青铜或称特殊青铜。特殊青铜所加的元素一般为铝、镍、锰、锡、硅、铅、铍等。例如铅青铜是现代发动机和磨床广泛使用的轴承材料。铝青铜强度高，耐磨性和耐蚀性好，用于铸造高载荷的齿轮、轴套、船用螺旋桨等。铍青铜和磷青铜的弹性极限高，导电性好，适于制造精密弹簧和电接触元件，铍青铜还用来制造煤矿、油库等使用的无火花工具。

（3）白铜：以镍为主要添加元素的铜合金。铜镍二元合金称普通白铜；加有锰、铁、锌、铝等元素的白铜合金称复杂白铜。工业用白铜分为结构白铜和电工白铜两大类。结构白铜的特点是力学性能和耐蚀性好，色泽美观。这种白铜广泛用于制造精密机械、化工机械和船舶构件。电工白铜一般有良好的热电性能。锰铜、康铜、考铜是含锰量不同的锰白铜，是制造精密电工仪器、变阻器、精密电阻、应变片、热电偶等用的材料。

❹ 铜和铜合金的牌号

❶ 纯铜

纯铜用字母"T"加"顺序号"表示。顺序号用数字表示，表示纯度的大小，数字愈大则纯度愈低。

❷ 普通黄铜

普通黄铜用字母"H"加"顺序号"表示。顺序号表示铜的百分含量，余量为锌。如H68表示含铜68%，锌为32%。

❸ 特殊黄铜

特殊黄铜用字母"H"加"合金元素符号"加"若干组数字"表示。第一组数字表示铜的百分含量，第二组数字表示加入元素的百分含量，数字间用短横线分开。如HPb59-1表示含铜59%，含铅1%的铅黄铜。

❹ 普通青铜

（1）压力加工锡青铜：用字母"Q"加"合金元素符号和含量"加"其他加入元素符含量"表示。如QSn4-3表示含锡4%、含锌3%，其余为铜的压力加工锡青铜。

（2）铸造锡青铜：用字母"ZCu"加"合金元素符号和含量"表示。如ZCuSn10Zn2表示含锡10%、含锌2%，其余为铜的铸造锡青铜。

❺ 铜和铜合金在汽车上的应用

汽车用铜每辆10～21kg，随汽车类型和大小而异，对于小汽车占自重的6%～9%。铜和铜合金主要用于散热器（图1-21）、制动系统管路、节温器（图1-22）、液压装置、齿轮、轴承、制动摩擦片、配电和电力系统、垫圈以及各种接头、配件和饰件等。其中用铜量比较大的是散热器，现代的管带式散热器，用黄铜带焊接成散热器管子，用薄的铜带折曲成散热片。

图1-21 散热器

图1-22 节温器

近年来为了进一步提高铜散热器的性能，增强它对铝散热器的竞争力，对其做了许多改进。在材质方面，向铜中添加微量元素，以达到在不损失导热性的前提下，提高其强度和软化点，从而减薄带材的厚度，节省用铜量；在制造工艺方面，采用高频或激光焊接铜管，并用钢钎焊代替易受铅污染的软焊组装散热器芯体。与钎焊铝散热器相比，在相同的散热条件下，即在相同的空气和冷却剂的压力降下，新型铜散热器的质量更轻，尺寸显著缩小；再加上铜的耐蚀性好、使用寿命长，铜散热器的优势就更明显。此外，近年来为了环保，大力推广和发展电动汽车，每辆汽车的用铜量将成倍增加。

❼ 镁和镁合金

❶ 镁和镁合金的概念

镁是一种化学元素，它的化学符号是Mg，纯镁是银白色的金属，密度大约是铝的

2/3，是铁的1/4。它是实用金属中的最轻的金属。具有延展性，无磁性，且有良好的热消散性。以镁为基础加入其他元素组成的合金成称为镁合金。主要合金元素有铝、锌、锰、铈、钍以及少量锆或镉等。其加工过程及腐蚀和力学性能有许多特点：质量轻、刚性好、具有一定的耐蚀性和尺寸稳定性、抗冲击、耐磨、衰减性能好及易于回收；另外还有高的导热和导电性能、无磁性、屏蔽性好和无毒的特点。目前使用最广的是镁铝合金，其次是镁锰合金和镁锌锆合金。主要用于航空、航天、运输、化工、火箭等工业部门。

❷ 镁的分类

镁一般可分为纯镁和镁合金两大类：纯镁和镁合金。镁合金分为铸造镁合金和变形镁合金两大类。

❸ 镁合金

❶ 镁－锰系合金

镁－锰系合金中主要的合金元素是锰，其主要作用是改善纯镁的抗蚀性。

❷ 镁－铝－锌系合金

镁－铝－锌系合金与镁－锰系合金比较，其主要特点是强度高，可以通过热处理强化，并具有良好的铸造性能。但抗蚀性没有镁－锰系合金好，屈服强度和耐热性性较低。

镁－铝－锌系合金中的铝是主要合金元素，锌和锰是辅助元素。铝在镁中有较大的固溶度，固溶强化作用显著。锌的主要作用是补充强化，并能改善合金铁塑性。锰的主要作用是提高合金的抗蚀性。

❸ 镁－锌－锆系合金

镁－锌－锆系合金是近期发展起来的高强度镁合金。与镁－铝－锌系合金相比，镁－锌－锆系合金形成组织疏松的倾向很小，铸造性能较好，屈服极限较高，且热塑性变形能力大。因此，镁－锌－锆系合金可用作高强度铸造合金和变形合金。

❹ 镁和镁合金的牌号

❶ 纯镁

纯镁用字母"M"加"顺序号"表示，顺序号表示纯度的高低。

❷ 铸造镁合金

铸造镁合金用字母"ZM"加"顺序号"表示，顺序号表示其他加入元素百分含量。

❸ 变形镁合金

变形镁合金用字母"BM"加"顺序号"表示，顺序号表示其他加入元素百分含量。

❺ 镁和镁合金在汽车上的应用

继铝金属之后，镁金属有望成为又一前景广阔的车用轻量化材料。镁金属已成为美国汽车研究理事会（USCAR）汽车材料分会关注的中心，USCAR 正着手 2.9L/100km 耗油家庭汽车的研究，目前轻材料的研究机构开始转向对镁金属的研究。

目前镁金属的应用主要用于内部部件，如：转向柱套管、固定架、仪表板、座位框架、转向轮、凉棚安装导轨以及用于光盘机与录音机上，未来镁金属的应用将扩展到顶棚面板、活动车顶、车轮、进气歧管、转向盘（图 1-23）、汽缸盖（图 1-24）、油箱磐层、起动机和发动机汽缸体。在欧洲已有 6 家汽车制造公司开发使用镁金属发动机汽缸体，在未来的 3～5 年，镁金属发动机汽缸体将进一步投入实用。镁合金良好的抗蠕变性，对发动机部件来说非常重要，好的抗蠕变性意味着变速器的材料不会变形，螺栓不会松动，因而镁金属在汽车上的应用前景非常乐观。随着相关技术问题的解决，未来镁金属必将成为汽车轻量材料家族中的重要成员。

图 1-23　镁合金转向盘

图 1-24　镁合金汽缸盖

8 滑动轴承合金

1 轴承合金的概念

轴承合金又称轴瓦合金，是用于制造滑动轴承的材料。轴承合金的组织是在软相基体上均匀分布着硬相质点，或硬相基体上均匀分布着软相质点。轴承合金应具有如下性能：良好的耐磨性能和减摩性能；有一定的抗压强度和硬度，有足够的疲劳强度和承载能力；塑性和冲击韧性良好；具有良好的抗咬合性；良好的顺应性；好的嵌镶性；有良好的导热性、耐蚀性和小的热膨胀系数。

2 轴承合金的性能

轴承合金应具有如下性能：①良好的减摩性能。要求由轴承合金制成的轴瓦与轴之间的摩擦因数要小，并有良好的可润滑性能。②有一定的抗压强度和硬度，能承受转动着的轴施于的压力；但硬度不宜过高，以免磨损轴颈。③塑性和冲击韧性良好。以便能承受振动和冲击载荷，使轴和轴承配合良好。④表面性能好。即有良好的抗咬合性、顺应性和嵌藏性。⑤有良好的导热性、耐腐蚀性和小的热胀系数。

轴承合金既要求有较高的强度，又要求有较好的减摩性，针对这两个对立的性能要求，合金组织应同时存在两类不同的组织组成物。

在软基体上分布着硬质点。轴承跑合后，软的基体被磨损而压凹，可以储存润滑油，以便能形成连续的油膜，同时，软的基体还能承受冲击和振动，并使轴和轴承能很好的磨合。软的基体还能起嵌藏外来硬质点的作用，以保证轴颈不被擦伤。这类组织承受高负荷能力差；属于这类组织的有锡基和铅基轴承合金，又称巴氏合金（babbitt alloy）。

❸ 常用轴承合金的特点和牌号

常用轴承合金有铜基轴承合金和铝基轴承合金、锡基轴承合金和铅基轴承合金。

❶ 铜基轴承合金

铜基轴承合金有铅青铜、锡青铜等，常用牌号有 ZCuPb30，ZCuSn10P1。铜和铅在固态时互不溶解，显微组织为 Cu + Pb，Cu 为硬基体，粒状 Pb 为软质点。与巴氏合金相比，具有高的疲劳强度和承载能力，优良的耐磨性、导热性和低的摩擦因数，因此可作为承受高载荷、高速度及高温下工作的轴承。

❷ 铝基轴承合金

铝基轴承合金是以铝为基体加入锑、锡等合金元素所组成的合金，密度小，导热性和耐蚀性好、疲劳强度高，原料丰富，价格低廉，广泛应用于高速、重载下工作的汽车、拖拉机及柴油机轴承等。但它的线膨胀系数大，运转时容易与轴咬合使轴磨损，但可通过提高轴颈硬度，加大轴承间隙和降低轴承和轴颈表面粗糙度值等办法来解决。

❸ 锡基轴承合金

锡基轴承合金又称锡基巴士合金。其牌号为"ZCh"（即"铸承"的汉语拼音字首）加基本元素与主加元素的化学符号并标明主加元素与辅加元素的含量（%）表示。如 ZChSnSb11-6 表示锡基轴承合金，基本元素为 Sn，主加元素为 Sb，其含量为 11%，辅加元素为 Cu，其含量为 6%，其余为 Sn。

锡基轴承合金的摩擦因数和膨胀系数小，具有良好的导热性、塑性和耐蚀性，适于制造高速重负荷条件。但其疲劳强度低，许用温度也较低（不高于 150℃），由于锡较贵，在条件允许的情况下，采用铅基轴承合金代替锡基轴承合金。

❹ 铅基轴承合金

铅基轴承合金又称铅基巴士合金。编号方法与锡基轴承合金相同。常用牌号为 ZChPbSb16-16-2，含 16%Sb，16%Sn，2%Cu，其余为 Pb。合金中软基体是锑溶入铅形成的固溶体（即 α 固溶体）和以化合物 SnSb 为基的含铅固溶体（即 β 固溶体）所组成的共晶体（即 $\alpha + \beta$ 共晶体）。硬质点是化合物 SnSb 和 Cu_3Sn。铅基轴承合金的硬度、强度和韧性比锡基轴承合金低，常做低速、低负荷的轴承合金使用。

❹ 常用轴承合金在汽车上的应用

可作轴承材料的还有铜基合金、铝基合金、银基合金、镍基合金、镁基合金和铁基合金等。在这些轴承材料中，铜基合金、铝基合金使用最多。使用铝基轴承合金时，通常是将铝锡合金和钢背轧在一起，制成双金属应用。即通常所说的钢背轻金属三层轴承。用粉末冶金方法制成的烧结减摩材料，也越来越多地用来制作轴承。在汽车上主要用作汽车的曲轴轴承、连杆轴承、凸轮轴承等，如图1-25所示。

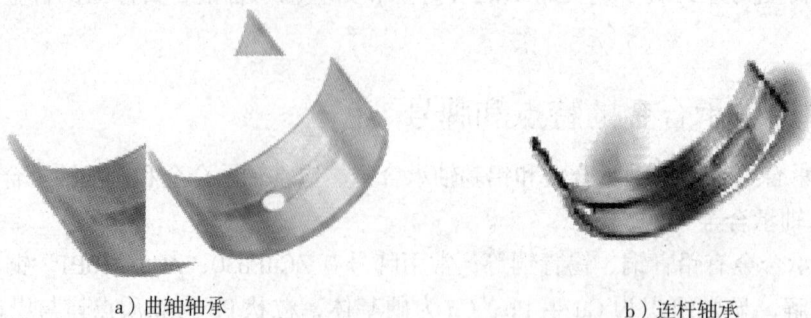

a) 曲轴轴承　　　　　　　　　　　b) 连杆轴承

图1-25　采用轴承合金的曲轴轴承和连杆轴承

⑨ 粉末冶金材料

❶ 粉末冶金材料简介

粉末冶金是用压制、烧结金属粉末直接制成零件的方法。它可以直接制成具有某种特性的零件，它是节约材料的少切削或无切削的工艺方法。

粉末冶金的原料为具有一定纯度的金属粉末、辅助材料（石墨、二硫化钼、合金元素）以及润滑剂（机油）等；粉末冶金产品内部结构是海绵状的多孔结构，微小的孔洞起到吸收和储存机油的作用。粉末冶金的产品具有耐磨性好、硬度高的特点。与一般零件的生产方法相比，它具有生产率高，材料利用率高等优点。

粉末冶金的生产过程包括粉末的生产、混料、压制成型、烧结以及烧结后的处理等工序。用粉末冶金的方法可以生产多种具有特殊性能的金属材料，如硬质合金、难熔金属材料、耐热材料、减摩材料、摩擦材料、磁性材料等，也可以制造许多机械零件，如齿轮、凸轮、轴套、衬套、摩擦片、含油轴承等。

❷ 粉末冶金材料在汽车上的应用

粉末冶金零件在汽车上的使用越来越多，常用来制造汽车前后轮毂油封外围、发动机气门导管、离合器外壳衬套等耐磨零件。粉末冶金轴套在使用时应注意：维修过程中不能用热碱水和汽油清洗；粉末冶金件直接装配使用，一般不进行切削加工，若必须进行铰孔时，应用较锋利的刀具进行铰削；因粉末冶金轴套硬度高、韧度小，装配时不能用锤子锤击，以免开裂。

阅读空间

钛合金在汽车上的应用及特点

钛合金是一种新型结构及功能材料，它具有优异的综合性能，密度小，比强度高。钛的密度为 $4.51g/cm^3$，介于铝（$2.7g/cm^3$）和铁（$7.6g/cm^3$）之间。钛合金的比强度高于铝合金和钢，韧性也与钢铁相当。钛及钛合金抗蚀性能好，优于不锈钢，用钛合金铸造的汽车发动机部件更轻、更坚固和更耐腐蚀，钛合金车身可以承受更大的作用力。耐热钛合金的工作温度可达 550℃，其耐热性明显高于铝合金和镁合金。同时具有良好的加工性、焊接性能。钛在汽车上的用途主要分两大类：第一类是用来减少内燃机往复运动件的质量（对作往复运动的内燃机零件来讲，即使减少几克质量都是重要的）；第二类是用来减少汽车总质量。根据设计和材料特性，钛在新一代汽车上主要分布在发动机元件和底盘部件上。在发动机系统，钛可制作气门、气门弹簧、弹簧承座、连杆、活塞销、涡轮增压器转子、紧固件等部件；在底盘部件主要为弹簧、排气系统、制动器卡钳活塞、半轴和紧固件等。

三 金属的腐蚀与防护

知识目标

1. 了解金属腐蚀的定义、分类；
2. 熟悉金属防腐蚀的方法。

能力目标

1. 掌握金属腐蚀对汽车的影响；
2. 通过本节学习，培养学生理论联系实际的能力。

❶ 金属的腐蚀

❶ 金属腐蚀的定义

金属的腐蚀是金属在环境的作用下所引起的破坏或变质。所谓环境是指和金属接触

图 1-26 腐蚀的齿轮

的物质，例如自然存在的大气、海水、淡水、土壤等，以及生产生活用的原材料和产品。由于这些物质和金属发生化学作用或电化学作用引起金属的腐蚀，在许多功能情况下还同时存在机械力、射线、电流、生物等的作用。金属发生腐蚀的部分，由单质变成化合物，致使生锈、开裂、穿孔、变脆等。因此，在绝大多数的情况下，金属腐蚀的过程是冶金的逆过程。

金属的锈蚀是最常见的腐蚀形态（图 1-26）。腐蚀时，在金属的界面上发生了化学或电化学多相反应，使金属转入氧化（离子）状态。这会显著降低金属材料的强度、塑性、韧性等力学性能，破坏金属构件的几何形状，增加零件间的磨损，恶化电学和光学等物理性能，缩短设备的使用寿命，甚至造成火灾、爆炸等灾难性事故。据统计，在美国，仅汽车排气系统的腐蚀造成的经济损失估计每年达 5 亿美元；世界上每年由于金属腐蚀造成的钢铁损失占当年钢产量的 10% ~ 20%。因金属腐蚀事故引起的停产、停电等所引起的间接损失就更无法估算。

❷ 金属腐蚀的分类

按腐蚀过程分类，主要有化学腐蚀和电化学腐蚀。化学腐蚀是金属和环境介质直接发生化学作用而产生的损坏，在腐蚀过程中没有电流产生，例如金属在高温的空气中或氯气中的腐蚀，非电解质对金属的腐蚀等，引起金属化学腐蚀的介质不能导电。电化学腐蚀是金属在电解质溶液中发生电化学作用而引起的损坏，在腐蚀过程中有电流产生，引起电化学腐蚀的介质都能导电，例如，金属在酸、碱、盐、土壤、海水等介质中的腐蚀。电化学腐蚀与化学腐蚀的主要区别在于它可以分解为两个相互独立而又同时进行的阴极过程和阳极过程，而化学腐蚀没有这个特点。电化学腐蚀比化学腐蚀更为常见和普遍。

按金属腐蚀破坏的形态和腐蚀区的分布分类，分为全面腐蚀和局部腐蚀。全面腐蚀，是指腐蚀分布于整个金属的表面。全面腐蚀有各处的腐蚀程度相同的均匀腐蚀；也有不同腐蚀区腐蚀程度不同的非均匀腐蚀。在用酸洗液清洗钢铁、铝设备时发生的腐蚀一般属于均匀腐蚀。而腐蚀主要集中在金属表面的某些区域称为局部腐蚀，尽管此种腐蚀的腐蚀量不大，但是由于其局部腐蚀速度很大，可造成设备的严重破坏，甚至爆炸，因此，其危害更大。金属在不同的环境条件下可以发生不同的局部腐蚀，例如孔蚀、缝隙腐蚀、应力腐蚀、晶间腐蚀、磨损腐蚀等。还有按腐蚀的环境条件（温度和湿度）把腐蚀分为高温腐蚀和常温腐蚀，干腐蚀和湿腐蚀等。

❷ 汽车的金属腐蚀

❶ 汽车金属腐蚀及危害

汽车零部件制造所用的材料以金属为主，在使用中，金属材料的腐蚀是难以避免的。

金属零部件在腐蚀性气体或液体环境中，其在表面发生化学腐蚀或电化学腐蚀，生成腐蚀层，摩擦就会使其剥落而导致零件损坏，此现象即为腐蚀磨损。

汽车发动机的磨损程度，除燃料中硫含量外，主要取决于汽缸的冷却程度。发动机温度越低，酸性物质越易在缸壁生成，腐蚀作用强烈；当温度升高时，这些酸性物质呈蒸气状态随废气排出，腐蚀要小得多；但温度过高时，润滑油黏度变低，油膜不易形成，抵抗腐蚀的作用减小，使磨损加剧。

车辆金属零件的腐蚀，不仅会降低其品质和寿命，而且因其腐蚀异常损坏的零件极易引发交通事故，甚至造成车毁人亡的惨剧。随着车辆使用年限或行使里程的增长，各部位机件的腐蚀逐渐加剧，常见腐蚀比较严重的部位是板金件部分，如驾驶室、车厢、车壳体、车底板、挡泥板、底盘等。这些部位常与泥沙、碎石和水接触，如车轮飞溅碎石、泥沙撞击汽车表面的防护层，极易划伤漆层，破坏其完整性、连续性，使金属裸露在外，当接触到水和空气中的氧，就会起化学作用而产生锈蚀。

② 影响车辆腐蚀的主要因素

引起车辆腐蚀的主要因素有使用环境因素和其自身结构因素。汽车使用环境比较恶劣且多变，造成汽车零部件腐蚀损坏。

（1）湿气的影响：在车身下部积存的泥沙、污垢和水分会加速腐蚀。

（2）湿度的影响：在相对湿度高的地区（如沿海地区），腐蚀将加速。

（3）温度的影响：温度升高，处于通风不良处的零件会加速腐蚀。

（4）含有湿气的污垢或碎屑物积留在车身板部分、空间或其他部位。

（5）汽车内部产生的腐蚀环境如发动机产生的高温和含硫、氯离子等的燃烧废气，蓄电池产生的酸雾、漏液。

（6）工作中振动、冲击产生的应力，摩擦、碰撞引起的局部破损等也是汽车零部件腐蚀损坏的主要原因。

③ 汽车金属腐蚀的表现

汽车金属腐蚀变化过程通常是从表面开始的，然后逐步向内层侵蚀，最终造成难以挽救的损失。其表现先是外表失去光泽，使光滑表面变得粗糙不平，并盖满一层金属氧化物，也就是金属腐蚀产物。如铁由于腐蚀而盖满一层褐色锈，就是由铁的氧化物构成的铁锈。金属腐蚀的主要机理是原金属转化成金属氧化物，造成结构件或元件生锈、损坏甚至不能修复而报废。而油漆、橡胶、玻璃钢纤维等非金属材料的老化，主要是受环境综合作用后，材料的高分子结构发生裂解、降解、溶解等物理和化学变化，导致外观和性能下降。

当金属零件摩擦表面之间存在着氧和酸性物质时，就会出现化学腐蚀，使表面局部腐蚀，并不断地扩大延伸，导致颗粒状剥落，使零件表面形状变化造成早期磨损。可见汽车本身的设计结构、应用的材料、工艺及防护措施直接决定其耐蚀能力。

❸ 金属腐蚀的防护

金属防腐蚀的方法很多，主要有改善金属的本质，把被保护金属与腐蚀介质隔开，或对金属进行表面处理，改善腐蚀环境以及电化学保护等。

❶ 改善金属的本质

根据不同的用途选择不同的材料组成耐蚀合金，或在金属中添加合金元素，提高其耐蚀性，可以防止或减缓金属的腐蚀。例如，在钢中加入镍制成不锈钢可以增强防腐蚀能力。

❷ 形成保护层

在金属表面覆盖各种保护层，把被保护金属与腐蚀性介质隔开，是防止金属腐蚀的有效方法。工业上普遍使用的保护层有非金属保护层和金属保护层两大类。它们是用化学方法、物理方法和电化学方法实现的。

❶ 金属的磷化处理

钢铁制品去油、除锈后，放入特定组成的磷酸盐溶液中浸泡，即可在金属表面形成一层不溶于水的磷酸盐薄膜，这种过程称作磷化处理。

磷化膜呈暗灰色至黑灰色，厚度一般为 $5 \sim 20 \mu m$，在大气中有较好的耐蚀性。膜是微孔结构，对油漆等的吸附能力强，如用作油漆底层，耐腐蚀性可进一步提高。

❷ 金属的氧化处理

将钢铁制品加到 NaOH 和 $NaNO_2$ 的混合溶液中，加热处理，其表面即可形成一层厚度为 $0.5 \sim 1.5 \mu m$ 的蓝色氧化膜（主要成分为 Fe_3O_4），以达到钢铁防腐蚀的目的，此过程称为发蓝处理，简称发蓝。这种氧化膜具有较大的弹性和润滑性，不影响零件的精度。故精密仪器和光学仪器的部件，弹簧钢、薄钢片、细钢丝等常用发蓝处理。

❸ 非金属涂层

用非金属物质如油漆、塑料、搪瓷、矿物性油脂等涂覆在金属表面上形成保护层，称为非金属涂层，也可达到防腐蚀的目的。例如，船身、车厢、水桶等常涂油漆，汽车外壳常喷漆，枪炮、机器常涂矿物性油脂等。用塑料（如聚乙烯、聚氯乙烯、聚氨酯等）喷涂金属表面，比喷漆效果更佳。塑料这种覆盖层致密光洁，色泽艳丽，兼具防蚀与装饰的双重功能。

搪瓷是含 SiO_2 量较高的玻璃瓷釉，有极好的耐腐蚀性能，因此作为耐腐蚀非金属涂层，广泛用于石油化工、医药、仪器等工业部门和日常生活用品中。

❹ 金属保护层

金属保护层是以一种金属镀在被保护的另一种金属制品表面上所形成的保护镀层。前一金属常称为镀层金属。金属镀层的形成，除电镀、化学镀外，还有热浸镀、热喷镀、渗镀、真空镀等方法。

热浸镀是将金属制件浸入熔融的金属中以获得金属涂层的方法，作为浸涂层的金属是低熔点金属，如 Zn、Sn、Pb 和 Al 等，热镀锌主要用于钢管、钢板、钢带和钢丝，应用最广；热镀锡用于薄钢板和食品加工等的储存容器；热镀铅主要用于化工防蚀和包覆电缆；热镀铝则主要用于钢铁零件的抗高温氧化等。

③ 改善腐蚀环境

改善环境对减少和防止腐蚀有重要意义。例如，减少腐蚀介质的浓度，除去介质中的氧，控制环境温度、湿度等都可以减少和防止金属腐蚀。也可以采用在腐蚀介质中添加能降低腐蚀速率的物质（称缓蚀剂）来减少和防止金属腐蚀。

④ 电化学保护法

电化学保护法是根据电化学原理在金属设备上采取措施，使之成为腐蚀电池中的阴极，从而防止或减轻金属腐蚀的方法。

❶ 牺牲阳极保护法

牺牲阳极保护法是用电极电势比被保护金属更低的金属或合金做阳极，固定在被保护金属上，形成腐蚀电池，被保护金属作为阴极而得到保护。

牺牲阳极一般常用的材料有铝、锌及其合金。此法常用于保护海轮外壳，海水中的各种金属设备、构件和防止巨型设备（如储油罐）以及石油管路的腐蚀。

❷ 外加电流法

将被保护金属与另一附加电极作为电解池的两个极，使被保护的金属作为阴极，在外加直流电的作用下使阴极得到保护。此法主要用于防止土壤、海水及河水中金属设备的腐蚀。

金属的腐蚀虽然对生产带来很大危害，但也可以利用腐蚀的原理为生产服务，发展为腐蚀加工技术。例如，在电子工业上，广泛采用印制电路。其制作方法及原理是用照相复印的方法将线路印在铜箔上，然后将图形以外不受感光胶保护的铜用三氯化铁溶液腐蚀，就可以得到线条清晰的印制电路板。三氯化铁腐蚀铜的反应如下：

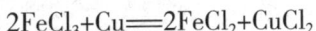

$$2FeCl_3+Cu{=\!=\!=}2FeCl_2+CuCl_2$$

此外，电化学刻蚀、等离子体刻蚀新技术比用三氯化铁腐蚀铜的湿化学刻蚀的方法更好，分辨率更高。

阅读空间

汽车上常见的腐蚀

蓄电池漏液造成的腐蚀

因生锈导电不畅而严重烧蚀的负极线

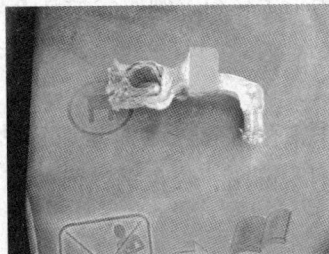

防尘做得不好，进水后部分
生锈的轴承

制动轮缸的卡钳锈死，造成
制动片不均匀磨损

汽车散热器在高温下使用了几
年后，其金属表面已完全氧化
变黑，散热能力下降

冷却液漏液造成的腐蚀

小结

1. 材料的性能是指材料的使用性能和工艺性能。

2. 材料的使用性能又包括力学性能和物理化学性能，对汽车材料应重点了解力学性能。

3. 材料的力学性能指标 σ_b、σ_s、σ_e、α_k、HBW、HRC 是汽车零件设计、制造、使用的重要依据。

4. 材料的工艺性能包括切削加工性能、可锻性、可铸性、可焊性、热处理工艺性能。

5. 铁碳合金、碳钢、铸铁、合金钢、铝和铝合金、铜和铜合金、镁和镁合金、轴承合金、粉末冶金材料及硬质合金有关基本概念、分类和性能。

6. 碳钢、铸铁、合金钢、铝和铝合金、铜和铜合金、镁和镁合金和轴承合金的牌号及牌号含义。

7. 钢中常存的杂质元素及其对钢的性能的影响。

8. 碳钢、铸铁、合金钢、铝和铝合金、铜和铜合金、镁和镁合金和轴承合金在汽车上的应用。

9. 汽车材料轻量化材料，主要有铝、镁合金。

10. 铝及其合金的性能、分类及在汽车上的应用。

11. 铜及其合金的性能、分类及在汽车上应用。

12. 镁和镁合金性能、分类及在汽车上应用。

13. 轴承合金的要求，轴承合金的分类，铜基、铜基轴承合金在汽车上的应用。

14. 粉末冶金材料组成、结构、特性及在汽车上的应用。

15. 金属的腐蚀是金属在环境的作用下所引起的破坏或变质。

16. 金属的锈蚀是最常见的腐蚀形态。

17. 金属腐蚀按腐蚀过程分类，主要有化学腐蚀和电化学腐蚀；按金属腐蚀破坏的形态和腐蚀区的分布分类，分为全面腐蚀和局部腐蚀。

18. 汽车的金属腐蚀、危害及防护。

19. 金属一般采取改善金属的本质、形成保护层、改善腐蚀环境、电化学保护法来防止金属的腐蚀。

自 我 检 测

一、名词解释

1. 强度；2. 塑性；3. 硬度；4. 韧性；5. 疲劳强度；6. 金属腐蚀；7. 粉末冶金；8. 轴承合金；9. H68；10. HT150；11. 45 钢；12. Q235–AF

二、填空题

1. 金属材料在外力作用下产生永久变形而不破坏的最大能力称为塑性，通常以拉伸试验时的_____和_____表示。

2. 布氏硬度记为 200HBW10/1000/30，表示用直径为_____的钢球，在 9800N（1000kgf）的载荷下保持 30s 时测得布氏硬度值为_____。

3. 材料的工艺性能包括_____性能、_____性、_____性、_____性、_____性能。

4. 金属材料在冲击载荷作用下抵抗破坏的能力称为_____。其单位是_____。

5. 材料常用的塑性指标有_____和_____两种。

6. 金属的腐蚀是金属在环境的作用下所引起的_____或_____。

7. 按腐蚀过程分类，主要有_____和电化学腐蚀。

8. 按金属腐蚀破坏的形态和腐蚀区的分布分类，分为全面腐蚀和_____。

三、问答题

1. 简述金属材料的疲劳现象，按条件不同可分为哪几种？金属材料的疲劳会造成哪些危害？

2. 由拉伸试验可得出哪些力学性能指标?

3. 金属的硬度有几种常用测试方法?

4. 汽车发动机气门弹簧工作时,是弹性变形还是塑性变形?

5. 材料的工艺性能都包括哪些方面?

6. 碳钢的种类有哪些? 举例说明它们在汽车上的应用?

7. 合金钢的种类有哪些? 举例说明它们在汽车上的应用?

8. 铸铁的种类有哪些? 举例说明它们在汽车上的应用?

9. 汽车上常用的有色金属有哪些? 举例说明它们在汽车上的应用?

10. 影响车辆腐蚀的主要因素有哪些?

11. 汽车金属腐蚀的常见表现有哪些?

12. 金属腐蚀的定义是什么? 它分成哪几类?

13. 怎么防止金属的腐蚀?

第二章 非金属材料及应用

非金属材料是由非金属元素或化合物构成的材料。自 19 世纪以来，随着生产和科学技术的进步，尤其是无机化学和有机化学工业的发展，人类以天然的矿物、植物、石油等为原料，制造和合成了许多新型非金属材料，如水泥、涂料、陶瓷、橡胶、塑料、合成纤维等。这些非金属材料因具有各种优异的性能，为天然的非金属材料和某些金属材料所不及，从而在近代汽车工业中的用途不断扩大，并迅速发展。

一 塑料和橡胶

知识目标

1. 了解塑料、橡胶的有关基本概念、分类和性能；
2. 掌握塑料、橡胶的使用条件和使用要求。

能力目标

1. 掌握塑料、橡胶在汽车上的应用；
2. 培养学生理论联系实际的能力。

1 塑料

1 塑料的概念

塑料为合成的高分子化合物（又称高分子），可以自由改变形体样式，是利用单体原料以合成或缩合反应聚合而成的材料，由合成树脂及填料、增塑剂、稳定剂、润滑剂、色料等添加剂组成的。塑料的主要成分是合成树脂。树脂这一名词最初是由动植物分泌出的脂质而得名，如松香、虫胶等，目前树脂是指尚未和各种添加剂混合的高聚物。树脂占塑料总质量的 40% ～ 100%。塑料的基本性能主要决定于树脂的本性,但添加剂也起着重要作用。有些塑料基本上是由合成树脂所组成,不含或少含添加剂,如有机玻璃、聚苯乙烯等。所谓塑料,其实它是合成树脂中的一种,形状跟天然树脂中的松树脂相似,但因又经过化学的力量来合成,而被称为塑料。

❷ 塑料的成分

人们通常所用的塑料并不是一种纯物质,它是由许多材料配制而成的。其中高分子聚合物(或称合成树脂)是塑料的主要成分,此外,为了改进塑料的性能,还要在聚合物中添加各种辅助材料,如填料、增塑剂、润滑剂、稳定剂、着色剂等,才能成为性能良好的塑料。

❶ 合成树脂

合成树脂是塑料的最主要成分,其在塑料中的含量一般在 40% ～ 100%。由于含量大,而且树脂的性质常常决定了塑料的性质,所以人们常把树脂看成是塑料的同义词。例如把聚氯乙烯树脂与聚氯乙烯塑料、酚醛树脂与酚醛塑料混为一谈。其实树脂与塑料是两个不同的概念。树脂是一种未加工的原始聚合物,它不仅用于制造塑料,而且还是涂料、粘接剂以及合成纤维的原料。而塑料除了极少一部分含 100% 的树脂外,绝大多数的塑料,除了主要组分为树脂外,还需要加入其他物质。

❷ 填料

填料又称填充剂,它可以提高塑料的强度和耐热性能,并降低成本。例如酚醛树脂中加入木粉后可大大降低成本,使酚醛塑料成为最廉价的塑料之一,同时还能显著提高机械强度。填料可分为有机填料和无机填料两类,有机填料如木粉、碎布、纸张和各种织物纤维等,无机填料如玻璃纤维、硅藻土、石棉、炭黑等。

❸ 增塑剂

增塑剂可增加塑料的可塑性和柔软性,降低脆性,使塑料易于加工成型。增塑剂一般是能与树脂混溶,无毒,无臭,对光、热稳定的高沸点有机化合物,最常用的是邻苯二甲酸酯类。例如生产聚氯乙烯塑料时,若加入较多的增塑剂便可得到软质聚氯乙烯塑料,若不加或少加增塑剂(用量 < 10%),则得到硬质聚氯乙烯塑料。

❹ 稳定剂

为了防止合成树脂在加工和使用过程中受光和热的作用分解和破坏,延长使用寿命,要在塑料中加入稳定剂。常用的稳定剂有硬脂酸盐、环氧树脂等。

❺ 着色剂

着色剂可使塑料具有各种鲜艳、美观的颜色。常用有机染料和无机颜料作为着色剂。

❻ 润滑剂

润滑剂的作用是防止塑料在成型时不粘在金属模具上,同时可使塑料的表面光滑美观。常用的润滑剂有硬脂酸及其钙镁盐等。

❼ 抗氧剂

防止塑料在加热成型或在高温使用过程中受热氧化,而使塑料变黄、发裂等。

除了上述助剂外,塑料中还可加入阻燃剂、发泡剂、抗静电剂等,以满足不同的使用要求。

🔳 塑料的特性

（1）大多数塑料质轻，化学性稳定，不会锈蚀；

（2）耐冲击性好；

（3）具有较好的透明性和耐磨性；

（4）绝缘性好，导热性低；

（5）一般成型性、着色性好，加工成本低；

（6）大部分塑料耐热性差，热膨胀率大，易燃烧；

（7）尺寸稳定性差，容易变形；

（8）多数塑料耐低温性差，低温下变脆；

（9）容易老化；

（10）某些塑料易溶于溶剂。

🔳 塑料的分类

❶ 按使用特性分类

根据各种塑料不同的使用特性，通常将塑料分为通用塑料、工程塑料和特种塑料3种类型。

（1）通用塑料。一般指产量大、用途广、成型性好、价格便宜的塑料。通用塑料有五大品种：聚乙烯（PE）、聚丙烯（PP）、聚氯乙烯（PVC）、聚苯乙烯（PS）及丙烯青 – 丁二烯 – 苯乙烯共聚合物（ABS）。它们都是热塑性塑料。

（2）工程塑料。一般指能承受一定外力作用，具有良好的力学性能和耐高、低温性能，尺寸稳定性较好，可以用作工程结构的塑料，如聚酰胺、聚砜等。

工程塑料分为通用工程塑料和特种工程塑料两大类：

① 通用工程塑料包括聚酰胺、聚甲醛、聚碳酸酯、改性聚苯醚、热塑性聚酯、超高分子量聚乙烯、甲基戊烯聚合物、乙烯醇共聚物等。

② 特种工程塑料又有交联型和非交联型之分。交联型的有聚氨基双马来酰胺、聚三嗪、交联聚酰亚胺、耐热环氧树指等。非交联型的有聚砜、聚醚砜、聚苯硫醚、聚酰亚胺、聚醚醚酮（PEEK）等。

（3）特种塑料。一般指具有特种功能，可用于航空、航天等特殊应用领域的塑料。如氟塑料和有机硅具有突出的耐高温、自润滑等特殊功用，增强塑料和泡沫塑料具有高强度、高缓冲性等特殊性能，这些塑料都属于特种塑料的范畴。

① 增强塑料：增强塑料原料在外形上可分为粒状（如钙塑增强塑料）、纤维状（如玻璃纤维或玻璃布增强塑料）、片状（如云母增强塑料）3种。按材质可分为布基增强塑料（如碎布增强或石棉增强塑料）、无机矿物填充塑料（如石英或云母填充塑料）、纤维增强塑料（如碳纤维增强塑料）3种。

② 泡沫塑料：泡沫塑料可以分为硬质、半硬质和软质泡沫塑料3种。硬质泡沫塑料没有柔韧性，压缩硬度很大，只有达到一定应力值才产生变形，应力解除后不能恢复原状；软质泡沫塑料富有柔韧性，压缩硬度很小，很容易变形，应力解除后能恢复原状，

残余变形较小；半硬质泡沫塑料的柔韧性和其他性能介于硬质与软质泡沫塑料之间。

❷ 按理化特性分类

根据各种塑料不同的理化特性，可以把塑料分为热固性塑料和热塑性塑料两种类型。热固性塑料无法重新塑造使用，热塑性塑料可一再重复生产。

（1）热塑性塑料。热塑性塑料（Thermo plastics）指加热后会熔化，可流动至模具冷却后成型，再加热后又会熔化的塑料，即可运用加热及冷却，使其产生可逆变化（液态←→固态），是所谓的物理变化。通用的热塑性塑料其连续的使用温度在100℃以下，聚乙烯、聚氯乙烯、聚丙烯、聚苯乙烯称为四大通用塑料。热塑料性塑料又分烃类、含极性基因的乙烯基类、工程类、纤维素类等多种类型。

热塑性塑料受热时变软，冷却时变硬，能反复软化和硬化并保持一定的形状；可溶于一定的溶剂，具有可熔可溶的性质；具有优良的电绝缘性，特别是聚四氟乙烯（PTFE）、聚苯乙烯（PS）、聚乙烯（PE）、聚丙烯（PP）都具有极低的介电常数和介质损耗，宜于做高频和高电压绝缘材料。

热塑性塑料易于成型加工，但耐热性较低，易于蠕变，其蠕变程度随承受负荷、环境温度、溶剂、湿度而变化。为了克服热塑性塑料的这些弱点，满足在空间技术、新能源开发等领域应用的需要，各国都在开发可熔融成型的耐热性树脂，如聚醚醚酮（PEEK）、聚醚砜（PES）、聚芳砜（PASU）、聚苯硫醚（PPS）等。以它们作为基体树脂的复合材料具有较高的力学性能和耐化学腐蚀性，能热成型和焊接，层间剪切强度比环氧树脂好。如用聚醚醚酮作为基体树脂与碳纤维制成复合材料，耐疲劳性超过环氧／碳纤维。它的耐冲击性好，在室温下具有良好的耐蠕变性，加工性好，可在240～270℃连续使用，是一种非常理想的耐高温绝缘材料。用聚醚砜作为基体树脂与碳纤维制成的复合材料，在200℃具有较高的强度和硬度，在－100℃尚能保持良好的耐冲击性；无毒，不燃，发烟最少，耐辐射性好，预期可用它作航天飞船的关键部件，还可模塑加工成雷达天线罩等。甲醛交联型塑料包括酚醛塑料、氨基塑料（如脲－甲醛－三聚氰胺－甲醛等）。其他交联型塑料包括不饱和聚酯、环氧树脂、邻苯二甲二烯丙酯树脂等。

（2）热固性塑料。热固性塑料是指在受热或其他条件下能固化或具有不溶（熔）特性的塑料，如酚醛塑料、环氧塑料等。热固性塑料又分甲醛交联型和其他交联型两种类型。热加工成型后形成具有不熔不溶的固化物，其树脂分子由线型结构交联成网状结构。再加强热则会分解破坏。典型的热固性塑料有酚醛、环氧、氨基、不饱和聚酯、呋喃、聚硅醚等材料，还有较新的聚苯二甲酸二丙烯酯塑料等。它们具有耐热性高、受热不易变形等优点。缺点是机械强度一般不高，但可以通过添加填料，制成层压材料或模压材料来提高其机械强度。

以酚醛树脂为主要原料制成的热固性塑料，如酚醛模压塑料（俗称电木），具有坚固耐用、尺寸稳定、耐除强碱外的其他化学物质作用等特点。可根据不同用途和要求，加入各种填料和添加剂。如要求高绝缘性能的品种，可采用云母或玻璃纤维为填料；如要耐热的品种，可采用石棉或其他耐热填料；如要求抗震的品种，可采用各种适当的纤维或橡胶为填料及一些增韧剂以制成高韧性材料。此外还可以采用苯胺、环氧、聚氯乙烯、聚酰胺、聚乙烯醇缩醛等改性的酚醛树脂以满足不同用途的要求。用酚醛树脂还可以制成酚醛层压板，其特点是机械强度高，电性能良好，耐腐蚀，易于加工，广泛应用于低压电气设备。

氨基塑料有脲甲醛、三聚氰胺甲醛、脲素三聚氰胺甲醛等。它们具有质地坚硬、耐刮痕、无色、半透明等优点，加入色料可制成彩色鲜艳的制品，俗称电玉。由于它耐油，不受弱碱和有机溶剂的影响（但不耐酸），可在70℃下长期使用，短期可耐110 ~ 120℃，可用于电气制品。三聚氰胺甲醛塑料比脲甲醛塑料硬度高，有更好的耐水、耐热、耐电弧性，可作耐电弧绝缘材料。

以环氧树脂为主要原料制成的热固性塑料品种很多，其中以双酚A型环氧树脂为基材的约占90%。它具有优良的粘接性、电绝缘性、耐热性和化学稳定性，收缩率和吸水率小，机械强度好等特点。

不饱和聚酯和环氧树脂都可以制成玻璃钢，具有优异的机械强度。如不饱和聚酯的玻璃钢，其力学性能良好，密度小（只有钢的1/5 ~ 1/4，铝的1/2），易于加工成各种电器零件。以苯二甲酸二丙烯酯树脂制成的塑料的电性能和力学性能均优于酚醛和氨基热固性塑料。它吸湿性小，制品尺寸稳定，成型性能好，耐酸碱及沸水和一些有机溶剂。模塑料适于制造结构复杂的、既耐温又有高绝缘性的零件。一般可在 –60 ~ 180℃范围长期使用，耐热等级可达F级到H级，比酚醛和氨基塑料的耐热性都高。

聚硅醚结构形式的有机硅塑料在电子、电气技术中的应用较多。有机硅层压塑料多以玻璃布为补强材料；有机硅模压塑料多以玻璃纤维和石棉为填料，用以制造耐高温、高频或潜水电动机、电气、电子设备的零部件等。这类塑料的特点是介电常数和tanδ值较小，受频率影响小，用于电气和电子工业中耐电晕和电弧，即使放电引起分解，产物是二氧化硅而不是能导电的碳黑。这类材料有突出的耐热性，可以在250℃连续使用。聚硅醚的主要缺点是机械强度低，粘接性小，耐油性差。已开发出许多改性有机硅聚合物，例如聚酯改性有机硅塑料等在电气技术上得到应用。有的塑料既是热塑性塑料又是热固性塑料。例如聚氯乙烯，一般为热塑性塑料，日本已研制出一种新型液态聚氯乙烯是热固性塑料，模塑温度为60 ~ 140℃；美国一种称伦德克斯的塑料，既有热塑性加工的特征，又有热固性塑料的物理性能。

5 塑料在汽车上的应用

塑料应用于汽车始于19世纪60年代。塑料材料具有质量小，易于加工和防锈防腐蚀的特点。目前汽车的保险杠（图2-1）、汽车仪表台壳（图2-2）几乎都是塑料。塑料最先使用在汽车的内饰（仪表板、座椅、门内板、顶棚、地毯、门立柱盖板、杂物箱、导风格栅等）和外饰件（散热器格栅、车轮罩、挡泥板、灯罩等）及结构功能件（气门室罩盖、冷却风扇、油箱、蓄电池壳等）上，为汽车饰件的软饰化、高档化、纤维化、舒适化起到了一定的作用。近年来，塑料在车身板和发动机周围的零部件上的使用量在不断增大，占车身重的10% ~ 15%。目前现代汽车上100kg的塑料件取代了原先需要200 ~ 300kg的传统汽车材料（如钢铁等），其减重效果达到100% ~ 200%。由于大量使用塑料部件，每辆车每行驶15万km，将减少燃油消耗750L。

图 2-1　汽车保险杠

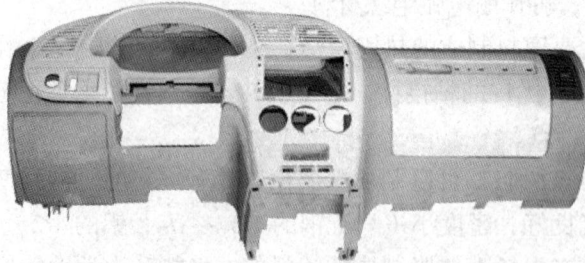

图 2-2　汽车仪表台壳

　　一般热固性塑料力学性能好，强度高，表面质量好，具有良好的表面着色、电镀、植绒、铆接、喷溅、耐腐蚀等性能，多作为外表面件生产使用，主要用于生产内部构件。

　　除了已经成熟的塑料部件制造技术外，塑料材料制造技术在 2000 年有一个长足的发展，一些高技术含量、低成本、高效率与持久耐用的塑料材料的使用比例在不断上升：如通用汽车公司在其生产的汽车上使用命名为 Bafour 425 的塑料产品，通用汽车公司将该材料用于制造组合式车厢、车厢后挡板和翼子板。使用该材料制造的车厢体厚度仅为 3mm，非常轻薄。

　　目前在汽车中采用的塑料品种多达数十种。最早用于汽车上的塑料是热固性塑料，如酚醛等，主要用作电气绝缘及点火系统，其后用于内装饰材料的聚氯乙烯和聚氨酯。随着汽车轻量化技术的发展，汽车外饰件和结构件用的聚烯烃（PP、PE 等）以及工程塑料（PA、POM、PC 等）和纤维增强塑料复合材料（FRP）也大量用于在汽车制造中。汽车常用塑料、工程塑料的品种及性能应用见表 2-1。

汽车常用塑料、工程塑料的品种及性能应用　　　　　　　　　　　表2-1

名称	符号	主要特点	应用举例
聚乙烯	PE	耐磨性、耐蚀性、绝缘性好，耐寒、耐高温	油箱，车厢内饰件，轮毂防尘盖，发动机罩，空气导管
聚丙烯	PP	机械强度较高，耐热性、绝缘性、耐蚀性好；但低温发脆，不耐磨，易老化	冷却风扇，风扇罩，蓄电池盖，接线板，转向盘，保险杠，分电器盖，调节器盖
ABS树脂	ABS	较好的综合性能，耐冲击，耐蚀性好，绝缘性好，易成型和机械加工	散热器护栅，驾驶室仪表板，控制箱，装饰，嵌条，灯壳，挡泥板，变速杆
有机玻璃	PMMA	透光性好，强度较高，耐蚀性、绝缘性好，易成型，但性脆，易表面擦毛	油标，油杯，镜片，遮阳板，标牌，灯罩
聚酰胺（尼龙）	PA	坚韧，耐磨性好，耐疲劳，抗霉菌，耐冲击，硬度较高；但吸水性大，尺寸不稳定	散热器副油箱，冷却风扇，横直拉杆衬套，滤网，半轴齿轮耐磨衬套，把手，凸轮轴正时齿轮，钢板弹簧销衬套

名称	符号	主要特点	应用举例
聚碳酸酯	PC	耐冲击性好，良好的力学性能，尺寸稳定性好，吸水性小，耐热，抗蠕变，绝缘性好；但耐磨性差	保险杠，刻度板，水泵叶轮，壳体
聚砜（经玻璃纤维增强后）	PSF PSU	耐温性好，抗蠕变，良好的力学性能，高绝缘性，化学稳定性	分电器盖，仪表板，阻流板，保险杠，挡泥板
聚甲醛	POM	良好的综合力学性能，耐磨性好，吸水性好，优良的强度、刚性，抗冲击，抗疲劳，抗蠕变，尺寸稳定，但收缩率大，成型困难	钢板弹簧销衬套及侧垫板，转向器衬套，万向节轴承，行星齿轮耐磨垫片
聚四氟乙烯	PTFE	优良的耐蚀性、耐老化，绝缘性好，吸水性小，优异的抗化学腐蚀性，自润性好，阻燃性好，但机械强度低，易蠕变，尺寸不稳定	密封圈，填圈，填片阀座
聚苯醚	PPO	良好的抗拉强度和刚性，抗蠕变性、耐热性好，耐磨，绝缘性好	齿轮，轴承，凸轮及其他减摩传动件
聚酰亚胺	PI	优良的综合力学性能，耐温性好，耐磨性强	压缩机活塞环，密封圈，汽车液压系统轴承
聚氯乙烯	PVC	具有耐化学性，阻燃自熄，耐磨，消声减振，强度较高，电绝缘性较好，但热稳定性差	汽车仪表板表皮，地板隔热垫，坐垫套，车门装饰条，转向盘，车门内衬，操纵杆盖板等
热塑性聚酯塑料	PBT PET	力学性能好，耐热性、耐疲劳性好，耐摩擦磨损，尺寸稳定，耐化学药品性，良好的电绝缘性及加工性	点火装置零件，自动控制传感器，调节器，变速器零件，燃料混合装置，熔断丝盒，刮水器，除霜装置条件等
聚苯硫醚	PPS	良好的耐热性、阻燃性，耐化学药品性，尺寸稳定性和综合力学性能	信号灯座，接线端子，控制开关
聚芳酯	PAR	密度小，耐热性好，弹性好，难燃烧，韧性好，热膨胀系数小	点火系统，排放系统，前灯反射镜，熔断丝盒及透明仪表罩壳等
聚氨酯树脂	PU	弹性好，机械强度高，化学稳定性好，容易改变形态	仪表板，转向盘，车门扶手，座椅缓冲件，遮阳板，密封条

目前国内 12 种车型的塑料用量及种类见表 2-2。

国内12种车型的塑料用量及种类　　　　　　　　　表2-2

车型	PVC	ABS	PP	PE	PU	POM	PA	其他	合计
CA7220	21.34	13.64	16.86	4.13	9.70	0.16	2.40	20.20	88.43
捷达	11.77	13.50	25.50	6.80	7.42	0.60	2.00	2.40	69.99
桑塔纳	11.77	10.55	18.80	6.20	10.00	0.22	2.90	6.13	66.57
富康	24.00	4.00	30.00	9.00	12.00	1.00	5.00	6.50	91.50
夏利	6.50	4.00	20.00	10.00	8.50	0.50	1.50	4.00	55.00
切诺基	8.00	10.00	20.00	10.00	20.00	1.00		34.00	103.00
CA1046L	17.33	2.20	12.20	3.80	8.50	1.50		4.30	49.83

车型	PVC	ABS	PP	PE	PU	POM	PA	其他	合计
IVECO	15.00	15.00	45.00	5.00	60.00	1.50	2.00	8.00	151.50
CA1092-I	3.15	1.20	67.30	16.80	10.00	0.30	1.10	2.90	102.75
EQ1092-II	13.00	35.00	20.00	20.00	8.20	0.50	1.30	8.40	106.4
EQ1141G	15.00	4.60	10.90	2.50	7.50	0.40	1.50	17.40	59.80
JN1419	27.10	1.00	0.15	0.03	32.50	1.00	0.60	20.00	82.38

6 塑料的再生利用

塑料不仅减轻了汽车质量，降低了燃油消耗和碳氢化合物的排放，还因为塑料可回收、再利用，节省了汽车制造过程中的能源消耗，这样就达到了环境保护和节能的要求，有效地解决了能源和环境当今世界两大难题。但是如何能有效地回收和再利用塑料仍需探索。国外回收利用的方法主要包括：分类回收、制取单体原材料、生产清洁燃油和用于发电等。

2 橡胶

1 橡胶的概念和特点

橡胶是提取橡胶树、橡胶草等植物的胶乳，加工后制成的具有弹性、绝缘性、不透水和空气的材料。橡胶是具有可逆形变的高弹性聚合物材料。在室温下富有弹性，在很小的外力作用下能产生较大形变，除去外力后能恢复原状。橡胶属于完全无定型聚合物，它的玻璃化转变温度低，分子量往往很大，大于几十万。橡胶的分子链可以交联，交联后的橡胶受外力作用发生变形时，具有迅速复原的能力，并具有良好的物理力学性能和化学稳定性。橡胶是橡胶工业的基本原料，广泛用于制造轮胎、胶管、胶带、电缆及其他各种橡胶制品。

2 橡胶的分类和组成

橡胶按原料分为天然橡胶和合成橡胶。按形态分为块状生胶、乳胶、液体橡胶和粉末橡胶。乳胶为橡胶的胶体状水分散体；液体橡胶为橡胶的低聚物，未硫化前一般为黏稠的液体；粉末橡胶是将乳胶加工成粉末状，以利配料和加工制作。20世纪60年代开发的热塑性橡胶，无需化学硫化，而采用热塑性塑料的加工方法成形。橡胶按使用又分为通用型和特种型两类。

橡胶的主要成分是生橡胶，分为天然或合成两种。生橡胶是一种不饱和的橡胶烃——烯烃，它是线型的或含有支链型的长链状分子，分子中含有不稳定的双键，所以性能上有许多缺点（例如受热发黏、遇冷变硬），不能直接用来制造橡胶制品。只能在

5 ~ 35℃范围内保持弹性；同时强度差、不耐磨、不耐溶剂，所以生橡胶只有在经过特种的物理、化学过程后才具有橡胶的各种特性。硫化是橡胶加工的一个重要工艺过程。如上所述，未经硫化的生胶在使用上是没有什么价值的。所谓"硫化"，就是将一定量的硫化剂（最常用的硫化剂是硫磺）加入生胶中，在规定的温度下加热、保温的一种加工过程。它使生胶的线型分子间通过生成的"硫桥"而互相交联成立体的网状结构，从而使塑性的胶料变成具有高弹性的硫化胶。随着合成橡胶的迅速发展，现在硫化剂的品种很多。除用硫磺外，还可以用有机多硫化物、过氧化物、金属氧化物等。近年来还发展了用原子辐射的方法直接进行交联作用。为了使橡胶获得其他必要的性能，生胶中除了加入硫化剂外，还加入有各种配合剂。不同用途的橡胶，在生胶中加入的配合剂的品种和数量，也是各不相同的。这些物质根据它们所起的作用不同而分为 6 类：

❶补强剂

补强剂是指那些能提高硫化胶的抗张强度、撕裂强度、耐磨性等物理力学性能的物质，如碳黑、氧化锌、白碳黑、活性陶土、活性碳酸钙以及木质素、古玛隆树脂等。其中用量最多、效果最好的是碳黑。

❷软化剂

软化剂是用来增强生胶塑性和使橡胶具有一定柔软性的物质。软化剂有松焦油、松香、矿物油类和脂类合成有机化合物。

❸填充剂

填充剂又称增容剂。主要用来增加橡胶容积，节约生胶，降低生产成本。通常用的填充剂有未经活化处理的碳酸钙、碳酸镁、陶土、滑石粉、云母粉以及硫酸钡等。

❹防老剂

防老剂是用来减缓老化过程、延长橡胶使用寿命的一种物质，如防老剂 A、防老剂 D、防老剂 4010 等。蜡类也是一种有效的防老剂。

❺硫化促进剂和活性剂

硫化促进剂是用来促进硫化过程，活性剂是配合硫化剂加速硫化过程的。

❻其他特种添加剂

某些特种用途的橡胶，还有专门的配合剂，例如发泡剂、硬化剂等。

❸ 常用橡胶简介

❶天然橡胶（NR）

天然橡胶由橡胶树采集胶乳制成，是异戊二烯的聚合物，具有很好的耐磨性、很高的弹性、扯断强度及伸长率，在空气中易老化，遇热变黏，在矿物油或汽油中易膨胀和溶解，耐碱但不耐强酸。优点：弹性好，耐酸碱。缺点：不耐候，不耐油（可耐植物油）。是制作胶带、胶管、胶鞋的原料，并适用于制作减振零件和在汽车制动液、乙醇等带氢氧根的液体中使用的制品。

❷丁苯胶（SBR）

丁苯胶为丁二烯与苯乙烯之共聚合物，与天然胶比较，品质均匀，异物少，具有更好耐磨性及耐老化性，但机械强度较弱，可与天然胶掺和使用。优点：低成本的非抗油性材质，良好的抗水性，硬度 70 以下具有良好弹力，高硬度时具有较差的压缩性。缺点：不建议使用强酸、臭氧、油类、油酯和脂肪及大部分的碳氢化合物之中，广泛用于轮胎业、鞋业、布业及输送带行业等。

❸ 丁基橡胶（IIR）

丁基橡胶为异丁烯与少量异戊二烯聚合而成，因甲基的立体障碍分子的运动比其他聚合物少，故气体透过性较少，对热、日光、臭氧抵抗性大，电器绝缘性佳；对极性容剂抵抗大，一般使用温度为 $-54 \sim 110℃$。优点：对大部分一般气体具不渗透性，对阳光及臭气具良好的抵抗性可暴露于动物或植物油或是可气化的化学物中。缺点：不建议与石油溶剂，胶煤油和芳氢同时使用，用于汽车轮胎的内胎、皮包、橡胶膏纸、窗框橡胶、蒸汽软管、耐热输送带等。

❹ 氢化丁腈胶（HNBR）

氢化丁腈胶为丁腈胶中经由氢化后去除部分双链，经氢化后其耐温性、耐候性比一般丁腈橡胶提高很多，耐油性与一般丁腈胶相近。一般使用温度为 $-25 \sim 150℃$。优点：较丁腈胶拥有较佳的抗磨性，具极佳的抗蚀、抗张、抗撕的特性和压缩性。

在臭氧等大气状况下具有良好的抵抗性，一般适用于洗衣或洗碗的清洗剂中。缺点：不建议使用于醇类、酯类或是芳香族的溶液之中，广泛用于环保冷媒 R134a 系统中的密封件、汽车发动机系统密封件。

❺ 乙丙胶（EPDM）

乙丙胶由乙烯及丙烯共聚合而成，因此耐热性、耐老化性、耐臭氧性、安定性均非常优秀，但无法硫磺加硫。为解决此问题，在 EP 主链上导入少量有双链之第三成分而可加硫即成 EPDM，一般使用温度为 $-50 \sim 150℃$。对极性溶剂如醇、酮等抵抗性极佳。优点：具有良好抗候性及抗臭氧性，具有极佳的抗水性及抗化字物，可使用醇类及酮类，耐高温蒸气，对气体具良好的不渗透性。缺点：不建议用于食品用途或是暴露于芳香氢之中。用于高温水蒸气环境之密封件，卫浴设备密封件或零件；制动系统中的橡胶零件，散热器（汽车水箱）中的密封件。

❻ 丁腈胶（NBR）

丁腈胶由丙烯腈与丁二烯共聚而成，丙烯腈含量为 18% ~ 50%，丙烯腈含量越高，对石化油品碳氢燃料油之抵抗性愈好，但低温性能则变差，一般使用温度为 $-25 \sim 100℃$。丁腈胶为目前油封及 O 形密封圈最常用之橡胶之一。优点：具有良好的抗油，抗水，抗溶剂及抗高压油的特性；具有良好的压缩性，抗磨及伸长力。但不适合用于极性溶剂之中，例如酮类、臭氧、硝基烃等。常用于制作燃油箱、润滑油箱以及在石油系液压油、汽油、水、硅油、二酯系润滑油等流体介质中使用的橡胶零件，特别是密封零件，是目前用途最广、成本最低的橡胶密封件。

❼ 氯丁胶（CR）

氯丁胶由氯丁烯单体聚合而成，硫化后的橡胶弹性耐磨性好，不怕阳光直接照射，有特别好的耐候性能，不怕激烈的扭曲，不怕制冷剂，耐稀酸、耐硅酯系润滑油，但不耐磷酸酯系液压油。在低温时易结晶、硬化，储存稳定性差，在苯胺点低的矿物油中膨胀量大。一般使用温度为 $-50 \sim 150℃$。优点：弹性良好及具有良好的压缩变形，配方内不含硫磺，因此非常容易制作；具有抗动物油及植物油的特性，不会因中性化学物、脂肪、油脂、多种油品、溶剂而影响物性；具有防燃特性。

缺点：不建议使用强酸、硝基烃、酯类、氯仿及酮类的化学物之中。用于耐 R12 制冷剂的密封件，家电用品上的橡胶零件或密封件；适合用来制作各种直接接触大气、阳光、臭氧的零件；适用于各种耐燃、耐化学腐蚀的橡胶品。

❹ 橡胶在汽车上的应用

橡胶是汽车轮胎的主要应用材料（图 2-3）。另外，汽车上的连接软管通常是用橡胶和纤维或金属材料制成的可以挠曲的软管，汽车上的各个部件、零件的连接常常需要管子，这些管子要求柔软，容易弯曲，能吸收振动。橡胶管接触输送介质的工作层，耐温、耐介质、耐摩擦，具有良好的气密性、柔韧性以及合适的强度和厚度。如燃油管、散热器管、加热器管、冷却器管、制动管、离合器管、油箱管、转向管路、冷却管、旁通管、EGR 管、漏气管等。

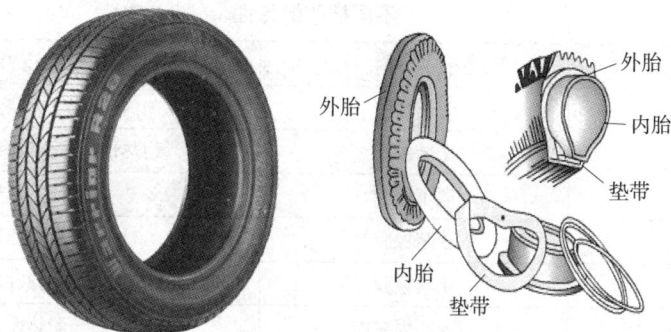

图 2-3　汽车轮胎

橡胶是制造密封件的主要材料，品种繁多，为了改善橡胶的性能，可以掺用塑料；塑料还用作橡胶密封件的附件，如支撑环，挡圈、缓冲圈和磨损调整圈等。橡胶密封件种类主要有 O 形密封圈、油封（图 2-4）和皮碗，虽然结构简单，但关系到汽车各部件的工作性能是否正常发挥，所以，不但要求其具有很好的机械强度，而且更强调其耐热性、耐油性及耐各种使用介质的性能。

图 2-4　油封

汽车行驶时各部分的振动，会影响汽车的舒适性。为降低汽车振动噪声，在各处采用了防振橡胶，如发动机支撑、扭振缓冲器行驶部分的支撑缓冲橡胶、轴套、橡胶耦合器等。

汽车中使用的防振橡胶都是块状，它们大都由防振橡胶和金属底板粘接在一起制成，防振橡胶的形状及结构是经过精密计算或试验确定的，所以对它的结构尺寸不能任意改动，安装时也要注意安装部位和角度的正确。防振块对橡胶的要求是其弹性及承受长时间反复负载的能力，当然也要考虑其环境温度及使用时可能接触的介质。保证橡胶与金属底板粘接良好，在使用中始终不脱离、不分层。橡胶弹簧是辅助汽车钢板弹簧工作的，在主钢板弹簧位移大时，载荷进一步增加能使主弹簧和辅助弹簧共同发生作用，它是一个中空的橡胶制件，在汽车中用于钢板弹簧的上端，钢板弹簧变形至一定程度即接触橡胶弹簧，并与之共同作用，提高汽车舒适性。空气弹簧是一个比较复杂的橡胶防振配件，除了少数紧固件及上下板，多数零件都由橡胶制成，这种弹簧的中间密闭，充以低压压缩空气，使空气和橡胶的吸振特性组合成一体，具有良好的隔振性能，又能防止噪声，有效提高舒适性。

由于不同橡胶材料的性能有优有劣，橡胶防振材料的选择主要是依据不同的防振要求，利用不同橡胶的不同特性制成橡胶防振配件见表2-3。

不同橡胶的特性 表2-3

类　型	材　料	主要利用的性能
一般防振橡胶	天然橡胶	耐疲劳性，蠕变性能
	丁苯橡胶	耐热性，与金属摩擦不发黏
	顺丁橡胶	动负荷下发热小
耐油防振橡胶	丁腈橡胶	耐油性
高减振橡胶	丁基橡胶	优良的减振性
耐热防振橡胶	三元乙丙橡胶	耐热性

汽车上常用橡胶的特性及用途见表2-4。

汽车上常用橡胶的特性及用途 表2-4

名　称	代号	优　点	缺　点	用途举例
天然橡胶	NR	抗撕裂性强，耐磨性好，加工性良好，易与其他材料黏合	耐候性、耐油性差，耐热性差	轮胎，胶带，胶管
丁苯橡胶	SBR	耐磨性突出，耐老化和耐热性超出天然橡胶，其他性能接近天然橡胶	加工性、自黏性、弹性差，生胶强度低	轮胎，胶板，胶布
异戊橡胶	IR	回弹性好，抗撕裂性好，耐磨，吸水性低，绝缘性好，耐老化	成本较高，耐油、耐臭氧性差，加工性差	胶管，胶带
顺丁橡胶	BR	弹性、耐油性好，耐磨性优良，耐候性好，易与金属黏合	加工性差，自黏性差，抗撕裂性不好	内胎，电线包皮，橡胶弹簧，减振器
丁基橡胶	IIR	耐老化，抗化学腐蚀，良好的气密性、耐热性、吸振性、耐候性、耐油性	弹性大，加工性差，耐老化性差，动态生热大	内胎，防振制品

名　称	代号	优　点	缺　点	用途举例
氯丁橡胶	CR	力学性能好，耐候性、耐油性、耐热性好，耐化学腐蚀	密度大，绝缘性差，不易加工	胶带，胶管，减振零件，粘接剂，油封，汽车门窗嵌条，密封件
丁腈橡胶	NBR	良好的耐油性、耐热性、耐磨性、耐老化性，耐气体介质优良，阻燃性好	耐寒、耐臭氧较差，加工性不好	输油管，耐油密封圈，皮碗，O形密封圈，耐油制品
三元乙丙橡胶	EPDM	良好的耐候性、绝缘性、耐油性、耐化学性，冲击弹性好	黏着性很差	散热管及发动机部分零件，耐热胶管、胶带，绝缘制品
聚氨酯橡胶	UR	优异的耐磨性，良好的抗拉强度、耐油性	耐水性、耐蚀性、耐高温性差，动态生热大	耐油胶管，耐油垫圈，同步带，耐磨制品，实心轮胎
聚硫橡胶	ET EOT	耐油性优异，耐候性良好，耐老化	力学性能极差，变形大	腻子，密封胶，用于使丁腈橡胶改性，耐油制品
丙烯酸酯橡胶	ACM	耐油性极好，耐老化，耐臭氧，气密性和耐曲挠性优良	不耐寒，不耐水	油封，皮碗，火花塞护套
氯醇橡胶	CO ECO	耐油性、耐碱性好，耐老化性极好，抗压缩变形良好，气密性好	强伸力低，绝缘性差，弹性差	胶管，密封件，制冷器密封件
硅橡胶	Q	耐水性、耐老化性、耐候性良好，化学惰性大，防毒性好	机械强度较低，不耐油，不耐酸碱	耐高温制品，高温绝缘品，油封
氟橡胶	FRM	耐蚀性极好，耐高温性良好，抗辐射	加工性差，黏性差，耐寒性不好，价格高	发动机耐热、耐油制品，高级密封件，垫圈，垫片

阅读空间

橡胶和塑料的区别

　　橡塑是橡胶和塑料产业的统称，它们都是石油的附属产品，它们在来源上都是一样的，不过，在制成产品的过程中，物性却不一样，用途更是不同，橡胶用途最广的就是轮胎，塑料随着技术的进步和市场需求的增加，用途越来越广泛，在日常生活中已经离不开了。

　　塑料与橡胶最本质的区别在于塑料发生形变是塑性变形，而橡胶发生变形是弹性变形。换句话说，塑料变形后不容易恢复原状态，而橡胶相对来说就容易得多。塑料的弹性是很小的，通常小于100%，而橡胶可以达到1000%，甚至更多。塑料在成型上，绝大多数成型过程完毕，产品过程也就完毕；而橡胶成型过程完毕后，还需要硫化过程。

塑料与橡胶同属于高分子材料,主要由碳和氢两种原子组成,另有一些含有少量氧、氮、氯、硅、氟、硫等原子,其性能特殊,用途也很特别。在常温下,塑料是固态,很硬,不能拉伸变形。而橡胶硬度不高,有弹性,可拉伸变长,停止拉伸又可回复原状。这是由于它们的分子结构不同造成的。另一不同点是塑料可以多次回收重复使用,而橡胶则不能直接回收使用,只能经过加工制成再生胶,然后才可用。塑料在 $100 \sim 200℃$ 时的形态与橡胶在 $60 \sim 100℃$ 时的形态相似。塑料不包括橡胶。

二　玻璃和陶瓷

知识目标

1. 了解玻璃、陶瓷有关基本概念、分类和性能;
2. 掌握玻璃、陶瓷的使用条件和使用要求。

能力目标

1. 掌握玻璃、陶瓷在汽车上的应用;
2. 通过本节学习,培养学生理论联系实际的能力。

1 玻璃

1 玻璃的概念

玻璃是一种较为透明的固体物质,在熔融时形成连续网络结构,冷却过程中黏度逐渐增大并硬化而不结晶的硅酸盐类非金属材料。普通玻璃由化学氧化物和辅助原料组成,化学氧化物的主要成分是二氧化硅,辅助原料多为着色剂、澄清剂等。玻璃广泛应用于建筑物,用来隔风透光,属于混合物。

2 玻璃的分类

❶ 按化学成分分类

玻璃按主要化学成分可分为氧化物玻璃和非氧化物玻璃。非氧化物玻璃品种和数量很少,主要有硫系玻璃和卤化物玻璃。硫系玻璃的阴离子多为硫、硒、碲等,可截止短波长光线而通过黄、红光,以及近、远红外光,其电阻低,具有开关与记忆特性。卤化物玻璃的折射率低，色散低，多用作光学玻璃。

氧化物玻璃又分为硅酸盐玻璃、硼酸盐玻璃、磷酸盐玻璃等。硅酸盐玻璃指基本成分为 SiO_2 的玻璃，其品种多，用途广。通常按玻璃中 SiO_2 以及碱金属、碱土金属氧化物的不同含量又可分为：

（1）石英玻璃：SiO_2 含量大于 99.5%，热膨胀系数低，耐高温，化学稳定性好，透紫外光和红外光，熔制温度高、黏度大，成型较难。多用于半导体、电光源、光导通信、激光等技术和光学仪器中。

（2）高硅氧玻璃：SiO_2 含量约 96%，其性质与石英玻璃相似。

（3）钠钙玻璃：以 SiO_2 含量为主，还含有 15% 的 Na_2O 和 16% 的 CaO，其成本低廉，易成型，适宜大规模生产，其产量占实用玻璃的 90%。可生产玻璃瓶罐、平板玻璃、器皿、白炽灯等。

（4）铅硅酸盐玻璃：主要成分有 SiO_2 和 PbO，具有独特的高折射率和高体积电阻，与金属有良好的浸润性，可用于制造白炽灯、真空管芯柱、晶质玻璃器皿、火石光学玻璃等。含有大量 PbO 的铅玻璃能阻挡 X 射线和 γ 射线。

（5）铝硅酸盐玻璃：以 SiO_2 和 Al_2O_3 为主要成分，软化变形温度高，用于制作放电白炽灯、高温玻璃温度计、化学燃烧管和玻璃纤维等。

（6）硼硅酸盐玻璃：以 SiO_2 和 B_2O_3 为主要成分，具有良好的耐热性和化学稳定性，用以制造烹饪器具、实验室仪器、金属焊封玻璃等。硼酸盐玻璃以 B_2O_3 为主要成分，熔融温度低，可抵抗钠蒸气腐蚀。含稀土元素的硼酸盐玻璃折射率高、色散低，是一种新型光学玻璃。磷酸盐玻璃以 P_2O_5 为主要成分，折射率低、色散低，用于光学仪器中。

❷ 按性能和用途分类

玻璃按性能和用途分类主要有以下 10 种：

（1）钢化玻璃：它是普通玻璃经过再加工处理而成一种预应力玻璃。钢化玻璃相对于普通玻璃来说具有两大特征：

① 钢化玻璃强度是普通玻璃的数倍，抗拉强度是普通玻璃的 3 倍以上，抗冲击是普通玻璃 5 倍以上。

② 钢化玻璃不容易破碎，即使破碎也会以无锐角的颗粒形式碎裂，对人体伤害大大降低。

（2）磨砂玻璃：它是在普通玻璃上面再磨砂加工而成。一般厚度多在 9mm 以下，以厚度为 5 ~ 6mm 居多。

（3）喷砂玻璃：性能上基本上与磨砂玻璃相似，不同的是改磨砂为喷砂。由于两者视觉上类同，很多业主，甚至装修专业人员都把它们混为一谈。

（4）压花玻璃：是采用压延方法制造的一种平板玻璃。其最大的特点是透光不透明，多使用于洗手间等装修区域。

（5）夹丝玻璃：是采用压延方法，将金属丝或金属网嵌于玻璃板内制成的一种具有抗冲击平板玻璃，受撞击时只会形成辐射状裂纹而不至于坠下伤人，故多应用于高层楼宇和震荡性强的厂房。

（6）中空玻璃：多采用胶接法将两块玻璃保持一定间隔，间隔中是干燥的空气，周边再用密封材料密封而成，主要用于有隔声要求的装修工程之中。

（7）夹层玻璃：夹层玻璃一般由两片普通平板玻璃（也可以是钢化玻璃或其他特殊玻璃）和玻璃之间的有机胶合层构成。当受到破坏时，碎片仍黏附在胶层上，避免了碎片飞溅对人体的伤害，多用于有安全要求的装修项目。

（8）防弹玻璃：实际上就是夹层玻璃的一种，只是构成的玻璃多采用强度较高的钢化玻璃，而且夹层的数量也相对较多，多应用于银行或者豪宅等对安全要求非常高的装修工程之中。

（9）热弯玻璃：由优质平板玻璃加热软化在模具中成型，再经退火制成的曲面玻璃。样式美观，线条流畅，在一些高级装修中出现的频率越来越高。

（10）玻璃砖：玻璃砖的制作工艺基本和平板玻璃一样，不同的是成型方法，其中间为干燥的空气，多用于装饰性项目或者有保温要求的透光造型之中。

3 玻璃的特点

（1）具有良好的透视、透光性能（3mm、5mm厚的净片玻璃的可见光透射比分别为87%和84%）。对太阳光中近红外热射线的透过率较高，但对可见光折射至室内墙顶地面和家具、织物而反射产生的远红外长波热射线却有效阻挡，故可产生明显的"暖房效应"。

（2）具有隔声、保温性能。

（3）抗拉强度远小于抗压强度，是典型的脆性材料。

（4）具有较高的化学稳定性，通常情况下，对酸碱盐及化学试剂盒气体都有较强的抵抗能力，但长期遭受侵蚀性介质的作用也能导致变质和破坏，如玻璃的风化和发霉都会导致外观破坏和透光性能降低。

4 玻璃在汽车上的应用

汽车用玻璃的使用量占汽车总质量的3%左右，为提高汽车安全性，扩大视野，有扩大用量的倾向。汽车对玻璃的性能要求有透明性（透光性良好而且要求透视的影像不产生变形）、耐候性（要求玻璃不会因气温变化而引起品质的改变）、机械强度（要求玻璃对于风压要有足够的强度，有一定的抗冲击或抗弯曲的能力）和安全性（产生冲撞时不会伤害乘客）。普通玻璃主要成分是 SiO_2、NaO、石灰；有较好的透明性和耐候性，脆性大，质量为塑料的 1.5 ~ 2.5 倍。因在交通事故中，普通玻璃极易造成人身伤亡事故，而逐步被淘汰。

钢化玻璃是将普通玻璃加热到一定温度后急剧冷却得到的，这样就能大大提高玻璃的强度，钢化玻璃比普通玻璃的弯曲强度大 5 ~ 6 倍，挠度大 3 ~ 4 倍，冲击强度也大几倍。

钢化玻璃的热稳定性比同样化学成分普通退火玻璃高得多。由垂直引上机制成的平板玻璃经淬火制成的钢化玻璃，能经受 120 ~ 130℃的温度差而不炸裂。由于热处理后玻璃晶粒的变化，钢化玻璃即使破碎，其碎片的形状呈现蜂窝状小块，无尖锐棱角，所以钢化玻璃破碎时，具有相当的安全性。钢化玻璃无论在低温或高温季节中，都可长期使用而不改变其弯曲强度和抗冲击性能。其缺点是汽车在行驶中，因冲撞而全面破损，呈蜘蛛纹样的裂纹，大大影响了视野，由此引起二次交通事故，这种情况在高速公路上最易发生。故现在多采用区域钢化玻璃，区域钢化玻璃采用特殊的热处理方法，可以控制玻璃碎片的大小、形状和分布，以克服普通钢化玻璃在经受撞击后会形成一层稠密的裂缝网的缺陷。区域钢化玻璃在驾驶人前的前风窗玻璃视区，采用碎片加大的方法，在破碎后保住视线，减少二次事故的发生。夹层玻璃是现代车用玻璃的发展趋势，也是应用最广的一种。它是在二片玻璃中间夹有一片安全膜，从而牢固地将两层玻璃结合起来。当汽车碰撞时，即使玻璃破碎，其碎片仍能黏附在安全膜上，而且这层薄膜片还能吸收剩余的动能。因此，夹层玻璃（图 2-5）的安全性比区域性钢化玻璃又提高一步。

图 2-5　汽车夹层玻璃

由于薄膜的材料不同，夹层玻璃的性能也有所区别，见表 2-5。

夹层玻璃的性能　　　　　　　　　　　　　　　　　　　　　　表2-5

薄膜材料	性 能 特 点	缺 点
硝酸纤维（赛璐珞）	机械强度好，弯曲强度高，较好的冲击强度	易变色、发脆、脱胶
醋酸纤维	弹性好，优良的透光性，较强的冲击强度及低温性能，不易变色	弯曲强度较弱，耐蚀性较差
聚乙烯醇缩丁醛	柔软、耐振、低温性好，弹性大，抗老化性好，不易变色，吸湿性小，透光性好，安全性高	

备注：除以上三种材料，还有聚氨酯，聚乙烯醇缩丁醛加硅橡胶等。

汽车是高新技术密集的产品，随着汽车技术的进步，汽车玻璃的发展也显现出高性能、多功能、新技术的特点。在保证安全性的前提下，不断追求多用途和外形美观的新品种。

❶ 天线夹层玻璃

该天线采用印制电路线，即利用含银发热线的导电性可直接用于接收电视、AM 和 FM 收音机以及电话和导航的信息。

❷ 调光夹层玻璃

采用一种光的透射率和散射度可变的玻璃，达到遮挡太阳能、适当的采光、隐蔽保护等功能，提高了窗玻璃的控制环境功能及汽车的舒适性和居住性。

❸ 热线反射玻璃

热线反射玻璃是用喷镀或其他方法使金属薄膜镀在玻璃表面或把喷镀了金属薄膜的聚酯薄膜夹在夹层玻璃中间的，使玻璃具有反射功能，喷镀电解质以使汽车玻璃在确保规定的可见光透射的前提下，充分反射近红外线，可减轻空调的负荷，辅助空调控制车室内温度。

❹ 除霜玻璃

除霜玻璃是采用网板印制法将导电性胶印制在玻璃上，然后在玻璃加热成型时黏附，这种印制电路可加热玻璃起到除霜作用。我国的桑塔纳 2000 车型采用该玻璃。

另外印制陶瓷电热玻璃、着色钢化玻璃、导电膜夹层玻璃、顶篷玻璃、夹气玻璃等，都是汽车玻璃应用的新趋势。

❷ 陶瓷

❶ 陶瓷的概念

陶瓷是陶器和瓷器的总称。它是以天然矿物或人工合成的各种化合物为基本原料，经粉碎、成型和高温烧结等工序制成的一种无机非金属固体材料。中国人早在公元前 8000 ~ 2000 年（新石器时代）就发明了陶器。陶瓷材料大多是氧化物、氮化物、硼化物和碳化物等。常见的陶瓷材料有黏土、氧化铝、高岭土等。陶瓷材料一般硬度较高，但可塑性较差。除了在食器、装饰的使用上，在科学技术的发展中亦扮演重要角色。陶瓷原料是地球原有的大量资源黏土经过淬取而成。而黏土的性质具有韧性，常温遇水可塑，微干可雕，全干可磨；烧至 700℃可成陶器能装水；烧至 1230℃则瓷化，可完全不吸水且耐高温、耐腐蚀。其用法之弹性，在今日文化科技中尚有各种创意的应用。

❷ 陶瓷的分类

陶瓷制品的品种繁多，它们之间的化学成分、矿物组成、物理性质以及制造方法，常常互相接近交错，无明显的界限，而在应用上却有很大的区别。因此很难硬性地归纳为几个系统，详细的分类法各家说法不一，到现在国际上还没有一个统一的分类方法。常用的有如下两种分类法：

❶ 按用途的不同分类

（1）日用陶瓷：如餐具、茶具、缸，坛、盆、罐、盘、碟、碗等。

（2）艺术（工艺）陶瓷：如花瓶、雕塑品、园林陶瓷、器皿、陈设品等。

（3）工业陶瓷：指应用于各种工业的陶瓷制品。又分以下 4 类：

① 建筑-卫生陶瓷：如砖瓦，排水管、面砖，外墙砖，卫生洁具等。

② 化工（化学）陶瓷：用于各种化学工业的耐酸容器、管道，塔、泵、阀以及搪砌反应锅的耐酸砖、灰等。

③ 电瓷：用于电力工业高低压输电线路上的绝缘子，如电动机用套管，支柱绝缘子、低压电器和照明用绝缘子，以及电信用绝缘子，无线电用绝缘子等。

④ 特种陶瓷：用于各种现代工业和尖端科学技术的特种陶瓷制品，有高铝氧质瓷、镁石质瓷、钛镁石质瓷、锆英石质瓷、锂质瓷，以及磁性瓷、金属陶瓷等。

❷ 按所用原料及坯体的致密程度分类

按所用原料及坯体的致密程度分为粗陶、细陶、炻器、半瓷器，以致瓷器；原料是从粗到精，坯体是从粗松多孔，逐步到达致密；烧结、烧成温度也是逐渐从低趋高。

粗陶是最原始最低级的陶瓷器，一般以一种易熔黏土制造。在某些情况下也可以在黏土中加入熟料或砂与之混合，以减少收缩。这些制品的烧成温度变动很大，要依据黏土的化学组成所含杂质的性质与多少而定。以黏土制造砖瓦，如孔隙率过高，则坯体的抗冻性能不好，过低又不易挂住砂浆，所以吸水率一般要保持在 5% ~ 15%。烧成后坯体的颜色，决定于黏土中着色氧化物的含量和烧成气氛，在氧化焰中烧成多呈黄色或红色，在还原焰中烧成则多呈青色或黑色。

我国建筑材料中的青砖，即是用含有 Fe_2O_3 的黄色或红色黏土为原料，在临近止火时用还原焰煅烧，使 Fe_2O_3 还原为 FeO 成青色，陶器可分为普通陶器和精陶器两类。普通陶器即指土陶盆、罐、缸、瓮，以及耐火砖等具有多孔性着色坯体的制品。精陶器坯体吸水率仍有 4% ~ 12%，因此有渗透性，没有半透明性，一般为白色，也有有色的。釉多采用含铅和硼的易熔釉，它与炻器比较，因熔剂量较少，烧成温度不超过 1300℃，所以坯体增未充分烧结；与瓷器比较，对原料的要求较低，坯料的可塑性较大，烧成温度较低。不易变形，因而可以简化制品的成型、装钵和其他工序。但精陶的机械强度和冲击强度比瓷器、炻器要小，同时它的釉比上述制品的釉要软，当它的釉层损坏时，多孔的坯体即容易沾污，而影响卫生。

精陶按坯体组成的不同，又可分为：黏土质、石灰质、长石质、熟料质等四种。黏土质精陶接近普通陶器。石灰质精陶以石灰石为熔剂，其制造过程与长石质精陶相似，而质量不及长石质精陶，因之近年来已很少生产，而为长石质精陶所取代。长石质精陶又称硬质精陶，以长石为熔剂，是陶器中最完美和使用最广的一种，现在很多国家用以大量生产日用餐具（杯、碟、盘等）及卫生陶器以代替价昂的瓷器。热料质精陶是在精陶坯料中加入一定量熟料，目的是减少收缩，避免废品，这种坯料多应用于大型和厚胎制品（如浴盆，大的盥洗盆等）。

炻器在我国古籍上称"石胎瓷"，坯体致密，已完全烧结，这一点已很接近瓷器。但它还没有玻化，仍有 2% 以下的吸水率，坯体不透明，有白色的，而多数允许在烧后呈现颜色，所以对原料纯度的要求不及瓷器那样高，原料取给容易。炻器具有很高的强度和良好的热稳定性，很适应于现代机械化洗涤，并能顺利地通过从冰箱到烤炉的温度急变，在国际市场上由于旅游业的发展和饮食的社会化，炻器比搪陶具有更大的销售量。

半瓷器的坯料接近于瓷器坯料，但烧后仍有 3% ~ 5% 的吸水率（真瓷器，吸水率在 0.5% 以下），所以它的使用性能不及瓷器，比精陶则要好些。

瓷器是陶瓷器发展的更高阶段，它的特征是坯体已完全烧结，完全玻化，因此很致密，对液体和气体都无渗透性，胎薄处星半透明，断面呈贝壳状，以舌头去舔，感到光滑而不被粘住。硬质瓷具有陶瓷器中最好的性能，用以制造高级日用器皿、电瓷、化学瓷等。

软质瓷的熔剂较多，烧成温度较低，因此机械强度不及硬质瓷，热稳定性也较低，但其透明度高，富于装饰性，所以多用于制造艺术陈设瓷。至于熔块瓷与骨灰瓷，它们的烧成温度与软质瓷相近，其优缺点也与软质瓷相似，应同属软质瓷的范围。这两类瓷器由于生产中的难度较大（坯体的可塑性和干燥强度都很差，烧成时变形严重），成本较高，生产并不普遍。英国是骨灰瓷的著名产地，我国唐山也有骨灰瓷生产。

特种陶瓷是随着现代电器、无线电、航空、原子能、冶金、机械、化学等工业以及电子计算机、空间技术、新能源开发等尖端科学技术的飞跃发展而发展起来的。这些陶瓷所用的主要原料不再是黏土、长石、石英，有的坯体也使用一些黏土或长石，然而更多的是采用纯粹的氧化物和具有特殊性能的原料，制造工艺与性能要求也各不相同。

③ 陶瓷的性能

❶ 力学性能

最突出的特点是高硬度、高耐磨性，这些性能都大大高于金属。几乎没有塑性，完全是脆性断裂，故冲击韧度和断裂韧度很低，抗拉强度低，但抗压强度较高，弹性模量高，可达金属的数倍。

❷ 热性能

陶瓷的熔点很高，有很好的高温强度。高温抗蠕变能力强，1000℃以上也不会氧化，故用作耐高温材料。热膨胀系数低，导热性小，是优良的高温绝热材料，但其抗热震性差，高温剧烈变化时易破裂，不能急热骤冷。

❸ 化学性能

陶瓷在室温和高温都不会氧化，对酸、碱、盐有良好抗蚀能力，可谓化学稳定性很高的材料。

❹ 电性能

一般陶瓷都有较好的电绝缘性能，可直接作为传统的绝缘材料使用。有的可做半导体材料。当前也出现有各种电性能的精细陶瓷，如压电陶瓷、磁性陶瓷等，这将使陶瓷应用更加广泛。

④ 陶瓷在汽车上的应用

随着电子工业、空间技术的发展，陶瓷以其优良的力学性能、耐热性、耐蚀性、耐磨性及低密度（约等于钢铁的 1 / 2），在汽车上的应用越来越广泛，主要是在结构件和功能件上的相继开发和应用，对降低车辆质量，降低燃油消耗等直接或间接的轻量效果十分显著。

陶瓷在汽车上的应用一方面用于功能材料，如氧传感器（图 2-6a）、水温传感器等；另一方面用于结构性的部件，如机械密封、催化剂容器、火花塞（图 2-6b）、隔热板、活塞环等。

由于社会对汽车的安全设计、空气污染、废气的彻底燃烧及舒适性的要求不断提高，电喷发动机、ABS 等电子装置在汽车上的应用，对控制对象的方式多样化、技术含量要求越来越高，使陶瓷在汽车上的应用也不断增加，尤其是陶瓷传感器的开发已成为汽车电子化的重要环节，此外，还应用于各种执行元件，如陶瓷加热器、导电材料、显示装置等，充分显示了陶瓷具有良好的综合性能，用它代替耐热合金，大幅度地提高热机效率，降低能耗，节约贵重金属，达到轻量化效果，实用性优良。例如，采用 SiN、SiC 制造汽车柴油机零件（活塞、汽缸套、预燃烧室）；用于燃汽轮机陶瓷化，可使热循环的最高温度从 950℃升高到 1350℃，热效率提高 25%，绝热发动机可取消冷却系统；活塞顶部采用 SiN 制造，在活塞环槽部位喷镀金属，金属卡环热压配合紧固在活塞上，然后采用加压硬钎焊法使其结合，强度分布波动小，高温强度较高，提高了机械强度，热冲击性优良，减小了质量；用 AI-Si 合金短纤维和陶瓷复合材料制成的排气管骨架，再浇注熔化的铝液制成陶瓷 - 铝复合排气管，陶瓷排气管可取消隔热板，增加发动机室的容积，提高了净化效果；铝摇臂在与凸轮轴接触部位溶接陶瓷片，提高了摇臂的寿命，陶瓷片是用微米级的 SiN 粉末在 1500℃的高温下烧结而成，陶瓷块的凸缘被浇注在铝摇臂中，发挥了陶瓷的轻量性、耐磨性和低摩擦因数。

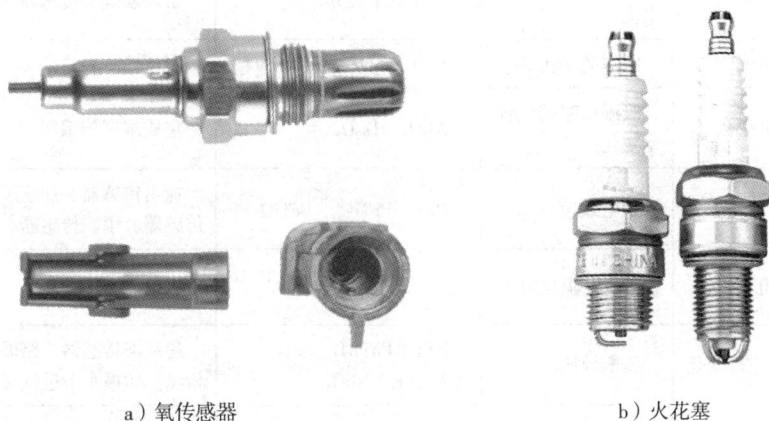

a）氧传感器　　　　　　　　b）火花塞

图 2-6　火花塞和氧传感器

陶瓷传感器的功能特性及在汽车上的应用见表 2-6。

陶瓷传感器的功能特性及在汽车上的应用　　　　　　　　表2-6

对象	输　出	效　果	材　料	汽车上应用实例（包括正在开发的）
温度	电阻变化	载流子浓度引起的温度变化	（NTC）NiO、CuO、MnO、CuO-Al$_2$O$_3$、ZrO$_2$、SiC	温度计、测辐射热计、液面传感器
			（PTC）半导体BaTiO：（烧结体）	过热保护传感器、进气加热器
		半导体-金属相转变CTR	VO$_2$、V$_2$O$_3$	温度转换器
	磁性变化	铁氧体磁性-常磁性转换	Mn-Zn系铁氧体	温度转换器
气体	电阻变化	接触可燃性气体的燃烧反应热	Pt触媒／氧化铝／Pt线	可燃性气体温度计、报警器

汽车材料

对象	输出	效果	材料	汽车上应用实例（包括正在开发的）
气体	电阻变化	由氧化物半导体气体吸附引起的电荷迁移	SiO_2、ZnO、In_2O_3、WO_3、TiO_2、$1-Fe_2O_3$、$LaNiO_2$等	排气传感器（HC、CO、NO_x）、乙醇传感器
		气体热传导放热导致的热敏电阻的温度变化	热敏电阻	高浓度气体用传感器
		氧化物半导体的化学量的变化	TiO_2、CoO、MgO	氧（空燃比）传感器
	电动势	高温固体电解质氧浓差电池	稳定化氧化锆（Zn-O：$CaO-MgO$、Y_2O_3、LaO_3等）	氧（空燃比）传感器、不完全燃烧传感器、CO传感器
	电量	库仑滴定、临界电流	稳定化氧化锆	贫弱燃烧氧传感器
	电阻变化	吸湿离子传导	$LiCl$、P_2O_5、ZnO、LiO_2	湿度计
湿度	容量变化	吸湿引起的电容率变化	Al_2O_3、Ta_2O_5	集成湿度传感器
压力	电动势	压电效应	PZT、$PbTiO_3$、$BaTiO_3$	撞击传感器、加速度传感器、油传感器、雨滴传感器
振动	电阻变化	压电电阻险效果	Si、ZnO_2	进气压力传感器
位置	反射波波形变化	压电效应	PZT、$PbTiO_3$、SiO_2、$(Na、K)NbO_3$	超声波传感器（路面、障碍物、检测、防撞车）进气量传感器
速度	电动势	热电效应	$LiNbO_3$、PZT、$LTaO_3$	红外线传感器（车速、障碍物）
光	光吸收	光色效应	SiO_2-CdO光色玻璃	显示元件
	电阻变化	光导电性	CdS、$CdTe$、PbS、$As-Se-Te$玻璃	光电管（光控制、防眩倒车灯）

阅读空间

景德镇陶瓷

china 的故事　中国的英文名称——"CHINA"的小写就是"瓷器"的意思，"china"的英文发音源自景德镇的历史名称"昌南"，并以此突出景德镇瓷器在世界上的影响和地位。

景德镇瓷器

从汉朝开始烧制陶器，距今 1800 多年，从东晋开始烧制瓷器，距今 1600 多年。景德镇素有"瓷都"之称。景德镇瓷器造

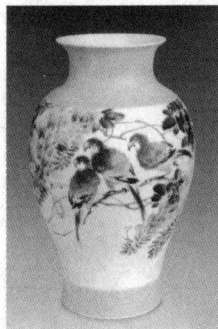

型优美、品种繁多、装饰丰富、风格独特，以"白如玉，明如镜，薄如纸，声如磬"的独特风格蜚声海内外。青花、玲珑、粉彩、色釉，合称景德镇四大传统名瓷。薄胎瓷人称神奇珍品，雕塑瓷为中国传统工艺美术品。这些绚丽多彩的名贵瓷器，通过各种渠道，沿着路上"丝绸之路"，海上"陶瓷之路"，"行于九域，施及外洋"，为传播中华文化艺术、经贸交往，发挥了积极的推动作用，对世界文化的丰富和发展作出了重大贡献。

三　涂料和粘接剂

知识目标

1. 了解涂料和粘接剂有关基本概念、分类和性能；
2. 掌握涂料和粘接剂的使用条件和使用要求。

能力目标

1. 掌握涂料和粘接剂在汽车上的应用；
2. 培养学生理论联系实际的能力。

1 涂料

1 涂料的概念

涂料指涂于物体表面能形成具有保护装饰或特殊性能（如绝缘、防腐、标志等）的固态涂膜的一类液体或固体材料之总称（图2-7）。在中国传统称为的油漆就是其中一种。

涂料作用主要有3点：保护、装饰和掩饰产品的缺陷，提升产品的价值。

2 涂料的主要成分

（1）成膜物质：是涂膜的主要成分，包括油脂、油脂加工产品、纤维素衍生物、天然树脂和合成树脂。成膜物质还包括部分不挥发的活性稀释剂，它是使涂料牢固附着

图 2-7　液体涂料

于被涂物面上形成连续薄膜的主要物质，是构成涂料的基础，决定着涂料的基本特性。

（2）助剂：如消泡剂，流平剂等，还有一些特殊的功能助剂，如底材润湿剂等。这些助剂一般不能成膜，但对基料形成涂膜的过程与耐久性起着相当重要的作用。

（3）颜料：一般分两种，一种为着色颜料，如常用的钛白粉，铬黄等；另一种为体质颜料，也就是常说的填料，如碳酸钙，滑石粉。

（4）溶剂：包括烃类溶剂（矿物油精、煤油、汽油、苯、甲苯、二甲苯等）、醇类、醚类、酮类和酯类物质。溶剂和水的主要作用在于使成膜基料分散而形成黏稠液体。溶剂有助于施工和改善涂膜的某些性能。

3 涂料的种类

涂料的分类方法很多，通常有以下 8 种分类方法：

（1）按涂料的形态可分为水性涂料、溶剂性涂料、粉末涂料、高固体分涂料等。

（2）按施工方法可分为刷涂涂料、喷涂涂料、辊涂涂料、浸涂涂料、电泳涂料等。

（3）按施工工序可分为底漆、中涂、漆（二道底漆）、面漆、罩光漆等。

（4）按功能可分为装饰涂料、防腐涂料、导电涂料、防锈涂料、耐高温涂料、示温涂料、隔热涂料、防火涂料、防水涂料等。

（5）按用途可分为建筑涂料、罐头涂料、汽车涂料、飞机涂料、家电涂料、木器涂料、桥梁涂料、塑料涂料、纸张涂料等。

（6）家用油漆可分为内墙涂料、外墙涂料、木器漆、金属用漆、地坪漆。

（7）按漆膜性能分为防腐漆、绝缘漆、导电漆、耐热漆等。

（8）按成膜物质分为醇酸、环氧、氯化橡胶、丙烯酸、聚氨酯、乙烯等。

4 涂料的性能和特点

❶ 性能

（1）遮盖力：遮盖力通常用能使规定的黑白格掩盖所需的涂料重量来表示，重量越大遮盖力越小。

（2）涂抹附着力：表示涂膜与基层的黏合力。

（3）黏度：黏度的大小影响施工性能，不同的施工方法要求涂料有不同的黏度。

（4）细度：细度大小直接影响涂膜表面的平整性和光泽。

❷ 特点

（1）耐污染性。

（2）耐久性：包括耐冻融、耐洗刷性、耐老化性。

（3）耐碱性：涂料的装饰对象主要是一些碱性材料，因此碱性是涂料的重要特性。

（4）最低成膜温度：每种涂料都具有一个最低成膜温度，不同的涂料最低成膜温度不同。

5 汽车涂料

汽车涂料就是指涂装在汽车上的涂料（图 2-8），有时也包括一些农机产品，（如拖拉机、联合收割机）和新汽车用的涂料、辅助材料和车辆修补用涂料。

❶组成

汽车涂料与一般的涂料一样，汽车涂料一般由成膜物质、助剂、颜料、溶剂组成。

❷汽车涂料（漆）的主要类型

（1）按涂装对象的不同，汽车涂料（漆）可分为：

① 新车原装涂料；

② 汽车修补涂料。

图 2-8　汽车涂装

（2）按在汽车上的涂层由下至上分类：

① 汽车用底漆，现多为电泳漆；

◆汽车用底漆就是直接涂装在经过表面处理的本身部件表面上的第一道涂料，它是整个涂层的开始。

② 汽车用中间层涂料，即中涂，俗称二道漆；

③ 汽车用底色漆（包括实色底漆和金属闪光底漆）；

④ 汽车用面漆，一般指实色面漆，不需要罩光；

⑤ 汽车用罩光清漆；

⑥ 汽车修补漆。

（3）按涂料涂装方式分类：

① 汽车用电泳漆；

② 汽车用液体喷漆；

③ 汽车用粉末涂料；

④ 汽车用特种涂料，如 PVC 密封涂料；

⑤ 涂装后处理材料（防锈蜡、保护蜡等）。

（4）按在汽车上的使用部位分类：

① 汽车车身用涂料；

② 货厢用涂料；

③ 车轮、车架等部件用的耐腐蚀涂料；

④ 发动机部件用涂料；

⑤ 底盘用涂料；

⑥ 车内装饰用涂料。

❸汽车用底漆的特点及常用品种

汽车用底漆就是直接涂装在经过表面处理的车身或部件表面上的第一道涂料，它是整个涂层的开始。

根据汽车用底漆在汽车上的所用部位，要求底漆与底材应有良好的附着力，与上面的中涂或面漆具有良好配套性，还必须具备良好的防腐性、防锈性、耐油性、耐化学品性和耐水性。当然，汽车底漆所形成的漆膜还应具有合格的硬度、光泽、柔韧性和抗石击性等力学性能。

汽车用溶剂型底漆主要选用硝基树脂、环氧树脂、醇酸树脂、氨基树脂、酚醛树脂等为基料，颜料一般选用氧化铁红、钛白、炭黑及其他颜料和填料，涂装方式有喷涂和浸涂两种。

电泳漆是在水性浸涂底漆的基础上发展起来的，它在水中能离解为带电荷的水溶性成膜聚合物，并在直流电场的作用下泳向相反电极（被涂面），在其表面上不沉积析出。采用电泳涂装法，要求被涂物一定是电导体。根据所采用的电泳涂装方式的不同，电泳底漆可分为阳极电泳底漆和阴极电泳底漆。电泳底漆使用的成膜聚合物是阴、阳离子型树脂，中和剂为无机碱、有机胺或有机酸，颜料一般选用钛白和炭黑等。

❹ 汽车用中涂漆的特点及常用品种

汽车用中涂漆就是用于汽车底漆和面漆或底色漆之间的涂料。要求它既能牢固地附着在底漆表面上，又能容易地与它上面的面漆涂层相结合，起着重要的承上启下的作用。中涂漆除了要求与其上下涂层有良好的附着力和结合力，同时还应具有填平性，以消除被涂物表面的洞眼、纹路等，从而制成平整的表面，使得涂饰面漆后得到平整、丰满的涂层，提高整个漆膜的鲜映性和丰满度，以提高整个涂层的装饰性；还应具有良好的打磨性，打磨后能得到平整光滑的表面。

腻子、二道底漆和封闭漆都是涂料配套涂层的中间层，即中涂。腻子是用来填补被施工物件的不平整的地方，一般呈厚浆状，颜料含量高，涂层的力学性能差，易脱落，所以目前大量流水线生产的新车已不再使用腻子，有时仅用于汽车修补。封闭漆是涂面漆前的最后一道中间层涂料，涂膜呈光亮或半光亮，一般仅用于装饰性要求较高的涂层中（例如汽车修补），这种涂层要求在涂面漆之前涂一道封闭漆，以填平上述底层经打磨后遗留的痕迹，从而得到满意的平整底层。

目前新车原始涂装一般采用二道底漆作为中间涂层。它所选用的基料与底漆和面漆所用基料相似，这样就可保证达到与上下涂层间牢固的结合力和良好的配套性。该二道中涂主要采用聚酯树脂、氨基树脂、环氧树脂、聚氨酯树脂和粘接树脂等作为基料；颜料和填料选用钛白、炭黑、硫酸钡、滑石粉、气相二氧化硅等。二道中涂一般固体组分高，可以制得足够的膜厚（大约 $40\mu m$）；力学性能好，尤其是具有良好的抗石击性；另外还具有表面平整、光滑，打磨性好，耐腐蚀性、耐水性优良等特点。二道中涂对汽车整个漆膜的外观和性能起着至关重要的作用。

❺ 汽车用面漆特点及常用品种

汽车用面漆是汽车整个涂层中的最后一层涂料，它在整个涂层中发挥着主要的装饰和保护作用，决定了涂层的耐久性能和外观等。

汽车面漆是整个漆膜的最外一层，这就要求面漆具有比底层涂料更完善的性能。首先耐候性是面漆的一项重要指标，要求面漆在极端温变湿变、风雪雨雹的气候条件下不变色、不失光、不起泡和不开裂。面漆涂装后的外观更重要，要求漆膜外观丰满、无橘皮、流平性好、鲜映性好，从而使汽车车身具有高质量的协调和外形。另外，面漆还应具有足够的硬度、抗石化性、耐化学品性、耐污性和防腐性等性能，使汽车外观在各种条件下保持不变。

汽车面漆的主要品种是磁漆，一般具有鲜艳的色彩、较好的力学性能以及满意的耐候性。汽车用面漆多数为高光泽的，有时根据需要也采用半光的、锤纹漆等。面漆所采用的树脂基料基本上与底层涂料一致，但其配方组成却截然不同。例如，底层涂料的特点是颜料组分高，配料预混后易增稠，生产及储存过程中颜料易于沉淀等。

目前高档汽车车身主要采用氨基树脂、醇酸树脂、丙烯酸树脂、聚氨酯树脂、中固聚酯等树脂为基料，选用色彩鲜艳、耐候性好的有机颜料和无机颜料，如钛白、酞菁颜料系列、有机大红等。另外还必须添加一些助剂，（如紫外吸收剂、流平剂、防缩孔剂、电阻调节剂等）达到更满意的外观和性能。

⑥汽车用金属闪光底色漆的特点及主要品种

所谓金属闪光底色漆就是作为中涂层和罩光清漆层之间的涂层所用的涂料。它的主要功能是着色、遮盖和装饰。金属闪光底漆的涂膜在日光照耀下具有鲜艳的金属光泽和闪光感，给整个汽车添装诱人的色彩，如图2-9所示。

图 2-9　喷涂金属闪光底色漆的汽车

金属闪光底漆之所以具有这种特殊的装饰效果，是因为该涂料中加入了金属铝粉或珠光粉等效应颜料。这种效应颜料在涂膜中定向排列，光线照过来后通过各种有规律的反射、透射或干涉，最后人们就会看到有金属光泽的、随角度变光变色的闪光效果。溶剂型金属闪光底漆的基料有聚酯树脂、氨基树脂、共聚蜡液和CAB树脂液。其中聚酯树脂和氨基树脂可提供烘干后坚硬的底色漆漆膜；共聚蜡液使效应颜料定向排列；CAB树脂液主要是用来提高底色漆的干燥速率、提高体系低固体分下的黏度、阻止铝粉和珠光颜料在湿漆膜中杂乱无章的运动和防止回溶现象。有时底漆中还加入一点聚氨酯树脂来提高抗石击性能。

目前国内汽车涂装线一般采用溶剂型闪光底色漆，而在一些西方发达国家已经大量使用水性底色漆。

⑥ 汽车涂装的性能要求与分类

随着我国汽车工业的飞速发展，汽车保有量迅速升高，汽车由单纯的客货运输工具，转变为人们追求舒适性、展现个性审美的时尚产品。所以，汽车的装饰性是决定汽车商品价值的重要因素，而汽车的装饰性除车型设计和车内装饰外，主要靠涂装。汽车的涂装不再是简单的"油漆"，其目的是通过对各种类型的汽车车身、底盘、车架、车厢和零部件的涂装，赋予汽车漂亮的外观和优良的防护性能。

❶汽车涂装的性能要求

汽车是户外使用产品，随地球环境的恶化，影响了汽车油漆涂层的使用寿命，污染物侵入漆面引起涂层早期损坏。汽车油漆涂层的主要污染源为工业落尘、酸雨、农药、昆虫与鸟粪，汽车自身污染和道路交通的飞溅等。涂层必须具有极高的耐腐蚀性、耐水性、耐汽油、机油性、耐候性、耐酸雨、耐化学药品，抗划伤性及机械强度，即具有优良的防护性能。汽车的涂装还应有良好的外观装饰性。特别是车身涂装，必须选用合适的涂装涂料，选择合理的涂装设备与工艺，在良好的涂装环境条件下，监控好汽车涂料、涂膜的性能指标，才能使涂层具有优良的装饰性。汽车涂层的装饰性主要取决于色彩、光泽、丰满度和平面度。汽车色彩一般依据汽车类型、用途、外形设计和市场的流行色彩来选择。汽车还要求涂层具有高光泽，汽车面漆层要求平整光滑，不应有颗粒。

❷汽车涂装的分类

按汽车涂装的对象分类：新车的生产线涂装、汽车修补涂装。

按汽车涂装不同部位分类：车身外板涂装、行驶系涂装、其他部位涂装。

7 汽车涂层的主要污染源

汽车油漆涂层的主要污染源为工业落尘、酸雨、农药、昆虫与鸟粪以及汽车自身污染和道路交通的飞溅等，它直接影响汽车油漆涂层的使用寿命，污染和侵入漆面引起涂层早期损坏。

（1）工业落尘：这些微粒常会附着于漆面，可能造成漆层表面的细孔和变色（锈点），甚至可能渗入、穿透涂层，导致底材生锈，损坏车身结构。

（2）酸雨：化工厂和发电厂等排出的烟气，含有大量的二氧化硫以及氮的氧化物和水，与臭氧结合后分别形成硫酸和硝酸，很容易和云中水汽融合形成酸雨，当 pH 值降到一定的程度后，就会侵蚀漆膜。水泥厂水泥灰混于水中会呈强碱质，它们会侵蚀漆膜，成为点状变色形态。

（3）酸、盐或碱：汽车油漆涂层的耐化学作用的性能仍有一定的限度，所以会发生酸、盐或碱等的局部污染，可能造成针状穿孔及变色。

（4）农业及园艺喷洒的杀虫剂、除草剂、鸟粪：农业及园艺喷洒的杀虫剂、除草剂等造成汽车涂膜的污染，在呈现于湿气和温暖阳光中造成漆膜的斑点、孔点和起小泡（痱粒），浓缩的除草剂可视为脱漆剂。鸟粪亦能造成漆膜的严重扭曲或变色。某些飞虫的残尸被阳光烤晒后，会造成漆膜变色和龟裂。

（5）石油制品、机油、黄油、制动油和防冻液：来自汽车的污染有石油制品、机油、黄油、制动油和防冻液等，它们可能使漆膜产生污迹或破损。

（6）在公路上，排气废料、焦油和其他筑路材料以及各种喷洒作业的残渣可能污染漆膜。

8 汽车涂层的保养

现代的汽车涂层大多能抵抗一般情况的大气侵蚀，如能遵循简便的维护步骤，可使涂层更能保持其光泽，发挥其保护之功效，随车辆的寿命而持久不变。清洗是汽车漆面日常养护的重要环节之一，经常用冷水加少许液体清洁剂清洗漆膜。经一般清洁后检视，并按需要用温水、200 号溶剂汽油（白醇）或酒精去除局部污染。不定期地使用优质抛光水（1 年约 2 次），以恢复光泽，并去除车上堆积的污迹及锈渣。打蜡是提高光泽及加强抗污能力的重要方法，必须用白醇或液体蜡质清洗液清除前次打蜡留下的蜡质。汽车应停放在硬篷内或有良好通风的室内，以防在车辆长时间停置时，残留在漆面上的水会渗入漆膜，造成涂层保护性能变差。在车辆太脏时如在雨中或泥泞路上行驶过后，应及时冲洗，并认真冲洗车辆的底盘部位，冲洗后立即吹干或擦干漆面及缝隙。

❷ 粘接剂

粘接技术是一门独立的边缘学科，它采用新材料，新工艺，是现代科学技术的一门新技术。它具有快速、牢固、经济及节能等特点，可代替部分铆接、焊接和机械装配等烦琐工艺，既节省时间、费用，同时又可提高产品质量和劳动生产率。

❶ 粘接剂的概念

粘接技术使用的材料是粘接剂，又称胶粘剂或黏合剂。它是既能把同种材料粘接在一起，也能将性质截然不同的两种材料粘接在一起。

❷ 粘接技术的特点

与铆接、焊接、螺钉连接方法相比，粘接技术具有的优点是：可以粘接不同性质的材料和不能用铆接、焊接方法连接的金属薄板箔以及微型、异型等复杂工件；粘接接头应力分布均匀，有良好的抗疲劳强度；整个粘接接头部分都承受负荷，因此力学强度较高；粘接接头具有优良的密封、绝缘和抗腐蚀性能，同时还能防止金属发生电化学腐蚀；粘接工艺温度低。与铆接、焊接、螺纹连接方法相比，粘接技术的缺点是：粘接接头抗剥离强度、不均匀扯离强度和冲击韧度较低；粘接质量检查困难；粘接剂存在老化问题，耐热性差等。

❸ 粘接剂的组成

天然粘接剂的组成比较简单，合成粘接剂大多是由多数成分混合配制而成。这些组成按其作用不同，一般分为基料、固化剂与硫化剂、增塑剂与增韧剂、稀释剂与溶剂等，有的还加入其他附加剂。

（1）基料（粘料）：使粘接剂获得良好的黏附性能，它的性质和用量对粘接剂起决定作用。

（2）固化剂与硫化剂：通过催化剂（又称促成剂）与主体黏合物质（基料）进行化学反应，使热塑性的线型主体黏合物质交联成坚韧或坚硬的网状结构，又称交联剂或硬化剂。

（3）增塑剂与增韧剂：增塑剂能增进固化体系的塑性，提高弹性和改进耐寒性；增韧剂能增加韧性，提高其剥离强度、抗剪强度及低温性能。

（4）填料：可降低成本，提高粘接强度、耐热性，降低脆性，消除制件成形应力，增加热导率，提高导电性、导磁性。

（5）稀释剂与溶剂：能降低合成粘接剂的黏度，易流动，提高浸透力，改善其工艺性能，并延长使用期限。

（6）其他附加剂：为增加粘接剂某一些方面的使用性能而加入各种附加剂。在高温条件下使用粘接剂要加入阻燃剂；加速粘接剂中的树脂固化和橡胶硫化反应速度的固化促进剂和硫化促进剂；防止胶层过快老化的防老剂；提高原来不能粘接或难粘接的材料之间的粘接力的增粘剂等。

4 粘接剂的分类

❶ 按基料的来源分类

粘接剂按基料的来源分类见表2-7。

粘接剂按基料的来源分类 表2-7

有机粘接剂	天然粘接剂	动物胶	皮胶、骨胶、鱼鳔胶、血朊胶、虫胶等
		植物胶	淀粉、糊精、松香等
		矿物胶	沥青、地蜡、硫磺等
	合成树脂胶	热固性树脂型	酚醛，环氧，聚氨酯，丙烯酸酯，有机硅，聚酯，聚酰亚胺等
		热塑性树脂型	聚乙烯醇缩醛，聚酰胺（尼龙），过氧乙烯，聚乙酸乙烯，乙酸纤维等
		橡胶型	丁腈，氯丁，聚硫，丁苯，异丁橡胶，硅橡胶；羟基橡胶等
		混合剂	环氧-酚醛、环氧-聚酰胺、环氧-聚氨酯、环氧-缩醛、环氧-聚酯、环氧-聚砜、环氧-聚硫、环氧-氯丁、环氧-缩醛-有机硅、环氧-丁腈、乙烯-乙酸乙烯、丙烯酸酯-环氧，丙烯酸酯-聚氨酯
	无机粘接剂		磷酸盐，硅酸盐，硼酸盐，硫酸盐，玻璃陶瓷胶等

❷ 按使用性能和用途分类

粘接剂的性能、作用与种类见表2-8。

粘接剂的性能作用与种类 表2-8

种 类	作用性能	举 例
结构胶	用于结构件的胶接，具有良好的抗剪强度，不均匀扯离强度，承受较大负荷	环氧粘接剂，酚醛粘接剂，无机粘接剂等
非（半）结构胶	胶接强度次于结构胶，能用于非主要受力或不受力的胶接部位、定位、紧固	聚氨酯胶，丙烯酸酯胶，有机硅胶，聚酯胶，丁腈胶，氯丁胶
密封胶	涂抹于密封面，能承受压力而不泄漏，密封	聚氨酸，酚醛，环氧，硅橡胶，丁腈橡胶，厌氧胶，热熔胶

种　类	作用性能	举　例
浸透胶	良好的浸透性，能渗入铸件裂缝和多孔材料，提高表面质量，改善切削性能	硅酸盐浸渗胶，厌氧浸透胶，聚酯浸渗胶等
功能胶	具有特殊功能或有特殊固化反应	导电胶，导磁胶，导热胶，耐热胶，耐低温胶，应变胶，厌氧胶，热溶胶，光敏胶，吸水胶

❸ 按固化条件分类

（1）室温固化粘接剂（又称冷固化粘接剂）：指不需另外加热，在室温（20～30℃）条件下，便可固化。

（2）中温固化粘接剂：指需要加热到130℃以下固化的粘接剂。

（3）高温固化粘接剂（又称热固化粘接剂）：指需要加热到130℃以上固化的粘接剂。

（4）低温固化粘接剂：指在 –10～25℃固化的粘接剂。

（5）光敏固化粘接剂：指依靠光能引发固化的粘接剂。

（6）挥发固化粘接剂：指溶剂挥发掉而固化、凝聚，形成黏附膜的粘接剂。

❺ 粘接剂在汽车上的应用

粘接剂已被广泛地应用于汽车制造业（图 2-10），它主要用于汽车车身的密封和主要部件和总成部件的粘接。粘接剂能够代替铆焊，其优越性是简化结构，防振、隔热、防腐、防漏、密封可靠，减少噪声，减轻车辆自重等，同时可提高质量和使用寿命。

采用丁腈酚醛混合型粘接剂粘接制动蹄与摩擦片结构件，可提高制动效果；采用各种橡胶型粘接剂将汽车风窗玻璃直接粘接在窗柜上或密封在橡胶密封条上，增加了车身整体强度和风窗玻璃的密封性。

为保证汽车车身钣金件接缝的密封性能，多在缝内涂敷各种粘接密封剂，以防水分、灰尘侵入引起锈蚀。粘接剂也用于汽车内饰材料（如泡沫塑料、皮革、橡胶、海绵、地毡以及车门橡胶密封条）的粘接。

为了防振、隔声、隔热，在汽车车身顶盖、发动机机罩以及底板、侧围板等处涂敷或喷涂隔热胶或者各种汽车专门防振隔声涂料及板材。

汽车密封胶还可用于修复冻裂汽车发动机缸体，汽车缸体各部位的漏水、漏油、套接松动及缸盖的破损等，操作简便且成本低。为解决汽车发动机、变速器及底盘"三漏"，广泛采用如液态密封胶及厌氧性螺纹密封胶。

粘接剂的应用实例见表 2-9。

粘接剂的应用实例　　　　表2-9

类　别	零件名称	被粘接体		粘接剂	适用方法
结构用粘接	制动器衬片	衬片	钢板	腈基酚醛树脂	加热加压粘接
	圆盘衬片	衬垫	钢板	腈基酚醛树脂	加热加压粘接
	离合器摩擦片	钢纸	钢板	腈基酚醛树脂	加热加压粘接
	变速器带	钢纸	钢板	腈基酚醛树脂	加热加压粘接
	电动机磁铁	磁铁	镀锌板	环氧树脂	加热粘接

类　别	零件名称	被粘接体		粘接剂	适用方法
准结构用粘接	前发动机罩	钢板	钢板	聚氯乙烯或橡胶系	自动喷射
	行李舱盖	钢板	钢板	聚氯乙烯或橡胶系	自动喷射
	顶板	钢板	钢板	聚氯乙烯或橡胶系	自动喷射
	门板	钢板	钢板	聚氯乙烯或橡胶系	自动喷射
	门玻璃撑条	玻璃	不锈钢板	环氧树脂系	高频热压
	内视镜	玻璃	镀锌板	乙烯基丁缩醛	热压
	风窗组合玻璃粘接	玻璃	玻璃	乙烯基丁缩醛	热压（组合玻璃）
	后组合灯	丙烯酸	聚丙烯	环氧树脂系	热压
	折边部位	钢板	钢板	环氧树脂系	自动喷射
非结构用粘接	风窗玻璃密封条	橡胶	玻璃或涂漆板	聚氨酯系	排气
	皮革顶棚	皮革	涂漆板	腈基橡胶系	喷涂（压敏）
	树脂嵌条	ABS树脂	不锈钢板	丙烯酸酚醛树脂	热压
	侧保险装置	聚氯乙烯	涂漆板	丙烯系	压敏
	侧装饰条带	乙烯板材	涂漆板	丙烯系	压敏
	行李舱盖密封带	橡胶	涂漆板	氯丁橡胶	压缩空气喷枪
	车门玻璃密封带	聚氯乙烯	尼龙毛绒	聚氨酯	静电植绒
	安全缓冲垫	聚氨酯泡沫	ABS树脂	氯丁橡胶	刷子涂
	控制箱	聚氯乙烯板材	ABS树脂	丙烯系	压敏
	车顶衬	皮革	涂漆板	丙烯系	压敏
	成形车顶	波纹板	聚氨酯泡沫	尼龙	热熔化
	成形车顶	聚氯乙烯表皮	聚酯泡沫	聚氨酯系	滚筒
	车门维修孔盖	聚氯乙烯软皮	聚氨酯泡沫	丁基橡胶	粘接
	座垫织物	纺织布	编织布	丁基橡胶	滚筒
	座垫缓冲垫	聚氨酯泡沫	纺织布	丁苯橡胶	喷涂
	车顶消声衬垫	再生绵	涂漆板	氯丁橡胶	喷涂
	消声器	再生绵	夹板	丁苯橡胶	喷涂
	支柱衬垫	聚氯酯泡沫	涂漆板	丙烯系	压敏
	成型地毯	地毯	再生绵	聚乙烯	热压
	翼子板	聚氯乙烯板材	聚乙烯泡沫	乙烯—醋酸系	滚筒热压
	行李舱板	乙烯泡沫	涂漆板	丙烯系	压敏
	杂物箱	夹板	绒毛织物	丙烯系	静电植绒

图 2-10 所示标明了粘接剂在汽车上主要应用部位。

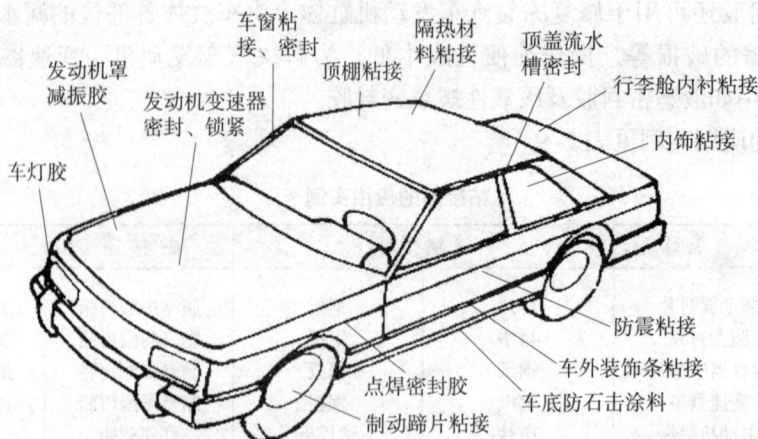

图 2-10　粘接剂在汽车上使用部位示意图

阅读空间

汽车漆面如何保养

汽车长期在外面行驶，免不了要落上尘埃，一般只需定期用清水冲洗一下就可以了。但是，如果有时某些有机物粘在车身上就比较麻烦，譬如：有些树会分泌一种树脂，在汽车刮擦过树枝时，树脂就会黏附在车身上；鸟类的粪便也是一件很难对付的事；有些地区天气酷热，沥青也会甩到快速飞驰的汽车身上，如不及时清除，天长日久就会浸蚀漆面。如果遇到酸雨或是沙尘暴的天气，则更需及时清洗车身。

用家庭洗车的冲洗工具，一头接上自来水龙头，另一端就是可以加压的花洒，完全可以很方便地自己清洗。如果周围没有上、下水道，那也没关系，可以干洗，用专用的瓶装汽车车身清洗剂，压力喷雾式的，把它喷在车身上，用柔软的擦布擦洗即可。为了有效地保护漆膜，最好在新车刚买来时先进行车身打蜡处理，打蜡不仅可以保护漆面，还可以增加光亮度，使车身熠熠生辉。

油漆层与金属不同，硬度很低，很容易被损伤，因此，在清洗或打磨时一定要用柔软的麂皮、棉布或羊毛刷等，否则，反而会刮出划痕，弄巧成拙。汽车用久了，油漆难免或多或少有褪色、泛白、发暗等现象，这是由于油漆的主要成分是有机化学物质，在紫外线的长期照射下会氧化变质。一般勤清洗可以减轻褪色的现象；轻度褪色可以打蜡抛光，中度的就要研磨，严重时就只能重新喷漆。

时下，很多人喜欢金属漆，看起来熠熠生辉，视觉效果很好。但是金属漆中闪光的成分主要是铝粉，它更易氧化，而且较易龟裂。所以，对金属漆更需要呵护，经常抛光打蜡。抛光、打蜡不是一件很难的事，如果你愿意动手，完全可自己解决。市面上有各式各样的上光蜡，有液体的，也有蜡状的，可以各取所好。清洗车身后，倒一些上光蜡在车身上，然后用柔软的羊毛绒、棉布或麂皮等轻而均匀地打圈涂抹在车身上，不需要很使劲，薄薄的一层，不要很厚，但要平整、均匀。操作时不要在太阳光下进行，周围环境要干净。上完蜡后，稍等待一两个小时再出车，这是为了使蜡层有一个附着凝固的时间。

小结

1. 玻璃是非晶形物体，玻璃主要是由二氧化硅和各种金属氧化物组成。
2. 玻璃的分类方法。
3. 汽车用玻璃分为安全玻璃等。
4. 陶瓷是以天然矿物或人工合成的各种化合物为基本原料，经粉碎、成型和高温烧结等工序制成的一种无机非金属固体材料。在力学性能上表现硬而脆的特点，在热性能上表现出高熔点，高温强度好，高抗氧化性，是有发展前途的高温材料。另外，它的耐蚀性，绝缘性也很好。

5. 常用精细陶瓷的种类。

6. 在汽车上，利用精细陶瓷属性制作陶瓷绝热发动机，气门等基体。

7. 塑料是在玻璃态下使用的高分子材料，塑料的性能特点。

8. 塑料接受热时的行为可分为热塑性和热固性两种。

9. 汽车上常用的塑料有 PVC、ACS、PP、PE、PMMA、POM、PA、FRP、PF、PUR 等。

10. 汽车塑料制品主要有内、外装饰塑料制品和结构功能件。

11. 橡胶是一种在使用温度下高弹态的高分子材料，具有弹性模量低，高的伸长率，优良的伸缩性和好的积储能量的能力。

12. 橡胶有两种分类方法：按原料来源分为天然橡胶和合成橡胶；按应用分为通用型橡胶和特种型橡胶。

13. 汽车上常用的塑料有 PVC、ABS、PP、PMMA、POM 等。

14. 汽车橡胶制品主要有汽车轮胎、密封制品、胶管、胶带及减振块等。

15. 汽车用玻璃分为安全玻璃、夹层玻璃、钢化玻璃、区域钢化玻璃。

16. 在汽车上，利用精细陶瓷特性可以制作陶瓷绝热发动机、气门、气门座、摇臂、汽油机点火系火花塞的基体，进、排气管，活塞、活塞环、轴承等零件以及汽车调控系统的敏感元件。

17. 按汽车涂装的对象分类：新车的生产线涂装、汽车修补涂装。按汽车涂装不同部位分类：车身外板涂装、行驶系涂装、其他部位涂装。

18. 粘接剂主要用于汽车车身的密封和主要部件和总成部件粘接。粘接剂能够代替铆焊，其优越性是简化结构，防振、隔热、防腐、防漏、密封可靠，减少噪声，减轻车辆自重等，同时可提高质量和使用寿命。

19. 在汽车上所采用的复合材料是纤维增强塑型（FRP），纤维增强金属（FRM）和纤维增强陶瓷（FRC）。

20. 摩擦材料在汽车上主要的应用包括制动器衬片和离合器片。制动片用于制动，离合器片用于传动。

自 我 检 测

一、选择题

1. 以下不是摩擦材料的技术要求的是（　　）。

    A. 对偶面磨损较小　　　　　　　　B. 具有良好的机械强度和物理性能

    C. 良好的耐磨性　　　　　　　　　D. 适宜而不稳定的摩擦因数

2. 以下不是在汽车上所采用的复合材料的是（　　）。

    A.FRP　　　　　　B.FRM　　　　　　C.FRM　　　　　　D.PVC

3. 以下为陶瓷材料在汽车上应用的是（　　）。

　　A. 氧传感器　　　　B. 车轮　　　　　　C. 转向盘　　　　　D. 油箱

4. 汽车玻璃主要由（　　）和其他金属氧化物组成。

　　A.SiO_2　　　　　　B.MgO　　　　　　C.Al_2O_3　　　　　D.CaO

5. 以下不为塑料特性的是（　　）。

　　A. 耐冲击性好　　　　　　　　　　B. 尺寸稳定性差，容易变形

　　C. 绝缘性好，导热性高　　　　　　D. 具有较好的透明性和耐磨损性

6. 以下不能使用橡胶件的部件是（　　）。

　　A. 燃油管　　　　B. 冷却管　　　　　C. 制动管　　　　　D. 制冷剂管

7. 以下不为玻璃特点的是（　　）。

　　A. 具有良好的透视、透光性能　　　　　　　　B. 具有隔声、保温性能

　　C. 抗拉强度远小于抗压强度，是典型的韧性材料　　D. 具有较高的化学稳定性

二、判断题

1. 流挂是因涂膜表面不光滑，呈现凹凸的状态如橘子皮样的现象。　　　　　（　）

2. 摩擦材料一般可分为石棉摩擦材料和无石棉摩擦材料。　　　　　　　　（　）

3. 粘接剂主要用于汽车车身的密封和主要部件和总成部件粘接。　　　　　（　）

4. 除霜玻璃是采用网板印制法将导电性胶印制在玻璃上，然后在玻璃加热成型时黏附，这种印制电路可加热玻璃起到除霜作用。　　　　　　　　　　　　　（　）

5. 汽车油漆涂层的主要污染源为工业落尘、酸雨、农药、昆虫与鸟粪，不包括汽车自身污染和道路交通的飞溅。　　　　　　　　　　　　　　　　　　　　（　）

6. 塑料广泛使用在汽车的内饰（仪表板、座椅、门内板、顶棚、地毯、门立柱盖板、杂物箱、导风格栅等）和外饰件（散热器格栅、车轮罩、挡泥板、灯罩等）及结构功能件（气门室罩盖、冷却风扇、油箱、蓄电池壳等）上。　　　　　　　　　　（　）

7. 橡胶是制造密封件的主要材料，品种繁多，为了改善橡胶的性能，不可以掺用塑料。　　　　　　　　　　　　　　　　　　　　　　　　　　　　　　（　）

三、问答题

1. 橡胶如何分类？常用的橡胶有哪些？

2. 橡胶由什么组成？为什么橡胶适合做轮胎？

3. 塑料具有哪些性能特点？

4. 举例说明塑料在汽车上有哪些应用？

5. 举例说明玻璃在汽车上有哪些应用？

6. 举例说明陶瓷在汽车上有哪些应用？

7. 举例说明涂料在汽车上有哪些应用？

8. 举例说明粘接剂在汽车上有哪些应用？

9. 举例说明橡胶在汽车上有哪些应用？

10. 举例说明复合材料和摩擦材料在汽车上有哪些应用？

第三章 其他材料及应用

构成汽车的材料除了大量的金属和非金属材料外，还有一些由几种不同材料结合在一起的具有一定功能的材料，这些材料包括摩擦材料和复合材料。在现代工业不断发展的今天，很多新技术材料在汽车上已经和正在被应用，如新型复合材料以及纳米技术材料等。

一 摩擦材料

知识目标

1. 了解摩擦材料有关基本概念、分类和性能；
2. 掌握摩擦材料的使用条件和使用要求。

能力目标

1. 掌握摩擦材料在汽车上的应用；
2. 通过本节学习，培养学生理论联系实际的能力。

1 基本概念、分类和性能

1 摩擦材料的概念

摩擦材料是由几种不同的非金属材料（或含有少量金属或金属复合物材料）结合而成的具有较高摩擦因数的一种应用材料。是应用在动力机械上，依靠摩擦作用来执行制动和传动功能的部件材料。它主要包括制动器衬片（制动片）和离合器片。制动片用于制动，离合器片用于传动。任何机械设备与运动的各种车辆都必须要有制动或传动装置，摩擦材料是这种制动或传动装置上的关键性部件。

❷ 摩擦材料的组成

摩擦材料由三部分组成：以高分子化合物为粘接剂；以无机或有机纤维为增强组分；以填料为摩擦性能调节剂或配合剂。

❶ 粘接剂

摩擦材料所用的有机粘接剂为酚醛类树脂和合成橡胶，以酚醛类树脂为主。它们的特点和作用是当处于一定加热温度时先呈软化而后进入黏流态，产生流动并均匀分布在材料中形成材料的基体，最后通过树脂固化作用的橡胶硫化作用，把纤维和填料粘接在一起，形成质地致密的有相当强度及能满足摩擦材料使用性能要求的摩擦片制品。

对于摩擦材料而言，树脂和橡胶的耐热性是非常重要的性能指标。因为车辆和机械在进行制动和传动工作时，摩擦片处于 200 ~ 450℃的高温工况下。此温度范围内，纤维和填料的主要部分为无机类型，不会发生热分解。而对于树脂、橡胶和有机类来说，又进入热分解区域。摩擦材料的各项性能指标此时多会发生不利的变化（摩擦因数、磨损、机械强度等），特别是摩擦材料在检测和使用过程中发生的三热（热衰退、热膨胀、热龟裂）现象，其根源都是由于树脂、橡胶和有机类的热分解而致。因此选择树脂与橡胶对摩擦材料的性能具有非常重要的作用。选用不同的粘接剂就会得出不同的摩擦性能和结构性能。目前使用酚醛树脂及其改性树脂，如：腰果壳油改性、丁腈粉改性、橡胶改性及其他改性酚醛树脂作为摩擦材料的粘接剂。

对树脂的质量要求是：

（1）耐热性好，有较好的热分解温度和较低的热失重。

（2）粉状树脂细度要高，一般为 100 ~ 200 目，最好在 200 目以上，有利于混料分散的均匀性，可降低树脂在配方中的用量。

（3）游离粉含量低，以 1% ~ 3% 为宜。

（4）适宜的固化速度：40 ~ 60s（150℃）；流动距离：40 ~ 80mm（120℃）。

❷ 增强纤维

纤维增强材料是构成摩擦材料的基材，它赋予摩擦制品足够的机械强度，使其能承受摩擦片在生产过程中的磨削和铆接加工的负荷力，以及在使用过程中由于制动和传动而产生的冲击力、剪切力、压力。

我国有关标准及汽车制造厂根据摩擦片的实际使用工况，对摩擦片提出了相应的机械强度要求，如冲击强度、抗弯强度、抗压强度、剪切强度等。为了满足这些强度的性能要求，需要选用合适的纤维品种，以增加、满足强度性能。

摩擦材料对其使用的纤维组分要求：

（1）增强效果好。

（2）耐热性好。在摩擦工作温度下不会发生熔断、碳化与热分解现象。

（3）具有基本的摩擦因数。

（4）硬度不宜过高，以免产生制动噪声和损伤制动盘或鼓。

（5）工艺可操作性好。

❸ 填料

摩擦材料组分中的填料，主要是由摩擦性能调节剂和配合剂组成。使用填料的目的，主要有以下 6 个方面：

（1）调节和改善制品的摩擦性能、物理性能与机械强度。

（2）控制制品热膨胀系数、导热性、收缩率，增加产品尺寸的稳定性。

（3）改善制品的制动噪声。

（4）提高制品的制造工艺性能与加工性能。

（5）改善制品外观质量及密度。

（6）降低生产成本。

在摩擦材料的配方设计时，选用填料必须要了解填料的性能以及在摩擦材料的各种特性中所起的作用。正确选用填料决定摩擦材料的性能，在制造工艺上也是非常重要的。

根据摩擦性能调节剂在摩擦材料中的作用，可将其分为"增摩填料"与"减摩填料"两类。摩擦材料本身属于摩阻材料，为能执行制动和传动功能，要求摩擦材料具有较高的摩擦因数，因此增摩填料是摩擦性能调节剂的主要成分。不同填料的增摩作用是不同的。

增摩填料的莫氏硬度通常为 3 ～ 9。硬度高的增摩填料增摩效果显著。莫氏硬度 5.5 以上的填料属硬质填料，但要控制其用量、粒度（如氧化铝、锆英石等）。

减摩填料：一般为低硬度物质，低于莫氏硬度 2 的矿物，如石墨、二硫化钼、滑石粉、云母等。它既能降低摩擦因数又能减少对偶材料的磨损，从而提高摩擦材料的使用寿命。

摩擦材料是在热与较高压力的环境中工作的一种特殊材料，因此要求所用的填料成分必须有良好的耐热性，即热稳定性，包括热物理效应和热化学效应等。

填料的堆砌密度对摩擦材料的性能影响很大，摩擦材料的不同的性能要求，对填料的堆砌密度的要求也是不同的。

❸ 摩擦材料的分类

一般分为石棉摩擦材料和无石棉摩擦材料。

❶ 石棉摩擦材料分类

（1）石棉纤维摩擦材料，又称石棉绒质摩擦材料。用于生产各种制动片、离合器片、火车合成闸瓦、石棉绒质橡胶带等。

（2）石棉线质摩擦材料。用于生产缠绕型离合器片、短切石棉线段摩擦材料等。

（3）石棉布质摩擦材料。用于生产层压类钻机闸瓦、制动带、离合器面片等。

（4）石棉编织摩擦材料。用于生产油浸或树脂浸制动带、石油钻机闸瓦等。

❷ 无石棉摩擦材料分类

（1）半金属摩擦材料，应用于汽车的盘式制动片，其材质配方组成中通常含有 30% ～ 50% 的铁质金属物（如钢纤维、还原铁粉、泡沫铁粉），半金属摩擦材料因此而得名，是最早取代石棉而发展起来的一种无石棉材料。其特点：耐热性好，单位面积吸收功率高，导热系数大，能适用于汽车在高速、重负荷运行时的制动工况要求。但其存在制动噪声大、边角脆裂等缺点。

（2）NAO摩擦材料。广义上是指非石棉－非钢纤维型摩擦材料，但现在盘式片也含有少量的钢纤维。NAO摩擦材料中的基材料在大多数情况下为两种或两种以上纤维（无机纤维，并有少量有机纤维）混合物。因此NAO摩擦材料是非石棉混合纤维摩擦材料。通常制动片为短切纤维型摩擦块，离合器片为连续纤维型摩擦片。

（3）粉末冶金摩擦材料，又称烧结摩擦材料，是将铁基、铜基粉状物料经混合、压型，并在高温下烧结而成。适用于较高温度下的制动与传动工况。如飞机、载重汽车、重型工程机械的制动与传动。优点：使用寿命长；缺点：制品价格高，制动噪声大，重而脆性大，对偶磨损大。

（4）碳纤维摩擦材料，是用碳纤维为增强材料制成的一类摩擦材料。碳纤维具有高模量、导热好、耐热等特点。碳纤维摩擦材料是各种类型摩擦材料中性能最好的一种。碳纤维摩擦片的单位面积吸收功率高及密度小，特别适合生产飞机制动器片，国外有些高档汽车的制动器片也使用。因其价格昂贵，故其应用范围受到限制，产量较少。在碳纤维摩擦材料组分中，除了碳纤维外，还使用石墨，碳的化合物。组分中的有机粘接剂也要经过碳化处理，故碳纤维摩擦材料又称碳－碳摩擦材料或碳基摩擦材料。

❷ 摩擦材料的技术要求

❶ 适宜而稳定的摩擦系数

摩擦系数是评价任何一种摩擦材料的一个最重要的性能指标，关系着摩擦片执行传动和制动功能的好坏。它不是一个常数，而是受温度、压力、摩擦速度或表面状态及周围介质因素等影响而发生变化的一个数。理想的摩擦系数应具有理想的冷摩擦系数和可以控制的温度衰退。由于摩擦产生热量，增高了工作温度，导致了摩擦材料的摩擦系数发生变化。

温度是影响摩擦系数的重要因素。摩擦材料在摩擦过程中，由于温度的迅速升高，一般温度达200℃以上，摩擦系数开始下降。当温度达到树脂和橡胶分解温度范围后，摩擦系数会骤然降低，这种现象称为"热衰退"。严重的"热衰退"会导致制动效能变差和恶化。在实际应用中会降低摩擦力，从而降低了制动作用，这很危险也是必须要避免的。在摩擦材料中加入高温摩擦调节剂填料，是减少和克服"热衰退"的有效手段。经过"热衰退"的摩擦片，当温度逐渐降低时摩擦系数会逐渐恢复至原来的正常情况，但也有时会出现摩擦系数恢复得高于原来正常的摩擦系数，而恢复过头，对这种摩擦系数恢复过头称之为"过恢复"。

摩擦系数通常随温度增加而降低，但过多的降低也是不能忽视。我国汽车制动器衬片台架试验标准中就有制动力矩、速度稳定性要求：QC/T 239—1997《货车、客车制动器性能要求》；QC/T 582—1999《轿车制动器性能要求》；QC/T 564—1999《轿车制动器台架试验方法》；QC/T 479—1999《货车、客车制动器台架试验方法》。因此当车辆行驶速度加快时，要防止制动效能的下降因素。

摩擦材料表面沾水时，摩擦系数也会下降，当表面的水膜消除恢复至干燥状态后，摩擦系数就会恢复正常，称之为"涉水恢复性"。摩擦材料表面沾有油污时，摩擦系数显著下降，但应保持一定的摩擦力，使其仍有一定的制动效能。

❷ 良好的耐磨性

摩擦材料的耐磨性是其使用寿命的反映，也是衡量摩擦材料耐用程度的重要技术经济指标。耐磨性越好，表示它的使用寿命越长。但是摩擦材料在工作过程中的磨损，主要是由摩擦接触表面产生的剪切力造成的。工作温度是影响磨损量的重要因素。当材料表面温度达到有机粘接剂的热分解温度范围时，有机粘接剂（如橡胶、树脂）产生分解、碳化和失重现象。随温度升高，这种现象加剧，粘接作用下降，磨损量急剧增大，称之为"热磨损"。选用合适的减磨填料和耐热性好的树脂、橡胶，能有效地减少材料的工作磨损，特别是热磨损，可延长其使用寿命。

摩擦材料的耐磨性指标有多种表示方法，我国 GB 5763—1998《汽车制动器衬片》中规定的磨损指标（定速式摩擦试验机）100 ~ 350℃范围的每档温度（50℃为一档）的磨损率。磨损率系样品与对偶表面进行相对滑动过程中做单位摩擦功时的体积磨损量，可由测定其摩擦力的滑动距离及样品因磨损的厚度减少而计算出。但由于被测样品在摩擦性能测试过程中，受高温影响会产生不同程度的热膨胀，掩盖了样品的厚度磨损，有时甚至出现负值，即样品经高温磨损后的厚度反而增加。这就不能正确反映出实际磨损。故有的生产厂家除测定样品的体积磨损外，还要测定样品的质量磨损率。

❸ 具有良好的机械强度和物理性能

摩擦材料制品在装配使用之前，有需进行钻孔、铆接装配等机械加工，才能制成制动片总成或离合器总成。在摩擦工作过程中，摩擦材料除了要承受很高温度的同时，还要承受较大的压力与剪切力。因此要求摩擦材料必须具有足够的机械强度，以保证在加工或使用过程中不出现破损与碎裂。如铆接制动片：要求有一定的抗冲击强度、铆接应力、抗压强度等。粘接制动片：盘式片要具有足够的常温粘接强度与高温（300℃）粘接强度，以保证摩擦材料与钢背粘接牢固，可经受盘式片在制动过程中高剪切力，而不产生相互脱离，造成制动失效的严重后果。离合器片要求具有足够的抗冲击强度、静弯曲强度、最大应变值以及旋转破坏强度，为了保证离合器片在运输、铆接加工过程中不致损坏，也为了保障离合器片在高速旋转的工作条件下不发生破裂。

❹ 制动噪声低

制动噪声关系到车辆行驶的舒适性，而且对周围环境特别是对城市环境造成噪声污染。对于汽车来说，制动噪声是一项重要的性能要求。就汽车盘式片而言，摩擦性能良好的无噪声或低噪声制动片成为首先产品。随汽车工业的发展，现对制动噪声人们越来越重视，有关部门已经提出了标准规定。一般汽车制动时产生的噪声不应超过85dB。

引起制动噪声的因素很多，因制动片只是制动总成的一个零件，制动时制动片与制动盘（鼓）在高速与高压相对运动下的强烈摩擦作用，彼此产生振动，从而放大、产生不同程度的噪声。

就摩擦材料而言，长期使用经验告诉我们，造成制动噪声的因素大致有：

（1）摩擦材料的摩擦系数越高，越易产生噪声，达到 0.45 ~ 0.5 或更高时，极易产生噪声。

（2）制品材质硬度高易产生噪声。

（3）高硬度填料用量多时易产生噪声。

（4）制动器片（盘）经高温制动作用后，工作表面形成光亮而硬的碳化膜，又称釉质层，在制动摩擦时会产生高频振动及相应的噪声。

◆ **制动盘产生振动的因素：**

盘的变化；硬度公差；制动器振动；盘的热变化；盘的生锈。

◆ **防止制动盘产生振动措施：**

a.制动钳加黄油，隔离振动频率。

b.修正盘的变形、公差、硬度均布性等。

由此可知，适当控制摩擦因数，使其不要过高，降低制品的硬度，减少硬质填料的用量，避免工作表面形成碳化层，使用减振垫或涂胶膜以降低振动频率，均有利于减少与克服噪声。

（5）对偶面磨损较小

摩擦材料制品的传动或制动功能，都要通过与对偶件即摩擦盘（鼓）在摩擦中实现。在此摩擦过程中，这一对摩擦偶件相互都会产生磨损，这是正常现象。但是作为消耗性材料的摩擦材料制品，除自身应该尽量小的磨损外，对偶件的磨损也要小，也就是应该使对偶件的使用寿命相对的较长，这才充分显示出具有良好的摩擦性能的特性。同时在摩擦过程中不应将对偶件（即摩擦盘或制动鼓）的表面磨成较重的擦伤、划痕、沟槽等过度磨损情况。

❸ 摩擦材料在汽车上的应用

摩擦材料在汽车上主要的应用有制动系统的车轮制动器衬片（图3-1），传动系统的离合器片（图3-2）。此外，也应用在液力自动变速器齿轮机构中的执行元件制动器和离合器，以及空调压缩机离合器部件上。它最主要的功能是通过摩擦来吸收或传递动力，如离合器片传递动力，制动片吸收动能。它们使机械设备与各种机动车辆能够安全可靠地工作。

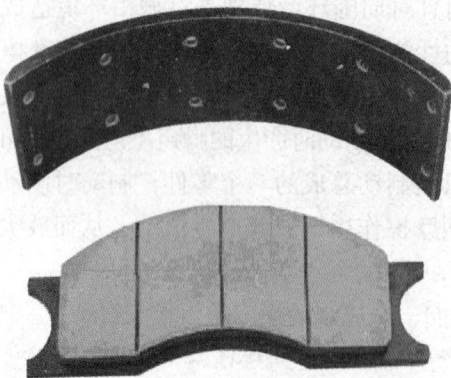

图3-1 制动器衬片

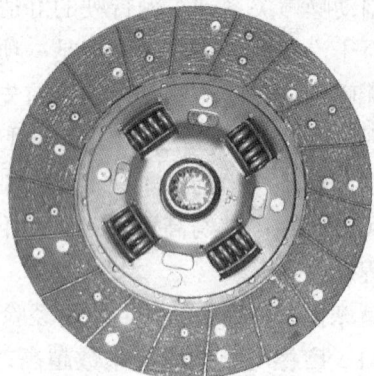

图3-2 离合器片

阅读空间

维修车辆制动器时须防止摩擦材料粉尘

车辆制动器在工作中制动片因制动盘/鼓摩擦而使摩擦材料脱落产生的碎屑粉尘附着在制动器部件上，由于构成摩擦材料的组成物质（纤维、粘接剂、重金属等）是对人体的有害物质，这些物质对人体特别是呼吸系统产生极大伤害甚至致癌。维修时应注意不能用压缩空气吹去浮尘，以免吸入口中；工作后手也应彻底清洗干净，避免手中残留屑粉随食物进入口中。

二 复合材料

知识目标

1. 了解复合材料有关基本概念、分类和性能；
2. 掌握复合材料的使用条件和使用要求。

能力目标

1. 掌握复合材料在汽车上的应用；
2. 通过本节学习，培养学生理论联系实际的能力。

❶ 基本概念、分类和特点

❶ 概念

复合材料是由两种或两种以上不同性质的材料，通过物理或化学的方法，在宏观上组成具有新性能的材料。各种材料在性能上互相取长补短，产生协同效应，使复合材料的综合性能优于原组成材料而满足各种不同的要求。

❷ 复合材料的组成

复合材料主要由的基体材料和增强材料组成。基体材料分为金属和非金属两大类，金属基体常用的有铝、镁、铜、钛及其合金，非金属基体主要有合成树脂、橡胶、陶瓷、石墨、碳等。增强材料主要有玻璃纤维、碳纤维、硼纤维、芳纶纤维、碳化硅纤维、石棉纤维、晶须、金属丝和硬质细粒等。

❸ 复合材料的分类及特点

复合材料是一种混合物。在很多领域都发挥了很大的作用，代替了很多传统的材料。复合材料按其组成分为金属与金属复合材料、非金属与金属复合材料、非金属与非金属复合材料。按其结构特点又分为：

（1）纤维复合材料。将各种纤维增强体置于基体材料内复合而成。如纤维增强塑料、纤维增强金属等。

（2）夹层复合材料。由性质不同的表面材料和芯材组合而成。通常面材强度高、薄；芯材质轻、强度低，但具有一定刚度和厚度。夹层复合材料分为实心夹层和蜂窝夹层两种。

（3）细粒复合材料。将硬质细粒均匀分布于基体中，如弥散强化合金、金属陶瓷等。

（4）混杂复合材料。由两种或两种以上增强相材料混杂于一种基体相材料中构成。与普通单增强相复合材料比，其冲击强度、疲劳强度和断裂韧性显著提高，并具有特殊的热膨胀性能。分为层内混杂、层间混杂、夹芯混杂、层内／层间混杂和超混杂复合材料。

复合材料按用途主要可分为结构复合材料和功能复合材料两大类。结构复合材料主要作为承力结构使用的材料，由能承受载荷的增强体组元（如玻璃、陶瓷、碳素、高聚物、金属、天然纤维、织物、晶须、片材和颗粒等）与能连接增强体成为整体材料同时又起传力作用的基体组元（如树脂、金属、陶瓷、玻璃、碳和水泥等）构成。结构复合材料通常按基体的不同分为聚合物基复合材料、金属基复合材料、陶瓷基复合材料、碳基复合材料和水泥基复合材料等。功能复合材料是指除力学性能以外还提供其他物理、化学、生物等性能的复合材料，包括压电、导电、雷达隐身、永磁、光致变色、吸声、阻燃、生物自吸收等种类繁多的复合材料，具有广阔的发展前途。未来的功能复合材料比重将超过结构复合材料，成为复合材料发展的主流。

复合材料中以纤维增强材料应用最广、用量最大。其特点是密度小、比强度和比模量大。例如碳纤维与环氧树脂复合的材料，其比强度和比模量均比钢和铝合金大数倍，还具有优良的化学稳定性、减摩耐磨、自润滑、耐热、耐疲劳、耐蠕变、消声、电绝缘等性能。石墨纤维与树脂复合可得到膨胀系数几乎等于零的材料。纤维增强材料的另一个特点是各向异性，因此可按制件不同部位的强度要求设计纤维的排列。以碳纤维和碳化硅纤维增强的铝基复合材料，在500℃时仍能保持足够的强度和模量。

❷ 复合材料在汽车上的应用

从全球范围看，汽车工业是复合材料最大的用户，今后发展潜力仍十分巨大，目前还有许多新技术正在研发中。例如，为降低发动机噪声，增加汽车的舒适性，正着力开发两层冷轧板间黏附热塑性树脂的减振钢板；为满足发动机向高速、增压、高负荷方向发展的要求，发动机活塞、连杆、轴瓦已开始应用金属基复合材料。为满足汽车轻量化要求，必将会有越来越多的新型复合材料将被应用到汽车制造业中。

在汽车上所采用的复合材料有纤维增强塑料（FRP）、纤维增强金属（FRM）和纤维增强陶瓷（FRC）。

❶ 纤维增强塑料（FRP）

（1）FRP 密度小，且比强度高，因而可减轻汽车自重，降低发动机负荷，提高燃料利用率。

（2）由于 FRP 的流动性和层压性好，可制成形状各异的曲面，其设计自由度大，有利于设计空气阻力小的车身形状，满足美观要求，可一体成形，减少装配工序。

（3）着色方便，在树脂中混入颜料可达到任意着色的目的。

（4）可随时根据设计要求调整纤维配比及排列，以便在不同取向上得到合理的强度和刚性，也可任意调整厚度，从而制成轻量的不等向性、不等厚度的制件。

（5）耐冲击性好，可大量吸收冲击能，有利于提高安全性。

❷ 玻璃纤维增强复合材料（GFRP）

目前汽车上应用的玻璃纤维增强复合材料包括玻璃纤维增强热塑性材料、玻璃纤维毡增强热塑性材料（GMT）、片状模塑材料（SMC）、树脂传递模塑材料（RTM）以及手糊FRP 制品。

❶ 玻璃纤维毡增强热塑性复合材料（GMT）

玻璃纤维毡增强热塑性复合材料（GMT）是目前国际上极为活跃的复合材料开发品种，这是一种以热塑性树脂为基体，以玻璃纤维毡为增强骨架的，新颖、节能、轻质的复合材料。一般可以生产出片材半成品，然后直接加工成所需形状的产品，纤维可以是短切玻璃纤维或连续的玻璃纤维毡，热塑性树脂可以是通用塑料、工程塑料或高性能塑料。主要用于生产多功能支架、仪表板托架、座椅骨架，发动机护板、蓄电池托架等。

❷ 玻璃纤维增强 PA 材料

玻璃纤维增强 PA 材料在汽车上已采用，一般都是用于制作一些小的功能件，例如锁体防护罩、保险楔块、嵌装螺母、节气门踏板、换挡上下护架 – 防护罩和开启手柄等。

❸ 碳纤维增强塑料（CRFP）

碳纤维增强塑料是碳纤维与各种树脂复合而成的高级复合材料。碳纤维是用粘胶丝、聚丙烯腈纤维和沥青丝等原料在 1000 ~ 3000℃下碳化而成的。碳纤维增强塑料主要用于航空、航天工业；还可用于体育器材，如网球拍、滑雪板、弓、赛车、赛艇等；CFRP是汽车轻量化最理想的材料，用 CFRP 取代钢材制造车身和底盘构件，可减轻质量 68%，油耗下降 40%。目前用于制造汽车的主承力部件，如保险杠骨架、弹簧钢板、传动轴等。

❹ 纤维增强金属（FRM）

纤维增强金属强度、刚性高，耐热性等化学性能高，热传导和电导性优良，耐磨性高。如果只追求轻量化效果，无须采用纤维增强金属FRM，只有同时要求良好的耐热性、耐磨性以及热传导和电导性时，才有必要采用纤维增强金属FRM。

汽车零件中应用纤维增强金属（FRM）的有活塞、活塞销、连杆、气门系的摇臂、挺柱、汽缸体等。

5 纤维增强陶瓷（FRC）

纤维增强陶瓷（FRC）是克服陶瓷脆性的有效方法，利用纤维承受载荷可提高断裂强度，阻止裂纹扩展，提高断裂韧性，分散裂纹的扩展使断裂面积增大和利用纤维的拉伸增大抗断裂能力。高弹性纤维增强陶瓷可提高陶瓷的强度，耐热纤维增强陶瓷可提高陶瓷的高温强度。纤维增强陶瓷（FRC）与陶瓷相比的性能特点见表3-1。

纤维增强陶瓷（FRC）的性能特点　　　　　　　　　表3-1

类　别	性能特点
碳纤维系增强陶瓷	高弹性模量、高强度、耐磨性好，膨胀系数低
陶瓷纤维系增强陶瓷	优良的抗氧化性，耐热性好，抗强度高，断裂韧性较高
晶须纤维系增强陶瓷	高强度、高抗断裂韧性

阅读空间

复合材料使用的历史与发展

复合材料使用的历史可以追溯到古代。从古至今沿用的稻草增强黏土和已使用上百年的钢筋混凝土均由两种材料复合而成。20世纪40年代，因航空工业的需要，发展了玻璃纤维增强塑料（俗称玻璃钢），从此出现了复合材料这一名称。50年代以后，陆续发展了碳纤维、石墨纤维和硼纤维等高强度和高模量纤维。70年代出现了芳纶纤维和碳化硅纤维。这些高强度、高模量纤维能与合成树脂、碳、石墨、陶瓷、橡胶等非金属基体或铝、镁、钛等金属基体复合，构成各具特色的复合材料。

碳纤维增强碳、石墨纤维增强碳或石墨纤维增强石墨，构成耐烧蚀材料，已用于航天器、火箭导弹和原子能反应堆中。非金属基复合材料由于密度小，用于汽车和飞机可减轻质量、提高速度、节约能源。用碳纤维和玻璃纤维混合制成的复合材料片弹簧，其刚度和承载能力与质量大5倍多的钢片弹簧相当。

复合材料制造的飞机机身

三 纳米材料

知识目标

1. 了解纳米材料有关基本概念、分类和性能；
2. 掌握纳米材料的使用条件和使用要求。

能力目标

1. 掌握纳米材料在汽车上的应用；
2. 通过本节学习，培养学生理论联系实际的能力。

❶ 基本概念、分类和性能

纳米材料是指在三维空间中至少有一维处于纳米尺度范围（1 ~ 100nm）或由它们作为基本单元构成的材料，这相当于 10 ~ 100 个原子紧密排列在一起的尺度。

❶ 纳米材料分类

纳米材料大致可分为纳米粉末、纳米纤维、纳米膜、纳米块体等四类。其中纳米粉末开发时间最长、技术最为成熟，是生产其他三类产品的基础。

（1）纳米粉末：又称超微粉或超细粉，一般指粒度在 100nm 以下的粉末或颗粒，是一种介于原子、分子与宏观物体之间处于中间物态的固体颗粒材料。可用于：高密度磁记录材料；吸波隐身材料；磁流体材料；防辐射材料；单晶硅和精密光学器件抛光材料；微芯片导热基片与布线材料；微电子封装材料；光电子材料；先进的电池电极材料；太阳能电池材料；高效催化剂；高效助燃剂；敏感元件；高韧性陶瓷材料（摔不裂的陶瓷，用于陶瓷发动机等）；人体修复材料；抗癌制剂等。

（2）纳米纤维：指直径为纳米尺度而长度较大的线状材料。可用于：微导线、微光纤（未来量子计算机与光子计算机的重要元件）材料；新型激光或发光二极管材料等。

（3）纳米膜：纳米膜分为颗粒膜与致密膜。颗粒膜是纳米颗粒粘在一起，中间有极为细小的间隙的薄膜。致密膜指膜层致密但晶粒尺寸为纳米级的薄膜。可用于：气体催化（如汽车尾气处理）材料；过滤器材料；高密度磁记录材料；光敏材料；平面显示器材料；超导材料等。

（4）纳米块体：是将纳米粉末高压成型或控制金属液体结晶而得到的纳米晶粒材料。

主要用途为：超高强度材料；智能金属材料等。

❷ 纳米材料的基本特性

❶ 表面与界面效应

纳米微粒尺寸小，表面积大，表面原子占相当大的比例。随着粒子直径的减小，表面原子所占的比例迅速增加。纳米微粒的比表面积比常规材料大 3 ~ 4 个数量级，并会出现一些奇特的现象，如金属纳米粒子在空气中会燃烧、无机纳米粒子会吸附气体等。

❷ 小尺寸效应

当纳米微粒尺寸与光波波长、德布罗意波长、超导态相干长度等特征尺寸相当或者更小时，它的周期性边界被破坏，从而使其声、光、电、磁、热力学等性能呈现出"新奇"的现象。例如，铜颗粒达到纳米尺寸时就变得不能导电；绝缘的 SiO_2 颗粒在 20nm 时却开始导电。

❸ 量子尺寸效应

当粒子的尺寸达到纳米量级时，纳米能级附近的电子能级由准连续态分裂成分立能级。当能级间距大于热能、磁能、静电能、光子能或超导态的凝聚能时，会出现纳米材料的量子效应，从而使其磁、光、声、热、电、超导电性能与宏观材料显著不同，如纳米金属微粒在低温条件下会呈现出电绝缘性和吸光性。

❹ 宏观量子隧道效应

由于量子力学作用，在纳米微粒中会出现与微观粒子的量子隧道效应相似的宏观量子隧道效应，因而产生一些特殊的物理现象。宏观量子隧道效应的研究及应用有着十分重要的意义，例如通过扫描隧道用显微镜可直接观察到物质表面的原子结构。纳米材料神奇的特性，不仅为制造纳米装置或仪器奠定了基础，同时也为发展高性能新材料及对现有材料的性能进行改善提供了一个极其有效的途径。根据纳米材料的结构特点，把异质、异相、不同有序度的材料在纳米尺度下进行合成、组合，可以形成千姿百态的纳米复合材料。

❷ 纳米技术材料在汽车上的应用

❶ 在汽车润滑剂中的应用

在汽车润滑油中加入减摩剂可提高其抗摩性能、减少摩擦阻力和延长零件的使用寿命，但常规的减摩剂一般都存在着不易解决的问题。将金属纳米微粒以适当的方式分散于各种润滑油中，则可以形成一种稳定的悬浮液，与固体表面相结合形成一个超光滑的保护层，同时填塞微划痕，从而大幅度降低摩擦和磨损。其机理如下：

（1）金属纳米微粒为球形，可以起到一种类似"球轴承"的作用，从而提高润滑性能。

（2）在载荷和高温条件下，两摩擦表面间的球形微粒被压平，形成一滑动系，降低了摩擦和磨损。

（3）可以填充工作表面的微坑和损伤部位，起到一种修复作用。

正是由于以上3种机理的联合作用，使金属纳米微粒润滑剂成为新一代的固体润滑剂。据报道，俄罗斯科学家将铜或铜合金纳米微粒加入润滑油中，可使润滑性能提高10倍以上，显著降低机械间的磨损，并能提高燃料效率，改善动力性能，延长使用寿命。美国密执安大学对这种新型固体润滑剂进行了各类发动机试验，其结果是凸轮轴及活塞环的磨损均减小、降低表面摩擦和机械磨损约25%、增加汽缸压力0.12MPa、在高负荷和振动条件下仍有润滑膜存在、油耗降低、与低黏度油匹配、对所有汽油发动机、柴油发动机安全。

金属纳米微粒也可分散在润滑脂中，使其可承受的负荷更大。这时即使由于某种原因（如强挤压等）使油脂失去，残留的纳米微粒膜仍可在相当时间内起到润滑作用。

因此，将金属（或合金）纳米微粒加入各种润滑油（脂）中，可得到一种性能优异的新型固体润滑剂，它在一个很宽的使用范围内具有非常好的润滑效果，且能克服常规润滑减摩剂的缺点。

❷ 在汽车橡胶和塑料制品中的应用

在橡胶产品中加入纳米材料，可大幅度提高橡胶产品的耐磨性和介电常数，使用寿命和性能大为提高。

传统的橡胶产品生产通常用炭黑粉体作补强填充剂、促进剂、防老化剂等。作为粉体状物质，当今一个重要的发展趋势是向纳米材料发展。据报道，目前世界上许多著名的轮胎厂都已开始研究和开发应用纳米白炭黑代替炭黑补强制造绿色轮胎和节能轮胎，现已取代5%～10%的炭黑。在轮胎橡胶中使用纳米ZnO进行改性，可大大提高橡胶的高速耐磨性能、抗老化性能，其耐屈挠性能提高5倍，而且其用量比普通ZnO节约30%、50%。另外，纳米Al_2O_3、纳米$CaCO_3$、纳米TiO_2和纳米黏土等在橡胶工业中的应用也有所进展。

为了节能，汽车应用塑料的数量将越来越多。但传统塑料由于其强度低、不耐热和易老化等缺点，影响了其推广使用。纳米材料在塑料中的应用可以改变传统塑料的特性，扩大其应用范围。这是因为纳米材料微粒尺寸小、透光性好，使塑料变得很致密，且呈现出优异的物理性能，如强度高、耐热性强、密度更小等。此外，由于纳米微粒尺寸小于可见光的波长，纳米塑料可以显示出良好的透明度和较高的光泽度，同时对太阳中的紫外线有很强的吸收能力，从而明显地防止塑料老化变脆。在塑料中加入0.3%的UV-TAN-P580纳米TiO_2，经过700h热光照射后，其抗拉强度损失仅为10%，这样的纳米塑料在汽车上将有广泛的用途。

❸ 在其他方面的应用

纳米复合材料应用于汽车内、外装饰件，特点是质量轻、尺寸稳定性较高、强度更高、低温抗冲击性能更好。

纳米微粒膜材料在汽车车灯上的应用有着广阔的前景。

纳米材料应用在燃料电池上，可以节约大量成本。因为纳米材料在室温条件下具有优异的储氢能力，可以不用昂贵的超低温液氢储存装置。

我国研制成功一种可以自动消除异味、杀菌消毒的"纳米自洁净玻璃"。它是应用高科技纳米技术在玻璃的两面镀制一层纳米薄膜，薄膜在紫外线的作用下可分解沉淀在玻璃上的污物，氧化有害气体，杀灭空气中的各种细菌和病毒。这种技术应用在汽车玻璃上可有效净化车内环境，保证驾驶人及乘员的健康。

把氧化铝纳米微粒加入到普通玻璃中，可以明显改善玻璃的脆性。此外，将纳米微粒分散到树脂中制成膜应用于汽车油漆表面，对紫外线具有很强的吸收能力，能起到保护汽车油漆以防止其老化变脆的作用。

阅读空间

神奇的纳米世界

早在 1959 年，著名物理学家、诺贝尔奖金获得者理查德·费曼预言："人类可以用小的机器制作更小的机器，最后将变成根据人类意愿，逐个地排列原子，制造产品。"今天，费曼这个预言已经开始实现，这就是现在风靡全球的纳米技术。

纳米是一个计量单位。人们熟知的 1m=1000mm，而 1mm=1000000 纳米（一百万纳米），也就是说，1nm=1/1000000mm（百万分之一 mm），这么微小再微小的空间，实际上就是组成物质的基本单位，原子和分子的空间。自从 20 世纪 80 年代初发明了电子扫描隧道显微镜后，世界就诞生了一门以纳米作单位的微观世界研究学科——纳米科学，在 100nm 以下的微小结构中对物质进行研究处理的技术则称为纳米技术。

神奇的纳米使科学家有理由张开幻想的翅膀。科学家正在开发多功能的"聪明（smart）"材料。科学家们期望能够在材料中加进复杂的像生命一样的功能，使之具有人一样的感觉，创造出具有像生命一样的行为的合成物，使材料变得"聪明"。如：混凝土能在内部检测到强度下降的征兆或是能够对外来腐蚀作出回应，释放化学物质以抵抗腐蚀；砖和其他建筑材料可以感觉天气状况并且通过改变其内部结构以使空气和湿气能够渗透；今后还可能制造出能在任何地点、任何时间改变形状和颜色以与环境相近的类似变色龙的伪装材料；还可能制造出具有自我修复功能的合金，这种合金会自动地填充、弥合并加强细微的裂纹。

纳米技术和纳米材料的出现，将给制造业带来深远的影响。首先，纳米技术将引发当今最具竞争性的计算机领域的一场革命，因为，到目前为止，计算机一直是通过把越来越多的电子元件组装在越来越小的区域内以提高计算机的功能，然而人们预计这种方法在今后 20 年就要达到微型化的物理极限，而用来替代的将是纳米技术和纳米材料。由于纳米技术和纳米材料的特殊功能，计算机芯片的尺寸不仅可以大大缩小，而且其灵敏度和计算能力可成几百倍、几千倍地提高。专家说，纳米技术存储信息的最终物理极限，将是在单个原子上存储大量数据，届时，人们就可以在一个手表大小的计算机上存储一个人的全部生活历史。其次，纳米材料和纳米技术将引发一场医疗机械的革命。科学家一直致力于制造如米粒大小，甚至在高倍显微镜下才可以看到的机器人，但受传统工艺和材料的影响，效果一直不太理想。现在，随着纳米技术和纳米材料的出现，人们将可以研制出钻进人的血管中，打通血栓，甚至可以到心血管中切除病变部分的超微型机器人；可以注入到血液中，输送到人体的各个部位，作为监测和诊断疾病以及把药物直接送到病灶上达到治疗目的的超微型机器人。最后，纳米技术和纳米材料将生发出许多神奇的机器人。如制造用于精密仪器内的焊接和排除故障以及用在极其危险的情况下代替人的工作的超微型机器人；研制出附在书上的超微型吸尘器，把书上和桌上的灰尘吸干净。要制造这种机器人，其电动机是核心部件。而美国的伯克利大学和康奈尔大学已分别研制出细如头发丝大小的分子马达。因此，超微型机器人的问世已为期不远了。

科技的发展正把神奇的纳米世界带入我们的生活。

📋 小结

1.汽车用摩擦材料，主要用于汽车传递动力，制动减速，停车制动。

2.汽车用摩擦材料的主要性能要求。

3.汽车摩擦材料，主要由材料，粘接材料及填充材料等组成。

4.复合材料是两种或两种以上的性质不同的材料组合起来的多相材料。

5.复合材料有三种分类。

6.复合材料的性能特点。

7.汽车常用复合材料的种类。

自 我 检 测

一、名词解释

1.摩擦材料；2.复合材料；3.纳米材料；4.纳米粉末

二、填空题

1.摩擦材料由_____、_____和_____组成。

2.复合材料主要由_____和_____组成。

3.在汽车上所采用的复合材料是_____，_____和纤维增强陶瓷（FRC）。

三、问答题

1.摩擦材料的定义是什么？

2. 摩擦材料在汽车上有哪些应用?

3. 摩擦材料有哪些技术要求?

4. 摩擦材料包括哪几个部分?

5. 复合材料常用在汽车的哪些方面?

6. 纳米材料的基本特性是什么?

7. 纳米材料是怎么分类的?

第二篇 汽车运行材料

Chapter

2

第四章　石油——汽车运行材料的基础

石油是一种与工业、农业、交通运输业以及国防事业密切相关的重要原材料，在国民经济中占有极其重要的地位，是目前世界上最重要的一次能源之一。汽车所用各种燃油、润滑剂等目前多为石油产品，是石油通过不同的加工工艺生产出来的。图4-1所示为海上石油钻井平台。

图4-1　海上石油钻井平台

一　概　述

知识目标

1. 了解石油的产生、组成；
2. 了解石油主要成分的性质及产品分类。

能力目标

1. 归纳总结石油的基本知识的能力；
2. 通过本节学习，培养学生理论联系实际的能力。

1 石油的生成

石油又称原油，是从地下深处开采出来的可燃黏稠液体，颜色多为深棕色或黑色，许多石油都有程度不同的臭味，这是因为含有硫化物的缘故。对石油的生成，现代普遍的观点认为石油是古代海洋或湖泊中的生物经过漫长的演化形成的混合物。研究表明，石油的生成至少需要200万年的时间，在现今已发现的油藏中，时间最老的可达到5亿年之久。在地球不断演化的漫长历史过程中，有一些"特殊"时期，如古生代和中生代，大量的植物和动物死亡后，构成其身体的有机物质不断分解，与泥沙或碳酸质沉淀物等物质混合组成沉积层。由于沉积物不断地堆积加厚，导致温度和压力的上升，随着这种过程的不断进行，沉积层变为沉积岩，进而形成沉积盆地，这就为石油的生成提供了基本的地质环境。伴随着各种地质作用，沉积盆地中的沉积物持续不断地堆积。当温度和压力达到一定程度后，沉积物中动植物的有机物质转化为碳氢化合物分子，最终生成石油和天然气。图4-2所示为石油的形成。

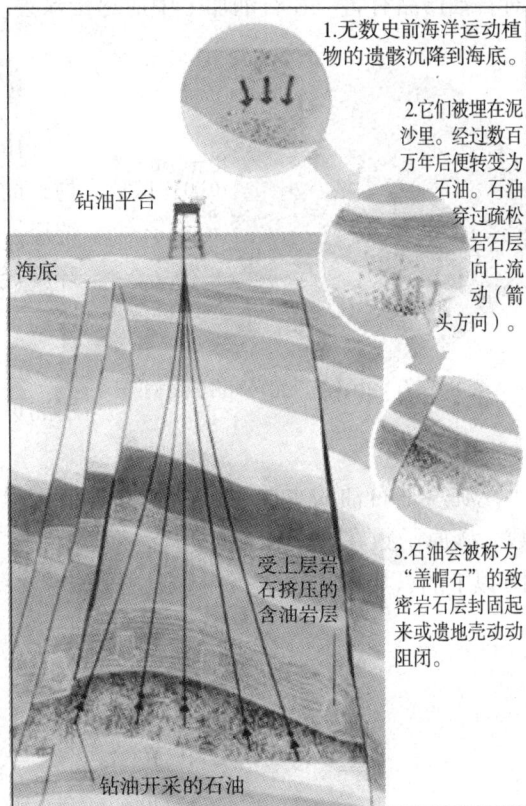

1.无数史前海洋运动植物的遗骸沉降到海底。

2.它们被埋在泥沙里。经过数百万年后便转变为石油。石油穿过疏松岩石层向上流动（箭头方向）。

钻油平台

海底

受上层岩石挤压的含油岩层

3.石油会被称为"盖帽石"的致密岩石层封固起来或遭地壳动动阻闭。

钻油开采的石油

图4-2　石油的形成

现代对石油的生成又有一些不同的观点，例如非生物成油的理论，认为石油来源于地幔，是地幔沿着地壳裂隙上涌过程中的衍生物。

2 石油的化学组成

石油既不是由单一元素组成的单质，也不是由两种以上元素组成的化合物，而是由多种元素组成的多种化合物的混合物。

1 组成石油的元素

石油的性质因产地而异，其密度一般小于$1g/cm^3$，介于$0.80 \sim 0.98 g/cm^3$之间，黏度范围很宽，凝固点差别很大（$-60 \sim 30°C$），沸点范围为常温至$500°C$，可溶于多种有机溶剂，不溶于水。组成石油的化学元素主要是碳、氢、硫、氧、氮五种元素，其中碳元素占 83%~87%，氢元素占 11%~14%，其余为硫、氮、氧等元素（总共不超过 0.5%~5%）及镍、钒、铁、铜、磷、镍、铝、氯、硅、磷、砷等十几种微量元素（0.003%以下）。由碳和氢化合形成的烃类构成石油的主要组成部分，占 95%~99%，含硫、氧、氮的化合物对石油产品有害，在石油加工中应尽量除去。石油中各组成元素所占比例如图4-3所示。

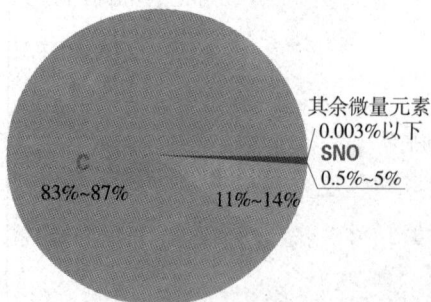

图4-3　石油中各组成元素所占的比例

❷ 组成石油的烃类物质

由碳和氢两种元素组成的化合物称碳氢化合物，简称烃。烃按结构不同主要分为四种，分别是烷烃、环烷烃、芳香烃和烯烃。石油主要是由烷烃、环烷烃和芳香烃三类烃组成，天然石油中一般不含烯烃、炔烃等不饱和烃，个别种类的石油中还含有极少量的烯烃。只有在石油的二次加工产物中和利用油页岩制得的页岩油中含有不同数量的烯烃。

❶ 烷烃

烷烃是石油的主要组分，其分子结构呈链状，其分子式通式为 C_nH_{2n+2}，n 为碳原子数。碳原子数在10以内，以甲、乙、丙、丁、戊、己、庚、辛、壬、癸命名，碳原子在10以上的，用中文数字十一、十二、十三……命名。结构形式如图4-4所示。

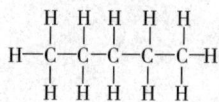　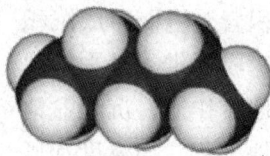

a）分子结构图　　　　　　　b）模型图

图4-4　正戊烷的分子结构图和模型图

烷烃分子中碳原子无支链排列结构的称正构烷烃，有支链排列结构的称异构烷烃。

在常温常压下，C_1~C_4（即分子中含有1~4个碳原子）的烷烃为气体，C_5~C_{15} 的烷烃为液体，大于 C_{16} 的正构烷烃为固体。

❷ 环烷烃

环烷烃是饱和的环状化合物，即碳原子以单键相连接成环状。按环数多少，环烷烃分为单环、双环和多环3类，大都带有1~2个烷基侧链。石油中的环烷烃主要是环戊烷和环己烷。环烷烃的抗爆性较好、凝点低、有较好的润滑性能和黏温性，是汽油、喷气燃料及润滑油的良好组分。烷烃和环烷烃是汽车燃料的主要成分。

❸ 芳香烃

分子中具有苯环（由6个碳原子和6个氢原子组成环状，其中碳原子间以单双键交替连接）结构的烃类称为芳香烃，一般苯环上带有不同的烷基侧链。芳香烃中的苯环很稳定，即使强氧化剂也不能使它氧化，也不易起加成反应。在一定条件下，带侧链芳香烃上的侧链会被氧化成有机酸，带侧链的多环和稠环芳香烃很容易被氧化而生成胶状物质，这是油品氧化变质的重要原因之一。

❹烯烃

烯烃分子结构和烷烃相似，所不同是分子中碳原子之间具有双键。根据双键所在位置，数量等结构特点，烯烃可分为单烯烃（简称烯烃）、二烯烃和环烯烃等。烯烃难溶于水，易溶于有机溶剂。

❸ 烃的性质和在汽车燃润料中的构成

烷烃在低温时化学性质比较稳定，但随着碳原子数量增多，碳链越长，正构烷烃结构越不稳定，发生化学反应而自燃，因而适合用作压燃式发动机燃料。烷烃中的异构体性质正好相反，因结构较正构烷烃紧密而性质稳定，不宜发生爆震，因而适合用作点燃式发动机燃料。

❹ 组成石油的非烃类物质

石油中的硫、氮、氧元素以非烃化合物形式存在，这些元素的质量分数虽仅为1%~4%，但非烃化合物的含量却相当高，可高达百分之十几，这些化合物主要包括含硫化合物、含氧化合物、含氮化合物、胶质、沥青质、矿物质等。非烃化合物对石油加工、油品储存和使用性能影响很大，故在石油加工中都应尽量将其除掉。

（1）含硫化合物。含硫化合物包括硫化氢、硫醇、硫醚、二硫化物等。活性硫化物，如硫化氢、硫醇和元素硫，能直接腐蚀金属。非活性硫化物，如硫醚、二硫醚，受热或油燃烧时，分解或与氧发生反应生成硫酸、硫醇或硫化氢。

（2）含氧化合物。石油中的含氧量很少，一般质量分数在千分之几范围内。其中80%~90%集中在胶质、沥青质中，其余部分主要是酸性物质和中性含氧化合物。

（3）含氮化合物。石油中的含氮量很少，一般质量分数在万分之几到千分之几。和其他非烃类化合物一样，随着馏分沸点的升高，氮的含量也随之增加，大部分集中在残渣油中。含氮化合物性质不稳定，易氧化叠合生成有色胶质，使油品颜色变深，质量下降，不宜长期储存。含氮化合物还可使酸性催化剂中毒。当含氮量多时，燃烧有较大的臭味。含氮化合物是石油产品中的有害成分，应尽量减少。

（4）胶质和沥青质。胶质、沥青质是石油中非烃类化合物的主体，它们的质量分数相当大，在含胶最多的重质石油中可达40%~50%。

所谓胶质，一般指能溶于石油醚（低沸点烷烃）、苯、三氯甲烷（$CHCl_3$）和二硫化碳（CS_2），而不溶于乙醇的物质。沥青质是能溶于苯、三氯甲烷和二硫化碳，但不溶于石油醚和乙醇的物质。

胶质、沥青质可使油品颜色变深、氧化安定性下降、黏温性变差、燃烧后形成积炭，引起设备磨损和油路堵塞，对油品性能有不良影响，加工中应尽量除去。

（5）矿物质。在石油中，矿物质质量分数一般是万分之几，甚至为十万分之几。矿物质燃烧后形成灰分，灰分由硅、钙、镁、铁、钠、铝、锰、钒、镍等元素组成。灰分越多，油的质量越差。

二 石油的加工与应用

知识目标

1. 了解石油的加工方法；
2. 了解石油的应用。

能力目标

1. 归纳总结石油的基本知识的能力；
2. 通过本节学习，培养学生理论联系实际的能力。

1 石油的加工

石油是复杂的混合物，不能直接使用，需送到炼油厂加工，生产出符合一定质量要求的石油产品，才能满足各方面的需求。根据各个炼油厂主要产品不同，其生产设备及工艺也不相同。一般将炼油厂分为燃料型、燃料－润滑油型和燃料－化工型三种类型。燃料型炼油厂，通常是先采用一次加工，即将原油进行常压、减压蒸馏，依次分离出汽油、煤油、轻柴油、重柴油和润滑油等各种沸点不同的馏分；燃料－润滑油型炼油厂，是通过一次加工将原油中轻质油品分出，余下的重质油品，再经过各种润滑油生产工艺，加工出润滑油；燃料－化工型炼油厂，是将原油首先经过一次加工，蒸馏出轻质组分，再通过对余下的重质组分二次加工，使其转化为轻质组分。这些轻质组分一部分用作燃料油，另一部分通过催化重整工艺、裂化工艺制取方向烃和乙烯等化工原料。

石油产品炼制的基本方法有蒸馏法、二次加工方法，二次加工方法主要有热裂化法、催化热裂法、加氢裂化法、催化重整法、烷基化法、延迟焦化法以及产品精制。

1 蒸馏法

由于石油是各种化合物的混合物，每一种化合物都有本身固有的沸点，利用这一特点将石油逐渐加热，首先蒸发的是饱和蒸汽压最高的最轻组分，然后在温度继续升高时，便会蒸发出越来越重的石油组分。这种利用石油中不同分子量和不同结构的烃具有不同沸点的性质，对石油进行一次加热，将一定沸点范围的烃分别收集，从而获得各种燃料和润滑油的加工方法，称为蒸馏法。蒸馏法分常压蒸馏和减压蒸馏两种，蒸馏流程如图

4-5 所示。

常压蒸馏可直接从石油中得到汽油、煤油和柴油等。常压蒸馏的石油产品，主要由烷烃和环烷烃组成，由于蒸馏过程所发生的是物理变化，所以一般不含不饱和烃，产品性质安定，不易氧化变质，但抗爆性差。常压蒸馏剩余的渣油称为重油。

图 4-5　石油蒸馏流程示意图

减压蒸馏的目的是从常压蒸馏剩下的重油中，提取润滑油和裂化原料油的原料。如果将重油采用常压蒸馏，势必要提高加热温度，当温度升高到 450℃ 以上时，高沸点的烃将裂解为低沸点的烃，同时发生缩合反应生成焦炭，影响制取润滑油的馏分组成。因此必须适当采用减压降沸的蒸馏方法，使高沸点的烃能在较低的温度下气化，从而得到润滑油或催化裂化用的原料油。

石油分馏得到的各种馏分适用于各种发动机：

（1）C_1~C_4（40℃ 以下时的馏分）是石油气，可作为燃料；

（2）C_5~C_{11}（40~200℃ 时的馏分）是汽油，可作为燃料，也可作为化工原料；

（3）C_9~C_{18}（150~250℃ 时的馏分）是煤油，可作为燃料；

（4）C_{14}~C_{20}（200~350℃ 时的馏分）是柴油，可作为燃料；

（5）C_{20} 以上的馏分是重油，再经减压蒸馏能得到润滑油、沥青等物质。

❷ 热裂化法

热裂化法是利用重质烃类在高温、高压下可发生裂解的性质，将一些大分子烃类分裂成为一些小分子烃类，从而获得更多的汽油、柴油等石油产品的一种加工方法。由于裂化的汽油和柴油中，含有较多的稀烃和芳香烃，性质不安定，储存易氧化变质，所以一般不宜单独使用，主要用来掺和低辛烷值的车用汽油和高凝点的柴油。因此热裂化法在国外已被淘汰。

❸ 催化裂化法

催化裂化法与热裂化法的区别是，重质烃类的裂解是在催化剂的作用下进行，由于催化剂的作用，除大分子烃变成小分子烃外，还改变其分子结构，使不饱和烃大为减少，异构烷烃和芳香烃的含量增高。催化裂化汽油性质安定，抗爆性好，是优质的汽油机燃料。由于催化裂化炼制的石油产品质量好，并能综合利用，所以是目前普遍采用的炼制方法。催化裂化流程如图 4-6 所示。

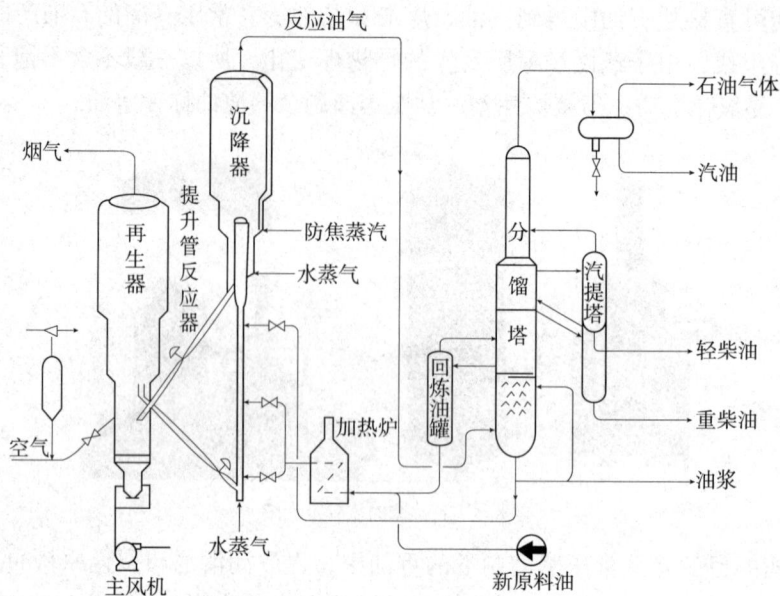

图 4-6　催化裂化流程

4 加氢裂化法

加氢裂化法是在高压、氢气存在下进行，需要催化剂，把重质原料转化成汽油、煤油、柴油和润滑油。加氢裂化由于有氢存在，原料转化的焦炭少，可除去有害的含硫、氮、氧的化合物，操作灵活，可按产品需求调整，产品收率较高，而且质量好。

5 催化重整法

催化裂化是在热裂化工艺上发展起来的，是提高原油加工深度，生产优质汽油、柴油最重要的工艺方法。原料主要是原油蒸馏或其他炼油装置的 350~540℃馏分的重质油，催化裂化工艺由 3 部分组成：原料油催化裂化、催化剂再生、产物分离。催化裂化所得的产物经分馏后可得到气体、汽油、柴油和重质馏分油。有部分油返回反应器继续加工称为回炼油。催化裂化操作条件的改变或原料波动，可使产品组成波动。

6 烷基化法

在催化剂作用下，烷烃与烯烃的化学加成反应称为烷基化。烷基化的主要原料是催化裂化气体中的异丁烷和丁烯，其他如丙烯和戊烯也可作为原料，催化剂是浓硫酸或氢氟酸，我国目前采用的是浓硫酸。

烷基化主要产物是工业异辛烷（轻烷基化油），具有高的抗爆性，可作为汽油的组分使用，国外高级汽油中，烷基化汽油加入量达 28%。重烷基化油可作为轻柴油组分使用。

7 延迟焦化法

延迟焦化法是使减压渣油等原料油快速通过高油炉管。一方面使大分子的烃类裂化反应分解成为小分子烃类，直至成为气体；另一方面缩合成为焦炭，防止了原料在炉管内生焦。其产品主要是轻质燃料、裂化原料油和焦炭等，焦化石油产品含有大量的烯烃，安定性很差，必须进行精制。

❽ 石油产品的精制

原油经蒸馏和各种二次加工得到的燃、润料产品大都是半成品，除含有少量杂质（如硫、氧氮的化合物）外，还含有极不安定的不饱和烃（如二烯烃）。为了保证油品质量，须经精制出去这些不良成分，常用的精制方法如下：

❶ 电化学精制

在高压电场作用下，对油品进行酸洗和碱洗，以除掉产品油中非理想成分。浓硫酸对非烃化合物有溶解作用并可进行磺化反应，也可与烯烃、二烯烃进行酯化和叠合反应，其产物大部分都溶于酸中，产生酸渣，经沉淀与油分离。但油经浓硫酸处理后，呈酸性，故要用碱中和，从而得到腐蚀性小、安定性好的油品。因此电化学精制又称酸碱精制法。

❷ 加氢精制

加氢精制与加氢裂化反应相似，是将油品在一定温度（300~425℃）、压力（为6~15MPa）以及有催化剂和加氢的条件下，除去油中的硫、氮、氧、多环芳香烃和金属杂质等有害组分，并使不饱和烃变为饱和烃，以改善油品质量的一种方法。

❸ 溶剂精制

溶剂精制是利用一些溶剂在一定的条件下，能很好地溶解油品中的胶质、沥青质和带有短侧链的多环烃等不良物质，而对烷烃和带长侧链的环烷烃很少溶解的性能，使油品得到精制。

❹ 白土补充精制

白土精制用作电化学精制及溶解精制的补充，以进一步提高油品的质量。白土是表面积极大的多孔性陶土，能吸附油内的沥青树脂、硫、氮的化合物、无机酸和溶剂等。

白土精制的缺点是：废白土中含有约 5% 的油品，不易提出，所以目前大多数炼油厂已经用加氢补充精制代替。加氢补充精制和加氢精制原理相似，只是处理条件有所不同。

❺ 脱蜡

从煤油到各种润滑油馏分中，一般都含有不同数量的石蜡或地蜡。含蜡的油品凝点高，低温性能差，所以应将油品中的蜡分离出来，即脱蜡。脱蜡方法有溶剂脱蜡、尿素脱蜡、分子筛脱蜡和微生物脱蜡等几种。

❷ 石油产品的分类及应用

石油经过加工提炼，可以得到的产品大致可分为 4 类：

❶ 石油燃料

石油燃料是用量最大的油品。石油燃料占石油产品的 90% 左右，其用量最大，其中又以发动机燃料为主要产品。按其用途和使用范围可以分为如下 5 种：

（1）点燃式发动机燃料：有航空汽油，车用汽油等。

（2）喷气式发动机燃料（喷气燃料）：有航空煤油。

（3）压燃式发动机燃料（柴油机燃料）：有高速、中速、低速柴油。

（4）液化石油气燃料，即液态烃。

（5）锅炉燃料：有炉用燃料油和船舶用燃料油。

② 润滑油和润滑脂

润滑剂仅占石油产品的 5% 左右，但其品种和类别却极其繁多。润滑油和润滑脂被用来减少零件之间的摩擦，保护零件以延长它们的使用寿命并节省动力。

③ 蜡、沥青和石油焦

它们是从生产燃料和润滑油时进一步加工得来的，其产量约为所加工原油的百分之几。

④ 溶剂和石油化工产品

石油化工产品是有机合成工业的重要基本原料和中间体。

阅读空间

大 庆 油 田

大庆油田位于我国东北黑龙江省的松嫩平原上，1959 年 9 月 26 日 16 时许，在松嫩平原上一个叫大同的小镇附近，从一座名为"松基三井"的油井里喷射出的黑色油流改写了中国石油工业的历史：松辽盆地发现了世界级的特大砂岩油田！当时正值国庆 10 周年之际，时任黑龙江省委书记的欧阳钦提议将大同改为大庆，将大庆油田作为一份特殊的厚礼献给成立 10 周年的新中国。1960 年 3 月，大庆油田投入开发建设。1963 年 12 月 4 日，新华社播发《第二届全国人民代表大会第四次会议新闻公报》，首次向世界宣告："我国需要的石油，过去大部分依靠进口，现在已经可以基本

大庆工人的典范——"铁人"王进喜

自给了。"大庆油田的诞生，使中国石油工业从此走进了历史的新纪元。中国石油工业彻底甩掉了"贫油"的帽子，中国人民使用"洋油"的时代一去不复返。

从 1976 年，大庆油田原油年产量首次突破 5000 万吨大关，进入世界特大型油田的行列。1978 年，全国原油年总产量突破 1 亿吨，从此进入世界产油大国行列。值得一提的是，中国从此开始的改革开放，有了立足的"血液"保障。年产 5000 万吨的纪录，大庆人奇迹般地保持了 27 年，创造了世界油田开发史上的奇迹。

小结

1. 石油的化学成分比较复杂，它既不是由单质组成，也不是由单一的化合物组成，而是多种化合物的混合物。

2. 不同的烃类结构，对车用汽油性能的影响不同。因此在炼制油品时，针对不同的产品，采用不同的炼制方法。

3. 石油中所含的非烃类化合物，对车用油品的使用性能有很大的影响，必须在炼制过程中除去。

自 我 检 测

一、填空题

1. 石油中的主要组成元素是_____和_____，_____烃是汽油机燃料的良好组分；_____烃是柴油机燃料的良好组分；_____烃不是燃料的理想组分。

2. 对直溜法加工余下的重质组分进行加工，使其转化为轻质组分，这种加工方法称为_____，该加工方法主要有_____、_____、_____、_____和_____。

3. 柴油精制的目的是_____。

4. 发动机润滑油的良好组分是_____。

二、判断题

1. 油品中含有胶状和沥青质的物质易使发动机燃烧后形成积炭（　　）。

2. 发动机润滑油可用常压蒸馏法获得（　　）。

3. 在常压蒸馏中，200~300℃之间获得的馏分称为汽油产品（　　）。

第二篇　汽车运行材料

105

三、简答题

1. 烃类主要分为哪几种？

2. 非烃化合物主要包括哪几种？

3. 烷烃按其结构如何分类？异辛烷有多种结构形式，怎样命名？

4. 各种烃类对石油产品性质的影响有哪些？

5. 石油产品提炼的基本方法有哪些？

6. 石油产品常用的精制方法有哪些？

7. 何为石油馏分？何为石油产品？它们有什么区别？

8. 采用减压蒸馏的目的何在？

第五章 汽车燃料

一 汽 油

知识目标

1. 了解汽油主要性能指标、牌号以及对环境的影响；
2. 了解无铅汽油的选择原则及使用方法。

能力目标

1. 掌握汽油在汽车上的选用；
2. 培养学生理论联系实际的能力。

汽油是汽油机的主要燃料。汽油是从石油提炼而得到的密度小、易于挥发的液体燃料，密度一般在 $0.71\sim0.75g/cm^3$，自燃点为 $415\sim530℃$。在汽油机工作时，汽油应能在很短的时间内形成良好的可燃混合气，保证汽油机能在各种工作条件下，可靠起动、平稳运转、正常燃烧，充分发挥汽油机的使用性能。因此，了解汽油的性能、评价指标等对正确合理地选用汽油是十分必要的。图 5-1 所示为四缸汽油发动机实物图。

❶ 汽油的使用性能及其评定指标

❶ 汽油的蒸发性及评定指标

❶ 蒸发性
汽油由液态转化为气态的性质，称为汽油的蒸发性。

汽油机在工作过程中，要求燃料供给系必须在 0.02~0.04s 时间内形成均匀的可燃混合气。汽油机在进气行程中，由于活塞的下移运动，在进气歧管中产生较大的真空度，使化油器式发动机的化油器喉管处产生压差，使汽油从主喷管中喷出。喷出的汽油被高速流动的空气击散，即雾化。燃油喷射式发动机，燃油被喷射到进气歧管中的进气门处，雾化的汽油受真空和热而蒸发汽化，并在气门开启时随着空气而进入汽缸并与其混合，在汽缸里形成良好的混合汽。若汽油的蒸发性不好，将有部分汽油以液态进入汽缸，使可燃混合气品质变坏，汽油机功率下降，耗油增加，有害气体排放量增大，磨损加剧。综合考虑以上因素，要求汽油具有适当的蒸发性。

图 5-1　四缸汽油发动机实物图

❷ 评定指标

评定汽油蒸发性的指标是馏程和饱和蒸气压。

（1）馏程：

①馏程：是指在石油产品馏程测定仪（图 5-2）上对 100mL 油品蒸馏时，从初馏点到终馏点的温度范围。汽油的蒸发温度对汽油机的工作有很大影响。

汽油馏程以初馏点、10% 蒸发温度、50% 蒸发温度、90% 蒸发温度、终馏点和残留量来表示。

②初馏点：对 100mL 汽油在规走条件下蒸馏时，得到第一滴汽油时的温度，称为初馏点。

③ 10% 蒸发温度：对 100mL 汽油在规定条件下蒸馏时，得到 10% 汽油馏分的温度，称为 10% 蒸发温度。

10% 蒸发温度表示汽油中含轻质馏分的多少，对汽油机冬季起动的难易和夏季是否发生"气阻"有很大的影响。10% 蒸发温度越低，汽油的蒸发性越好，能够迅速形成可燃混合气，汽油机在低温条件下就容易起动。国家有关标准规定各牌号汽油的 10% 蒸发温度不高于 70℃。但 10% 蒸发温度也不能过低，否则，就会在夏

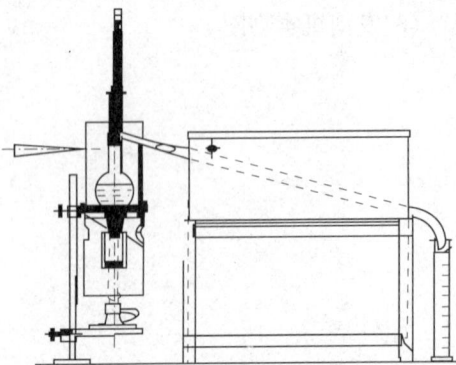

图 5-2　石油产品馏程测定仪

季使汽油机燃料供给系内产生"气阻"的倾向增大，使汽油机功率下降，甚至供油中断。国家标准中未规定汽油 10% 蒸发温度的下限，而是通过饱和蒸气压来控制。一般认为，10% 蒸发温度不宜低于 60℃。

④ 50% 蒸发温度：取 100mL 汽油，在规定条件下蒸馏时，得到 50% 汽油馏分的温度，称为 50% 蒸发温度。

50% 蒸发温度表示汽油的平均蒸发性：其温度低，对汽油机的加速性、工作稳定性及起动后迅速升温（暖车）有利。国家有关标准中规定各牌号汽油 50% 蒸发温度不高于 120℃。

⑤ 90% 蒸发温度：90% 蒸发温度和终馏点表示汽油中含重质成分的多少。其温度越高，汽油的质量越差。因含重质成分过多，汽油在点火爆发前处于未蒸发状态数量多，在沿汽缸壁下流的同时，冲洗掉汽缸壁上的润滑油膜，稀释润滑油导致汽缸、活塞等零件以及其他配合副机械磨损加剧。同时也造成混合气燃烧不完全，尾气排放污染增加，耗油量增加，汽油机工作不稳定。国家有关标准中规定各牌号汽油 90% 蒸发温度不高于 190℃。

⑥ 终馏点：对 100mL 汽油在规定条件下蒸馏时，蒸馏结束时的温度，称为终馏点。终馏点的影响与 90% 蒸发温度一样，国家有关标准中规定各牌号汽油终馏点不高于 205℃。

⑦ 残留量：取 100mL 汽油在规定条件下蒸馏时，所得残留物质的体积分数，称为残留量。残留量表示汽油中最不易蒸发的重质成分和储存过程中生成的氧化胶状物的含量。残留量多，会使燃烧室积炭增加，化油器量孔及喷孔处结胶严重，影响汽油机正常工作。因此残留物应严格限制。残留量的多少用体积分数来表示，国家标准规定车用汽油残留量体积分数应不大于 1.5%。

（2）饱和蒸气压。在一定温度下，与同种物质液态处于平衡状态的蒸气所产生的压强称为饱和蒸气压。

发动机燃料饱和蒸气压的测定，国内外普遍采用雷德法（图 5-3）。发动机燃料与其蒸气的体积比为 1：4 以及在 38℃ 时所测出的汽油蒸气的最大压力，称为雷德饱和蒸气压（图 5-3）。馏程是反映汽油馏分本身的蒸发性，而饱和蒸气压除反映汽油馏分本身的蒸发性外，还考虑到大气压强和环境温度的影响。汽油饱和蒸气压越高，汽油含轻馏分越多，低温下汽油机越容易起动，蒸发性越好。大气压强越低或环境温度越高，汽油饱和蒸气压也随之提高。但饱和蒸气压不能过高，过高则易产生"气阻"，影响汽油机的正常工作，甚至中断供油，同时汽油储存在油罐、油箱中的蒸发损失也要增大。我国规定汽油的饱和蒸气压都是区分不同月份给出的，即从 9 月 1 日至 2 月末和从 3 月 1 日至 8 月末分别限制饱

图 5-3　雷德法饱和蒸气压

和蒸气压。

❷ 抗爆性及其评定指标

❶ 汽油抗爆性

汽油抗爆性是表示汽油在汽油机燃烧室中燃烧时防止爆震燃烧的能力。

汽油机正常的燃烧过程是火花塞跳火，产生高能量的电火花，使其电极间的可燃混合气温度急剧升高并被点燃，形成火焰中心。火焰前锋以 20~30m/s 的速度迅速向燃烧室远离火花塞的各点传播，使混合气绝大部分燃烧完毕，释放出热能。正常燃烧的过程中，汽缸内的压力升高率每度曲轴转角不大于 200kPa，温度上升也很均匀，汽油机工作柔和平稳，动力性能得到充分发挥。爆震燃烧（简称爆燃）则是在正常火焰前锋到达之前，由于火焰前锋的压缩和热辐射作用，温度急剧地升高而自行燃烧着火，形成多个火焰中心，使火焰传播速度高达 1000~2000m/s，燃气压力在燃烧室壁、活塞顶和汽缸壁产生强烈的噪声并伴随金属敲击声，引起发动机振动。图 5-4 所示为发动机的正常燃烧和非正常燃烧过程示意图。

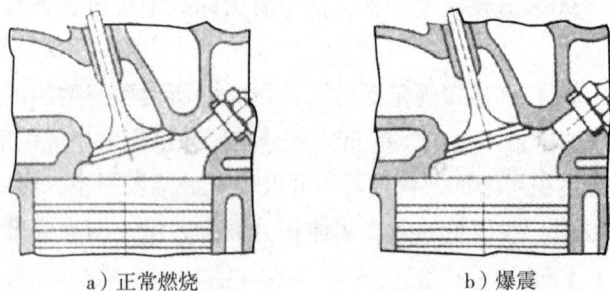

a）正常燃烧　　　　　　　　b）爆震

图 5-4　发动机的正常燃烧和非正常燃烧过程示意图

❷ 评定指标

评定汽油抗爆性的指标是辛烷值和抗爆指数。

辛烷值是表示点燃式发动机燃料抗爆性的一个约定数值。在规定条件下的标准发动机试验中，通过与标准燃料进行比较来测定，采用和被测定燃料具有相同抗爆性的标准燃料中异辛烷的体积分数表示。汽油的抗爆性用辛烷值来表示，汽油辛烷值高，则抗爆性好。

辛烷值测定方法分研究法和马达法两种。辛烷值随试验规范的不同而不同，所以，说明某种汽油辛烷值的同时，应标明规范的种类。

马达法辛烷值是在苛刻试验条件下所测得的辛烷值，缩写成 MON。研究法辛烷值是在缓和条件下测得的辛烷值，缩写成 RON。同一种汽油的马达法辛烷值都比研究法辛烷值低。从使用角度可认为，马达法辛烷值表示汽油机在重负荷、高转速运转条件下汽油的抗爆性。研究法辛烷值则表示汽油机在中负荷、低转速运转条件下汽油的抗爆性。

为反映汽油的灵敏度，我国有的汽油规格标准采用了抗爆指数这一新指标。抗爆指数是汽油研究法辛烷值与马达法辛烷值之和的 1/2。即

$$抗爆指数 = \frac{MON+RON}{2}$$

抗爆指数反映一般运行条件下汽油的平均抗爆性。

❸ 提高车用汽油抗爆性的方法

（1）采用二次加工的炼制工艺，以得到含有更多的高辛烷值烃类组分的车用汽油。如：采用催化裂化、催化重整、烷基化、加氢裂化等方法炼制的汽油中，含有较高比例的异构烷烃和芳香烃，可使辛烷值大幅度地提高，一般可达 75~85 辛烷值（MON）。我国大型炼油厂多采用催化裂化工艺生产车用汽油组分。

（2）加入抗爆添加剂。抗爆剂的种类很多，通常在汽油中添加甲基叔丁基醚（MTBE）和叔丁基醇（TBA）等含氧化合物，用来提高汽油的辛烷值。

自 20 世纪 70 年代以来，世界汽车保有量迅猛增加，汽车排出的废气给人类环境带来的危害越来越大，许多国家相继制定了汽车废气排放控制标准和环境保护法规。为了达到日趋严格的汽车废气排放标准，最有效的方法就是在排气系统中加装催化转换器，使有害的 CO、NO_x 和 HC 在排出前转化为二氧化碳、水、氮和氧。

❸ 汽油的化学安定性和物理安定性及其评定指标

❶ 汽油的化学安定性

汽油的化学安定性是指汽油在储存、运输、加注和其他作业时，抵抗氧化生胶的能力。安定性不好的汽油在使用过程中，受到空气中的氧、环境温度和光等的作用，会发生氧化而缩合生成胶质，使汽油颜色变黄并产生黏稠的沉淀物。这些胶状物黏附在滤清器、汽油管道、化油器的量孔或喷油器的喷口处，不仅会破坏汽油的正常供给，甚至中断供油，还会使化油器量孔或喷油器喷口处的有效截面积变小，造成混合气变稀，调整困难，耗油率增大。如果胶状物积聚在进气门头部下方，会影响气门正常开闭的运动和进气通道的截面积，并且气门处的高温还会使胶质进一步氧化而分解，生成积炭。类似的积炭还可能沉积在活塞顶、活塞环槽、燃烧室壁和火花塞上，使汽缸散热不良，发动机过热，引起爆震，从而加剧磨损。此外随着胶质的增多，会使汽油的辛烷值下降，酸度增加。因此，为了保证汽油机可靠工作，要求车用汽油具有良好的化学安定性。

❷ 汽油的化学安定性评定指标

评定汽油化学安定性的指标是实际胶质和诱导期。

（1）实际胶质。实际胶质是在规定条件下测得的发动机燃料的蒸发残留物，以 mg/100mL 表示。

（2）诱导期。诱导期是在规定条件下，油品处于稳定状态所经历的时间周期，以 mm 表示，即汽油在压力为 0.7MPa 的氧气中和温度为 100℃ 的试验条件下，未被氧化所经过的时间。诱导期是判断汽油氧化生胶变质倾向的指标。

❸汽油的物理安定性

汽油的物理安定性是指汽油在使用过程中（如加注、运输、储存），保持不被蒸发损失的性能。车用汽油要求具有良好的物理安定性。汽油的物理安定性主要取决于汽油中所含低沸点烃类的多少。为了改善汽油机的起动性，希望汽油中含低沸点烃类多些，但这些烃类容易蒸发逸散，导致损耗增加，使汽油的物理安定性变差。

❹汽油的物理安定性评定指标

评定汽油物理安定性的指标是饱和蒸气压和馏程。

❹ 腐蚀性及其评定指标

❶腐蚀性

汽油机的燃料供给系是由许多金属零件组成的，如果汽油中有元素硫、活性或非活性硫化物、水溶性酸或碱时，就会对金属产生直接或间接腐蚀作用。所以对汽油的腐蚀性应有严格的要求，汽油应无腐蚀性。

❷评定指标

评定汽油腐蚀性的指标是硫含量、铜片腐蚀试验、水溶性酸或碱、酸度和博士试验。

（1）水溶性酸或碱。水溶性酸或碱主要是油品中存在的无机酸、低分子有机酸和能溶于水的矿物碱等。

（2）酸度。汽油中有机酸的含量是用酸度的指标来限制的，所谓酸度，是指中和100mL汽油中的有机酸所需氢氧化钾的毫克数，以 mgKOH/100mL 表示。

（3）硫含量。汽油中的硫含量是指存在于油品中的硫及其衍生物（硫化氢、硫醇、二硫化物）的含量，以质量分数表示。

（4）铜片腐蚀试验。铜片腐蚀试验是指在规定条件下测试油品对于铜的腐蚀趋向的试验，它是检查汽油中是否含有游离硫化物和活性硫化物的。

（5）博士试验。在升化硫存在下，用亚硫酸钠与轻质石油产品作用，以检查油中的硫化氢或硫醇的试验，称为博士试验。

❺ 清洁性及其评定指标

❶清洁性

清洁性是指汽油中是否含有机械杂质和水分的性质。炼油厂炼制的成品汽油是不含有机械杂质和水分的，但在运输、灌注、储存和使用过程中，机械杂质（锈、灰尘、各种氧化物等）和水分会混入汽油中。机械杂质会加速化油器量孔和喷油嘴的磨损，或堵塞量孔、喷油嘴和汽油滤清器。机械杂质进入燃烧室，又会使燃烧室积炭增多，引起汽缸、活塞和活塞环的加速磨损。汽油中的水分在低温下易结冰，会堵塞油路，同时还能加速汽油的氧化，加快腐蚀。所以车用汽油中应严格控制机械杂质和水分的混入。

❷评定指标

评定汽油清洁性的指标是机械杂质和水分。

❷ 汽油的牌号和选用

❶ 我国车用无铅汽油的牌号

国家质量监督检验检疫总局于 2006 年 12 月 6 日发布了新的 GB 17930—2006《车用汽油》国家标准,并于 2006 年 12 月 6 日起实施。

车用无铅汽油按研究法辛烷值(RON)划分为 90 号、93 号、95 号、97 号和 98 号 5 个牌号。目前我国市场上常用的有 90 号、93 号、97 号汽油。

❷ 我国车用无铅汽油的选用

(1)按汽车的使用说明书规定选用汽油牌号。一般原则是,压缩比为 7.0~8.0,应选用 90(RON)号汽油或乙醇汽油;压缩比在 8 以上,则应选用 93(RON)~97(RON)号汽油或乙醇汽油。

将低标号的汽油加在高压缩比的发动机上,除了会产生爆震外,还会连锁产生诸如功率下降、油耗上升,发动机内部零件损坏如活塞顶部烧蚀、脱顶等,严重缩短发动机的正常寿命。高标号的汽油加在低压缩比发动机上,除用车成本会增加外,更会产生着火慢、燃烧时间长,而导致功率下降,此外还容易因燃烧气体温度过高而烧坏进排气门的座圈,导致气门关闭不严。

(2)在汽油的供应上,若一时不能满足需要时,可以用牌号相近的汽油或乙醇汽油暂时代用,但必须对汽油机进行适当的调整。用辛烷值较低的汽油代替辛烷值较高的汽油或乙醇汽油时,应适当推迟点火提前角;相反,用辛烷值较高的汽油代替辛烷值较低的汽油或乙醇汽油时,则应适当提前点火。

(3)装有三元催化转换器和氧传感器的汽车尽量选择铅含量低的汽油。

(4)推广使用加入有效的汽油清净剂的无铅汽油。

(5)注意无铅汽油低硫含量、低烯烃含量的发展趋势。

(6)注意汽油质量是影响汽车技术状况和汽车排放的重要因素。

(7)区分季节选择汽油的蒸发性,冬季应选择蒸气压较大的汽油,夏季应选择蒸气压较小的汽油。表 5-1 为国内外汽油车用油标号推荐表(2003 版)。

国内外汽油车用油标号推荐表(2003版)   表5-1

车　　　型	压　缩　比	推荐汽油标号
一汽红旗　明仕　1.8	9.0	93
一汽红旗　世纪星　2.0/2.4	9.5	≥93
一汽马自达　2.3	10.6	93~97
一汽夏利　7101/7131/2000	9.3~9.5	≥93
一汽威姿　1.0/1.3	10.0 / 9.3	≥93

続上表

汽车材料

车　　型	压　缩　比	推荐汽油标号
一汽-大众捷达　普通/CI / CT / AT	8.5~9.0	93
一汽-大众宝来　1.6/1.8/1.8T	9.3~10.3	93~97
一汽-大众高尔夫　1.6/2.0	10.5	93~97
一汽-大众奥迪　A4/A6	10.0/10.5	93~97
上海大众桑塔纳　普通/2000	9.0/9.5	≥93
上海大众帕萨特　1.8/1.8T	10.3/9.3	93~97
上海大众帕萨特　2.0/2.8	10.3/10.1	93~97
上海大众POLO　1.4/1.6	10.4/10.3	93~97
上海大众高尔　1.6	9.5	≥93
上海别克赛欧　1.6	9.4	≥93
上海别克君威　2.0/2.5/3.0	9.5	≥93
东风　蓝鸟2.0/阳光2.0	9.5/9.8	≥93
东风　毕加索1.6/2.0	10.5	93~97
东风　爱丽舍1.6/爱丽舍VTS1.6	9.6/10.5	93~97
东风　塞纳2.0	10.8	93~97
东风　千里马　1.6	9.8	≥93
神龙富康　1.4/1.6	9.3/9.6	93
上海奇瑞　1.6	9.5	≥93
天津丰田　威驰1.3/1.5	9.3/9.8	≥93
北京吉普　2500	8.5	93
现代　索纳塔　2.0/2.7	10.1/10.0	93~97
长安福特　嘉年华　1.3/1.6	10.2/9.5	93~97
菲亚特　西耶那　1.3　16V/1.5	10.6/10.0	≥93
菲亚特　派力奥　1.3　16V/1.5	10.6/10.0	≥93
菲亚特　周末风　1.3　16V/1.5	10.6/10.0	≥93
广州本田　98款雅阁　2.0/2.3/3.0	9.1/8.9/9.4	93
广州本田　03款雅阁　2.0/2.4/3.0	9.8/9.7/10.0	≥93
广州本田　奥德赛　2.3	9.5	≥93
吉利　美日1.3 / 优利欧1.3	9.3	93
长安铃木　奥拓0.8/羚羊1.0/1.3	9.4/9.0/9.0	93

114

车 型	压 缩 比	推荐汽油标号
昌河铃木　北斗星CH6350B	9.3	93
华晨中华　2.0/2.4	9.5/9.5	≥93
哈飞　赛马1.3	9.5	≥93
海南马自达　普利马/323/福美来	9.1/9.3/9.1	≥93
宝马　3、5、7系列	10.8/10.8/10.5	97
大宇　王子2.0/蓝龙1.5	8.8/9.5	93~97
本田　思域1.6/里程3.5	9.4/9.6	93~97
日产　风度2.0/3.0	9.5/10	93~97
丰田　凌志IS200/GS300/LS430	10/10.5/10.5	97
丰田　世纪/皇冠	8.6/10.0	93~97
丰田　花冠1.6/　佳美2.2GL/2.4	10.5/9.8	93~97
奔驰　E280/E320	10.0	97
沃尔沃　S40	9.3	≥93
福特　WINDSTAR　V6/TAURUS V6	9.0/9.3	93~97
林肯　大陆V8/马克 V8	9.0/9.8	93~97

第二篇

汽车运行材料

阅读空间

绿色汽油成另类车用燃料

　　石油提炼出来的汽油，是现今汽车的主要燃料，不过，由于温室气体对环境的威胁越来越大，而石油会有用尽的一天，所以寻找新能源以替代现有的燃料，已成为汽车业界刻不容缓的使命，美国一种由生物（主要是植物）燃料提炼出来的绿色汽油已有条件成为汽油替代品，汽车使用这种绿色汽油后，会大量减低对环境的损害。

　　多种有机原料提炼汽油。来自美国得克萨斯州的生物燃料公司 Terrabon 表示，其开发出来的另类能源，即绿色汽油，声称可以完全与汽油兼容，并且更可以从多种有机原料，包括污泥而提炼成燃料。

　　Terrabon 采用了一套由得州 A&M 大学所采用的名为 MixAlco 新技术，据称提炼出来的这种燃料更可以取代乙醇，在未来十年成为汽油的代替品，原因是采用这种燃料并不需要把汽车和现有的能源设施作任何改动。当油价急升便大派用场。

二 柴 油

柴油(Diesel)又称油渣,是石油提炼后的一种油质的产物。它由不同的碳氢化合物混合组成,它的主要成分是含 9~18 个碳原子的链烷、环烷或芳烃。它的化学和物理特性介于汽油和重油之间,沸点在 170~390℃之间,密度为 0.82~0.845kg/L。柴油分为轻柴油和重柴油,轻柴油用于高速柴油机,重柴油用于中、低速柴油机。

由于柴油机可燃混合气在燃烧室内形成,采取压燃着火方式,可燃混合气的形成与燃烧过程与汽油机不同,所以,对柴油使用性能的要求也不同。显然,柴油的使用性能对于保证柴油机正常工作具有重要意义。在柴油使用性能中较为重要的性能是柴油的燃烧性和低温流动性。图 5-5 所示为柴油机实物图。

图 5-5 柴油机实物图

❶ 轻柴油的使用性能及其评定指标

❶ 低温流动性及其评定指标

❶ 低温流动性

柴油的低温流动性是指柴油在低温条件下具有一定的流动状态的性能。柴油中一部分为石蜡，通常在柴油中呈溶解状态存在。当温度降低时，石蜡开始结晶析出，形成石蜡结晶网络，这种网络延展到全部柴油中，使液体流动阻力增加，甚至失去流动性。柴油的低温流动性不仅关系到柴油机供给系在低温下能否正常供油，而且与柴油在低温下的储存、运输、倒装等作业能否正常进行都有着密切的关系。因此柴油应有较好的低温流动性。

❷ 低温流动性的评定指标

评定柴油低温流动性的指标是凝点、浊点和冷滤点等。我国只采用凝点和冷滤点。柴油的凝点、浊点或冷滤点越低，其低温流动性越好。

（1）凝点。柴油的凝点是指在一定的试验条件下，冷却到液面不流动时的最高温度。我国柴油的牌号就是按凝点来划分的。

（2）浊点。柴油中开始析出石蜡晶体使柴油失去透明时的最高温度称为柴油的浊点。柴油达到浊点后虽未失去流动性，但是，在燃料供给系中容易造成油路堵塞，使供油量减少以致逐步中断供油。显然，浊点不是柴油使用的最低温度。

（3）冷滤点。柴油的冷滤点是指在测定条件下，以 1.96kPa 压力进行抽吸试油，1min 通过缝隙宽度 45μm 金属滤网的柴油体积少于 20mL 的最高温度。由于冷滤点测定的条件近似于使用条件，所以冷滤点与柴油的实际使用最低温度有良好的对应关系，可作为根据气温选用柴油牌号的依据。

❷ 雾化和蒸发性及评定指标

❶ 雾化和蒸发性

柴油机为了保证动力性和经济性，可燃混合气燃烧过程必须在活塞位于压缩行程上止点附近迅速完成。要求喷油持续时间极为短促，只有 15°~30° 的曲轴转角，可燃混合气形成时间只有汽油机的 1/30~1/20，在已定的燃烧室和喷油设备条件下，柴油的雾化和蒸发性决定了混合气形成的质量和速度。因此，要求柴油有较强的雾化和蒸发性。

❷ 评定指标

评定柴油雾化和蒸发性的主要指标是运动黏度、馏程、闪点和密度。

（1）运动黏度。当液体受外力作用时，液体分子间发生相对运动所呈现的内部摩擦力，称为黏性，对黏性的度量称为黏度。运动黏度表示液体在重力作用下流动时内摩擦力的量度。

运动黏度不仅影响着柴油的流动性，更主要的是影响着柴油的雾化质量。现代高速柴油机，柴油通过喷油器的高压喷射，使喷入燃烧室的柴油被粉碎成数以百万计的细小雾滴，雾滴的平均直径越小，说明柴油被雾化得越好。

（2）馏程。柴油馏程采用50%蒸发温度、90%蒸发温度和95%蒸发温度。

50%蒸发温度越低，说明柴油轻质馏分多，蒸发速度越快，柴油机就越易起动。柴油50%蒸发温度同起动时间的关系见表5-2。

柴油50%蒸发温度同起动时间的关系   表5-2

柴油50%蒸发温度/℃	200	225	250	275	285
柴油机的起动时间/s	8	10	27	60	90

90%蒸发温度和95%蒸发温度越低，说明柴油中重质馏分越少，混合气燃烧越完全，不仅有利于提高柴油机的动力性，减少机械磨损，而且可以避免柴油机过热，降低燃油消耗。

（3）闪点。闪点是石油产品在规定条件下加热，其蒸气与周围空气形成的混合气接触火焰发生瞬间闪火时的最低温度。

闪点根据测定仪器的不同有开口闪点和闭口闪点两种。用规定的闭口杯闪点测定器所测得的闪点，称为闭口闪点。闭口闪点用于低闪点的油品，如柴油。用规定的开口杯闪点测定器所测得的闪点，称为开口闪点。开口闪点用于高闪点的油品，如发动机油、车辆齿轮油等。

闪点不仅是表示柴油蒸发性的指标，也是表示柴油使用安全性的指标。闪点低说明柴油中轻质馏分多，蒸发性好，但不能过低，以防止轻馏分过多，蒸发过快，造成汽缸压力突然上升，引起柴油机工作粗暴，并且在使用中也不安全。

（4）密度。柴油的密度与柴油的实用性能有较大的关系。柴油的密度过大，将使其雾化的质量变差，从而使汽缸中的混合气形成不均匀，难以形成良好的混合气，导致燃烧条件差，排气冒黑烟。同时，柴油的密度增大意味着芳香烃含量较多，将导致柴油机在工作中产生粗暴现象。

3 燃烧性及其评定指标

❶ 燃烧性

柴油的燃烧性是指其自燃能力。燃烧性良好的柴油，其自燃点低，在着火延迟期内，燃烧室的局部易于形成高密度的过氧化物，成为着火中心，故着火延迟期短，整个燃烧过程发热均匀，汽缸压力升高平缓，最高压力也较低。

若柴油燃烧性能较差，其着火延迟期会变长，则此期间内喷入汽缸的柴油积存量过多，以致造成速燃阶段有过量的柴油同时燃烧，使汽缸压力急剧升高，造成发动机运转不平稳，并产生强烈的震击声。

柴油机对柴油的要求是具有较好的燃烧性能。

❷ 评定指标

十六烷值是表示压燃式发动机燃料燃烧性的一个约定数值。它是在规定条件下的标准发动机试验（图5-6）中，通过和标准燃料进行比较来测定的，采用和被测定燃料具有相同燃烧性能的标准燃料的十六烷值表示。

4 腐蚀性及其评定指标

❶ 腐蚀性

柴油中若含有硫和硫化物、水分及酸性物质即对零件产生腐蚀作用，而且促进柴油机沉积物的生成。所以要求柴油应具有无腐蚀性。

❷ 腐蚀性的评定指标

评定柴油的腐蚀性指标是硫含量、硫醇硫含量、酸度和铜片腐蚀试验等。

（1）硫含量。柴油中的硫含量较汽油中的硫含量高，我国柴油的品级主要是根据硫含量划分的。

图 5-6　柴油十六烷值测定机

硫含量不仅会增加柴油机零件的磨损，还会使柴油的沉积物增加，加速发动机油的劣化变质。当使用硫含量高的柴油时，发动机油的性能级别要相应提高一级。

（2）硫醇硫含量。硫醇硫含量用其在柴油中所占的质量百分数表示。硫醇硫含量高会增加柴油机零件的磨损，特别是供给系零件的磨损，并对人造橡胶构件有不良影响。

5 安定性及其评定指标

❶ 安定性

安定性是指柴油的储存安定性和热安定性。

柴油的储存安定性是指柴油在储存、运输过程中保持其外观颜色、组成和性能不变的能力。安定性差的柴油最明显的表现是颜色变深和生成胶质。使用颜色变深的柴油，易导致滤清器堵塞，喷油器喷孔被黏结堵死，活塞组零件表面上形成积炭和漆状沉积物，影响柴油机的正常工作。

柴油的热安定性是指在高温及溶解氧的作用下，柴油发生变质的倾向。

❷ 评定指标

评定柴油安定性的指标是碘值、色度、氧化安定性、实际胶质和 10% 蒸余物残炭。

6 清洁性及其评定指标

❶ 清洁性

柴油机燃料供给系中的精密偶件需要柴油润滑，若柴油中混入坚硬的杂质，就会堵塞油路并使柴油机零件产生磨损。同样，水分的存在能增加硫化物对金属零件的腐蚀作用。

❷ 评定指标

评定柴油清洁性的指标是水分、灰分和机械杂质。

（1）灰分。不能燃烧的机械杂质和溶于燃料中的有机酸、无机酸和盐类经过煅烧后所剩余的物质，称为灰分。这些物质沉积在燃烧室中能起磨料作用，会加快汽缸壁与活塞环的磨损。所以国家有关标准对商品柴油规定灰分不大于 0.01%。

（2）水分和机械杂质。柴油中含有水分过多时，不仅在冬季会冻冰引起供油系统堵塞，还会加强有机酸对金属的腐蚀，所以应当严格控制。

柴油中含有机械杂质，除引起供油系统堵塞外，还将加剧喷油泵的柱塞和柱塞套、喷油器针阀与针阀座等精密偶件的磨损，甚至造成喷油泵柱塞和喷油器的针阀卡死。因此，柴油中绝不允许存在机械杂质。水分和机械杂质的测定标准与汽油相同。

❷ 柴油的牌号与选用

❶ 柴油的牌号

我国目前的柴油规格根据 GB 252—2000《轻柴油》规定，质量水平只有一个档次，不分等级，按凝点分为 10、5、0、–10、–20、–35 和 –50 等 7 个牌号。

❷ 柴油的选用

柴油牌号的选择；应保证其使用的最低气温高于柴油冷滤点为原则。为了安全起见，GB 252—2000 规定了各地区风险率为 10% 的最低气温（表 5-3）。它是由我国 152 个气象台、站，从 1961~1980 年逐日自最高（低）气温记录分析得出。某月风险率为 10% 的最低气温值，表示该月中最低气温低于该值的概率为 0.1，或者说该月中最低气温高于该值的概率为 0.9。

风险率为10%的最低气温（℃）表　　　　　　　　　　表5-3

	一月	二月	三月	四月	五月	六月	七月	八月	九月	十月	十一月	十二月
河北省	–14	–13	–5	1	8	14	19	17	9	1	–6	–12
山西省	–17	–16	–8	–1	5	11	15	13	6	–2	–9	–16
内蒙古自治区	–43	–42	–35	–21	–7	–1	4	1	–8	–19	–32	–41
黑龙江省	–44	–42	–35	–20	–6	1	7	4	–2	–20	–35	–43
吉林省	–29	–27	–17	–6	1	8	14	12	2	–6	–17	–26
辽宁省	–23	–21	–12	–1	6	12	18	15	6	–2	–12	–20
山东省	–12	–12	–5	2	8	14	19	18	11	4	–4	–10
江苏省	–10	–9	–3	3	11	15	20	20	12	5	–2	–8
安徽省	–7	–7	–1	5	12	18	20	20	14	7	0	–6
浙江省	–4	–3	1	6	12	17	22	21	15	8	2	–3
江西省	–2	–2	3	9	15	20	23	23	18	12	4	0

	一月	二月	三月	四月	五月	六月	七月	八月	九月	十月	十一月	十二月
福建省	-4	-2	3	8	14	18	21	20	15	8	1	-3
台湾省[1]	3	0	2	8	10	16	19	19	13	10	1	2
广东省	1	2	7	12	18	21	23	23	20	13	7	2
海南省	9	10	15	19	22	24	24	23	23	19	15	12
广西壮族自治区	3	3	8	12	18	21	23	23	19	15	9	4
湖南省	-2	-2	3	9	14	18	22	21	16	10	4	-1
湖北省	-6	-4	0	8	12	17	21	20	14	8	1	-4
河南省	-10	-9	-2	4	10	15	20	18	11	4	-3	-8
四川省	-21	-17	-11	-7	-2	1	2	1	0	-7	14	-19
贵州省	-6	-6	-1	3	7	9	12	11	8	4	-1	-4
云南省	-9	-8	-6	-3	1	5	7	7	5	-1	-5	-8
西藏自治区	-29	-25	-21	-15	-9	-3	-1	0	-6	-14	-22	-29
新疆维吾尔自治区	-40	-38	-28	-12	-5	-2	0	-2	-6	-14	-25	-34
青海省	-33	-30	-25	-18	-10	-6	-3	-4	-6	-16	-28	-33
甘肃省	-23	-23	-16	-9	-1	3	5	5	0	-8	-16	-22
陕西省	-17	-15	-6	-1	5	10	15	12	6	-1	-9	-15
宁夏回族自治区	-21	-20	-10	-4	2	6	9	8	3	-4	-12	-19

1）台湾省所列的温度是绝对最低气温，即风险率为0%的最低气温。

各牌号柴油一般可按照下列情况选用：

（1）10 号车用柴油：适合于有预热设备的柴油机；

（2）5 号车用柴油：适合于风险率为 10% 的最低气温 8℃以上的地区使用；

（3）0 号车用柴油：适合于风险率为 10% 的最低气温 4℃以上的地区使用；

（4）-10 号车用柴油：适合于风险率为 10% 的最低气温 -5℃以上的地区使用；

（5）-20 号车用柴油：适合于风险率为 10% 的最低气温 -14℃以上的地区使用；

（6）-35 号车用柴油：适合于风险率为 10% 的最低气温 -29℃以上的地区使用；

（7）-50 号车用柴油：适合于风险率为的最低气温 -44℃以上的地区使用。

❸ 柴油使用注意事项

❶ 柴油加入油箱前，一定要充分沉淀（不少于 48h）、过滤，除去杂质，做好柴油的净化工作，可保证柴油机燃料供给系统的精密偶合零件不出故障并延长使用寿命。

❷ 同一质量级别、不同牌号的柴油可以掺兑使用，以降低高凝点柴油的凝点，以充

分利用资源。例如：某地区的最低气温为 0℃，不能使用 0 号的轻柴油，但是用 –10 号的又浪费，此时可以把 0 号的和 –10 号的轻柴油掺兑使用。

阅读空间

柴油机的发明者——鲁道夫·迪塞尔

1858 年，鲁道夫·迪塞尔出生在欧洲唯一的百万人口的城市巴黎。当时的巴黎，在工学·科学方面都享有最高水平的技术。在他 12 岁以前，经常接触最先进的技术。之后，在短时间内他移居到伦敦，从蒸汽机上感触许多。他不久就对机器产生了兴趣，决定去工业学校学习。发明柴油发动机和他成长的环境分不开。

一、和改变人生的恩师邂逅，发明新发动机

改变鲁道夫·迪塞尔人生的是和慕尼黑的工科大学的教授的相遇。这位教授叫卡尔·林德。从使用近代冷冻技术开始，在学习了当时各种最先端技术后的他，决定开发具有良好热效率的动力机。大学毕业后，在恩师林德的冷冻机公司工作。结婚后有了 3 个孩子的他，一边开发冷冻机，一边进行不同于柴油发动机和汽油发动机的高效率发动机的研究。这是他已经开始考虑当时独有的发动机。

二、研究成果何时能达到，确立柴油发动机的基本原理

在数次失败后，1892 年，鲁道夫·迪塞尔先生发表了名为"今天大家知道的蒸汽发动机和取代内燃发动机的合理的热发动机的理论和设计"的论文，第二年就取得了专利。长年的研究终于有了成果。在该论文中，叙述了两个柴油发动机的基本原理。一个是燃料和空气分别送入燃烧室，在产生混合气的同时燃烧，这是"不均一混合"的原则。另外一个是爆发时不使用火花塞"自然点火（压缩点火）"的原则。他到处传播该革新的理念。为了实现柴油发动机，最终获得了赞助。

三、从柴油发动机的完成到实际使用的漫长历程

在鲁道夫·迪塞尔先生着手研究柴油发动机的实用性时，很快在这一年试作了第 1 号发动机。但是，由于无法用自力运转，最终失败了。在三番几次的改良之后，只要用一点点力就可以自行运转了。但是，构造复杂无法推向市场。真正实现实用化的是第 3 号发动机。侧阀型 4 缸，通过压缩空气将燃料吹入燃烧室，然后采用压缩点火的方式。起初重量重，占地方，所以用作陆地上安装用的发动机，被用在了火柴工场。在此之后，受到全世界关注的柴油机和许多公司签订了合同。之后，柴油机摆脱了耐久性差、重量大等的各种问题，从船舶到铁路，而且发展到了汽车的发动机。

三 其他车用燃料与替代能源

汽油和柴油是汽车的基本能源，由于石油能源日趋紧张，开发其他汽车燃料及替代能源、完成汽车能源的顺利过渡，是汽车工业发展的一个重要课题。

汽车具有体积小、质量轻、机动性好和数量大等特点，作为汽车能源，应当具备如下条件：

（1）储量丰富或原料丰富。这是最根本的一条，因为世界上汽车的数量已高达 6 亿多辆，每天都要烧掉大量的能源。

（2）能量密度高，亦即单位质量或单位体积的低热值高。能量密度高是汽车有足够续驶里程的基本特征。

（3）污染小。为了保持人类良好的生存环境，净化质量已经越来越成为最基本的条件之一。

（4）价格低廉。这是能否推广的重要条件之一。

（5）良好的运输性。运输性指燃料储运的方便性与安全性。流动性主要影响供油是否方便。

有可能成为汽油机、柴油机代用燃料的有甲醇、乙醇、天然气、液化石油气、氢气、电能等。

❶ 天然气

天然气简写为 NG（Natural Gas），它是地表下岩石中自然存在的以轻质碳氢化合物为主体的气体混合物的统称，主要成分是甲烷（CH_4），占 85%~95%。天然气按其来源有气、油田伴生气和煤成气等。

① 优点

（1）天然气资源丰富，在今后相当长的时间内有充足保障。
（2）污染很小。
（3）天然气辛烷值高。
（4）天然气价格低廉。
（5）技术成熟。

② 缺点

（1）天然气属非再生能源，不能作为根本性的替代能源。
（2）天然气储运不便。
（3）新建加气站网络要求投资强度大。
（4）气态天然气的能量密度较小。
（5）动力性有所下降。
（6）单独以天然气为燃料时，需要设计专门的发动机。

③ 现状与前景

目前，天然气汽车已在许多国家获得广泛使用和大力推广，至 1997 年底，据世界 42 个国家的统计，已有 133.74 万辆天然气汽车，加气站 3378 座；到 2006 年底，据我国北京、上海等 12 个城市的统计，我国也已有压缩天然气汽车 5747 辆，加气站 56 座。天然气汽车在 21 世纪将成为汽车的重要品种。

我国汽车用压缩天然气标准是 GB 18047—2000《车用压缩天然气》。

❷ 液化石油气

液化石油气简写为 LPG（Liquefied Petroleum Gas），是以丙烷（C_3H_8）和丁烷（C_4H_{10}）为主体的碳氢化合物的混合物，是石油加工的副产品。

① 优点

（1）污染小。
（2）储运较方便。
（3）技术成熟。
（4）液化石油气辛烷值较高。

② 缺点

（1）液化石油气属非再生能源且资源没有天然气丰富。
（2）动力性有所下降。

（3）单独以天然气为燃料时，最好设计专门的发动机。

🌀 现状与前景

截至 2006 年底，我国已有液化石油气汽车 4.16 万辆，加气站 91 座，液化石油气汽车是 21 世纪汽车的主流产品之一。

我国汽车用液化石油气行业标准是 SY 7548—1998《车用液化石油气》。

🔳 醇类

至 1997 年底，已有 40 多个国家和地区利用甲醇或乙醇作为汽车燃料，尤其在盛产甘蔗的巴西，大部分汽车燃用纯乙醇或掺烧约 20% 的乙醇。

甲醇可以利用天然气、煤、石脑油、重质燃料、木材和垃圾等来提炼。

乙醇的原料主要是含糖作物（如甘蔗、甜菜等）、含淀粉作物（土豆、玉米等以及含纤维素原料），这些原料属于可再生能源，但是炼制 1t 乙醇消耗 4t 甘蔗或 4t 粮食。

🔵 优点

（1）来源有长期保障。
（2）储运方便。
（3）甲醇（乙醇）的辛烷值较高。

🔵 缺点

（1）甲醇的毒性较大，且对金属及橡胶件有腐蚀性。
（2）污染较大，与汽油相当。
（3）成本较高。

🌀 现状与前景

目前，世界上有一定数量的汽车采用甲醇（乙醇）与汽油的混合燃料，甲醇汽油由于环境效果不理想，发展缓慢；乙醇汽油环保效果较好，但是成本较高，其原料是农作物，农作物的生长占用土地资源。可以作为能源的一种补充，在某些国家和地区可能保持较大的比例。

🔳 车用其他替代能源

🔵 电能

电能是二次能源，它可以来源于任何一种其他能源。以电能为动力的汽车就是电动汽车。电动汽车有蓄电池式、氢燃料电池式和混合动力电动汽车等多种形式。

❶ 蓄电池式

蓄电池是电池中的一种，它的作用是能把有限的电能储存起来，在合适的地方使用。它的工作原理就是把化学能转化为电能。

现代汽车蓄电池主要是铅酸类型蓄电池（图5-7），蓄电池的原理是通过将化学能和直流电能相互转化，在放电后经充电后能复原，从而达到重复使用效果。

（1）优点：

①电能来源方式多。

②直接污染及噪声小。

③结构简单，维修方便。

（2）缺点：

①蓄电池能量密度小，汽车的续驶里程短，动力性较差。

②蓄电池质量大，寿命短，价格高。

③蓄电池充电时间长。

④蓄电池制造和处理过程中存在污染。

图5-7 铅酸蓄电池

（3）现状与前景。由于铅酸类型蓄电池存在上述诸多缺点，因此不能满足汽车使用的需要，开发新的电池技术成为未来电动汽车的必需条件。现代电动汽车的蓄电池还有镍氢蓄电池和锂蓄电池，但在普及上还存在成本高的问题需要解决。电动汽车从总体看仍处于试验研究阶段，要完全解决技术上的难题并降低成本，还需要一定的时间，但有希望成为未来汽车燃料的主体。

❷ 氢燃料电池式

氢燃料电池是以含氢较高的物质作为电池的原材料，经过化学反应制备出氢气，将氢气直接作为汽车的燃料。其基本原理是电解水的逆反应，把氢和氧分别供给阴极和阳极，氢通过阴极向外扩散和电解质发生反应后，放出电子通过外部的负载到达阳极。

（1）优点：

①不产生有害气体。

②氢的热值高。

③氢的辛烷值高。

（2）缺点：

①氢气生产成本高。

②气态氢能量密度小且储运不便，液态氢技术难度大，成本高。

③需要开发专用发动机。

❸ 氢燃料电池车的工作原理

氢燃料电池车的工作原理是：将氢气送到燃料电池的阳极板（负极），经过催化剂（铂）的作用，氢原子中的一个电子被分离出来，失去电子的氢离子（质子）穿过质子交换膜，到达燃料电池阴极板（正极），而电子是不能通过质子交换膜的，这个电子，只能经外部电路，到达燃料电池阴极板，从而在外电路中产生电流。电子到达阴极板后，与氧原子和氢离子重新结合为水。由于供应给阴极板的氧，可以从空气中获得，因此只要不断地给阳极板供应氢，给阴极板供应空气，并及时把水（蒸汽）带走，就可以不断地提供电能。燃料电池发出的电，经逆变器、控制器等装置，给电动机供电，再经传动系统、驱动桥等带动车轮转动，就可使车辆在路上行驶。与传统汽车相比，燃料电池车能量转化效率高达 60%~80%，为内燃机的 2~3 倍。燃料电池的燃料是氢和氧，生成物是清洁的水，它本身工作不产生一氧化碳和二氧化碳，也没有硫和微粒排出。因此，氢燃料电池汽车是真正意义上的零排放、零污染的车，氢燃料是完美的汽车能源！氢燃料电池车工作原理如图 5-8 所示。

氢燃料电池车的优势毋庸置疑，劣势也是显而易见。随着科技的进步，曾经困扰氢燃料电池发展的诸如安全性、氢燃料的储存技术等问题已经逐步攻克并不断完善，然而成本问题依然是阻碍氢燃料电池车发展的最大瓶颈。目前氢燃料电池的成本是普通汽油机的 100 倍，这个价格是市场所难以承受的。

氢燃料汽车仍处于研究试制阶段，它有希望成为未来汽车的重要组成部分，但目前由于成本等因素，尚未成熟应用。

❹ 混合动力汽车

混合动力汽车是指汽车使用汽油驱动和电力驱动两种驱动方式。

混合动力汽车的关键是混合动力系统，它

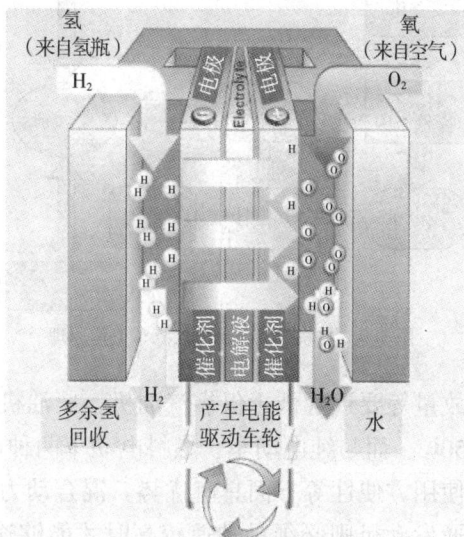

图 5-8 工作示意图

的性能直接关系到混合动力汽车整车性能。经过十多年的发展，混合动力系统总成已从原来发动机与电动机离散结构向发动机、电动机和变速器一体化结构发展，即集成化混合动力总成系统。

混合动力总成按动力传输路线分类，可分为串联式、并联式和混联式等三种。

串联式动力总成由发动机、发电机和电动机三部分动力总成组成，它们之间用串联的方式组成 SHEV 的动力单元系统，发动机驱动发电机发电，电能通过控制器输送到电池或电动机，由电动机通过变速机构驱动汽车。小负荷时由电池驱动电动机，电动机驱动车轮，大负荷时由发动机带动发电机发电驱动电动机。当车辆处于起动、加速、爬坡工况时，发动机、电动机组和电池组共同向电动机提供电能；当电动车处于低速、滑行、怠速的工况时，则由电池组驱动电动机，当电池组缺电时则由发动机、发电机组向电池组充电。

串联式结构适用于城市内频繁起步和低速运行工况的车辆，可以将发动机调整在最佳工况点附近稳定运转，通过调整电池和电动机的输出来达到调整车速的目的，使发动机避免了怠速和低速运转的工况，从而提高了发动机的效率，减少了有害气体排放。它的缺点是能量几经转换，机械效率较低。

并联式动力总成以发动机和电动机共同驱动汽车，发动机与电动机分属两套系统，可以分别独立地向汽车传动系提供转矩，在不同的路面上既可以共同驱动又可

127

以单独驱动。当汽车加速爬坡时，电动机和发动机能够同时向传动机构提供动力，一旦汽车车速达到巡航速度，汽车将仅仅依靠发动机维持该速度。电动机既可以作电动机又可以作发电机使用，又称电动－发电机组。由于没有单独的发电机，发动机可以直接通过传动机构驱动车轮，这种装置更接近传统的汽车驱动系统，机械效率损耗与普通汽车差不多，得到比较广泛的应用。并联式混合动力式汽车工作原理如图 5-9 所示。

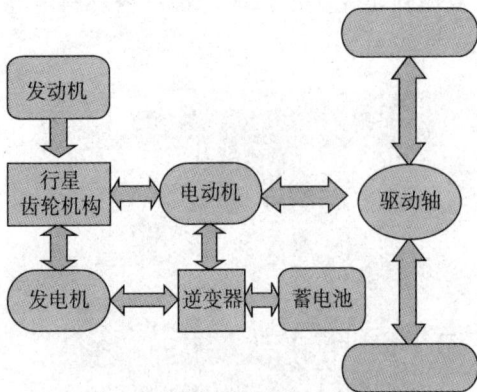

图 5-9　并联式混合动力式汽车工作原理

混联式装置包含了串联式和并联式的特点。动力系统包括发动机、发电机和电动机，根据助力装置不同，它又分为以发动机为主和以电动机为主两种。以发动机为主的形式中，发动机作为主动力源，电动机为辅助动力源；以电动为主的形式中，发动机作为辅助动力源，电动机为主动力源。该结构的优点是控制方便，缺点是结构比较复杂。

（1）优点：

①混合动力的技术特点使得混合动力车在遇到交通拥挤时的燃油消耗量、有害气体排放量等要远远低于仅靠汽油机、柴油机驱动的汽车，其排放量下降约 80%，可节省燃料50%。而与纯电动车、燃料电动车两种电动车相比，混合动力车在动力性能、续行里程、使用方便性等方面具有优势。混合动力车的电动机在低速时就可以提供较大转矩，而普通发动机则必须是转速较高时才能够输出较大转矩，在转速低时输出转矩较小。显然，混合动力汽车具有优良的转矩特性，其起步、加速性能明显优于普通汽车，特别适合用于城市公共汽车或在城市使用的其他车辆。

②与其他环保型电动汽车相比，混合动力车的优越性除了实现难度较低外，还体现在它依然以传统的汽油或柴油为燃料，而不需要额外建立新的能源补充基础设施（如加气站、充电站等），因而混合动力车最具有商业价值和大批量生产的可能。

（2）缺点：

①从制造成本上看，混合动力汽车必然要有发动机和电动机两套动力，无论如何成本和车价也要高于传统单一动力汽车的水平。

②汽车并不是只在大城市的拥堵道路上行驶，当在公路上行驶时，电动汽车就失去了由于频繁制动而回馈的能源，此时，电动机反而成为汽车的重量负担。

（3）现状与前景。混合动力汽车在发达国家已经日益成熟，有些国家已经进入实用阶段。由于构造复杂，成本较高，在电动汽车时代到来之前，混合动力汽车作为一种过渡产品，在近十年内会有很好的发展前景。

❷ 太阳能

金焰四射的太阳，其表面是一片烈焰翻腾的火海，温度为 6000℃左右。在太阳内部，温度高达 2000 万℃以上。所以，太阳能一刻不停地发出大量的光和热，为人类送来光明和温暖，它也成了取之不尽、用之不竭的能源聚宝盆。

将太阳光变成电能，是利用太阳能的一条重要途径。人们早在 20 世纪 50 年代就制成了第一个光电池。将光电池装在汽车上，用它将太阳光不断地变成电能，使汽车开动起来，这种汽车就是新兴起的太阳能汽车。相比传统热机驱动的汽车，太阳能汽车是真正的零排放。正因为其环保的特点，太阳能汽车被诸多国家所提倡，太阳能汽车产业的发展也日益蓬勃。由于当前太阳能电池还存在转换效率不高，成本高，提供的电力不能满足需要等因素，所以还缺少使用性。太阳能汽车如图 5-10 所示。

图 5-10　太阳能汽车

阅读空间

21 世纪的超清洁燃料

汽车的替代燃料是指特性和成分接近现有汽车燃料的非石油提炼的液态碳氢化合物、醇类燃料（甲醇及乙醇）、醚类燃料（首推二甲醚）、气态碳氢化合物、氢气、氮氢化合物等。正因为天然气有上述如此众多的优点，它才受到了许多国家的青睐，被视为近期最有发展前途的清洁燃料之一，在拓宽未来汽车燃料的来源、防止传统液态石油燃料的不足方面最有希望。

据国际天然气联合会调查，全球包括美国、意大利、加拿大等国在内的 30 多个国家正在实施以天然气等代替石油产品的发展策略。

我国大力发展天然气汽车不仅可以缓解能源和环保压力，而且还可以促进我国汽车工业超越式的发展，具有重要的现实意义，实行燃料多元化，减少我国能源对中东的依赖，推广天然气汽车势在必行。

DME 是 21 世纪的超清洁燃料。

目前二甲醚（DME）主要用作溶剂、制冷剂、抛射剂和合成其他化工产品的中间体。二甲醚作为化工原料没有多大发展前途，但作为车用代用燃料，却有天然气、甲醇、乙醇、氢气不可比拟的综合优势。国内外大量研究结果表明，二甲醚液化后可直接替代柴油用作汽车燃料，其燃烧效果比甲醇燃料好，除具有甲醇燃料所具有的优点外，还克服了其低温起动性能和加速性能差的缺点。研究表明，大规模生产二甲醚的成本不会高于柴油，成本和污染都低于丙烷和压缩天然气等低污染替代燃料。因此，二甲醚作为汽车燃料发展前景极其诱人。

汽车替代燃料与电能使用条件

动　力	燃　　　料							
	汽油	轻柴油	甲醇	DME	LPG	天然气	氢	电力
点燃发动机	○	—	○	—	○	○	○	—

续上表

动　力	燃　　　料							
	汽油	轻柴油	甲醇	DME	LPG	天然气	氢	电力
压燃发动机	—	○	—	○	—	—	—	—
混合动力	○	○	○	○	○	○	○	○
燃料电池	○	○	○	○	○	○	○	○
电动汽车	—	—	—	—	—	—	—	○

○：可能；—：不可能

注：对于点燃式发动机来说，主要的代用燃料是甲醇、LPG、天然气（CNG、LNG）、氢。对于压燃式发动机主要是二甲醚。

小结

1. 汽油的使用性能好坏直接影响到汽油发动机的工作，尤其是现代电喷发动机的工作，因此要求汽油具有良好的蒸发性、抗爆性、安定性、腐蚀性和清洁性。

2. 我国执行了新的汽车排放标准，实现了汽油无铅化，按新的国家标准，无铅汽油按研究法辛烷值划分为 90 号、93 号、95 号、97 号和 98 号 5 个牌号。

3. 汽油选用的原则是以不发生爆震为前提进行选择适当牌号的汽油。

4. 柴油的使用性能指标有：燃烧性、雾化蒸发性、低温流动性、安定性和腐蚀性等。

5. 车用柴油按柴油的凝点将柴油分为 10 号、5 号、0 号、–5 号、–10 号和 –20 号 6 个牌号。

6. 柴油牌号的选择主要是根据当地当月最低气温进行选择。为保证在最低气温下柴油机能正常工作，凝点应比环境气温低 5℃以上。

自 我 检 测

一、填空题

1. 我国按 ＿＿＿＿＿划分无铅汽油牌号，共有 ＿＿＿＿＿、＿＿＿＿＿、＿＿＿＿＿三个牌号。

2. 汽油抗爆性的评定指标＿＿＿＿＿。

3. 汽油的使用性能包括：＿＿＿＿＿、＿＿＿＿＿、＿＿＿＿＿、＿＿＿＿＿、＿＿＿＿＿。

4. 轻柴油的牌号按凝点分为＿＿＿＿＿、＿＿＿＿＿、＿＿＿＿＿、＿＿＿＿＿、＿＿＿＿＿、＿＿＿＿＿。

5. 我国柴油的牌号用凝点标定，欧洲国家用＿＿＿＿＿标定。

二、选择题

1. 引起汽油发动机三元催化转换器中毒的是因为汽油中含有（　　）。

    A. 氧　　　　　　　B. 铅　　　　　　　C. 水　　　　　　　D. 碳

2. 评定柴油燃烧性指标是（　　）。

    A. 十六烷值　　　B. 辛烷值　　　　C. 馏程

3. 造成柴油机工作粗暴的原因是柴油的（　　）。

    A. 凝点过低　　　B. 黏度过大　　　C. 闪点过低　　　D. 十六烷值高

三、简答题

1. 汽油的使用性能有哪些？各种性能的评定指标是什么？

2. 我国现行的车用无铅汽油标准是如何划分牌号的？

3. 什么是乙醇汽油？

4. 如何选择车用汽油？

5. 如何合理地选用车用柴油？

6. 对轻柴油主要要求哪些使用性能？

7. 轻柴油低温流动性的评定指标有哪些？

8. 轻柴油清洁性的评定指标有哪些？

9. 我国现行的轻柴油标准对其牌号划分的依据是什么？分为哪些牌号？

10. 汽车燃料应具备哪些条件？

11. 现代汽车的代用燃料有哪些？

12. 蓄电池式汽车的优缺点是什么？

13. 混合动力汽车的特点是什么？

14. 汽车的代用燃料主要有哪些？

第六章 汽车润滑材料

汽车润滑材料包括发动机润滑油、齿轮润滑油、零件润滑脂等。润滑材料合理使用的意义——减少摩擦阻力，减少零件磨损、延长使用寿命，减少维修工作量，达到提高汽车利用率的目的。

汽车润滑材料的使用原则：

（1）符合原厂说明书的技术要求。

（2）运输存放必须遵守有关规定，防止污染变质，保证安全。

（3）不同种类、牌号的润滑材料不得混合使用，更换使用不同牌号润滑材料时，必须做好清洗工作。

（4）进口车辆改用国产润滑材料时，应注意选用相应技术等级参数的牌号。

（5）认真做好废料的回收工作，以保护环境。

一 发动机润滑油

知识目标

1. 发动机润滑油的分类、品种和牌号；
2. 发动机润滑油的选用原则。

能力目标

1. 掌握汽车发动机润滑油在汽车上的使用；
2. 培养学生理论联系实际的能力。

发动机油是润滑系（图6-1）的工作液，它的主要作用是润滑、冷却、清净、密封和防蚀。由于发动机油在发动机工作过程中温度变化大、压力高，零件的相对运动速度快等原因，使发动机油的工作条件非常苛刻，容易老化变质。如果发动机零件摩擦表面得不到良好的润滑，就会产生异常磨损或擦伤。为保证发动机油的作用，应该对发动机油的使用性能提出严格的要求。

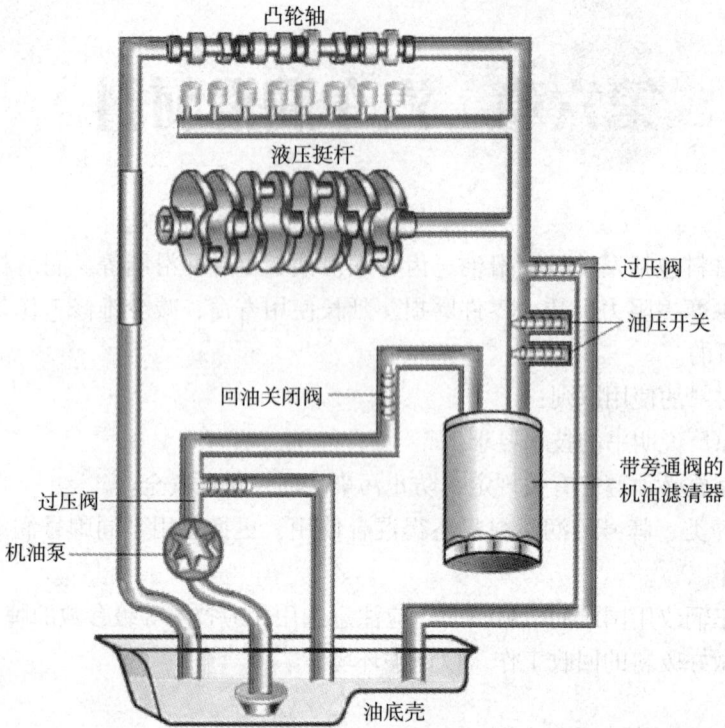

图 6-1　发动机润滑系统

❶ 发动机油的使用性能及评定指标

发动机油的使用性能对于发动机润滑系的工作状况影响很大。在发动机上，强制润滑的零部件其工作条件比较苛刻，具有速度高，承受力（或力矩）大，高温、高压等特点，并且有些零件远离油底壳，泵送距离远，阻力大，特别是发动机净化装置的采用，使发动机油工作条件进一步恶化。因此，发动机油的使用性能应满足如下要求。

❶ 润滑性

在各种条件下，发动机油降低摩擦、减缓磨损和防止金属烧结的能力，称为发动机的润滑性。

发动机油的润滑性取决于润滑油的黏度和化学性质。

❶ 黏度

通常所讲的黏度是指牛顿液体的黏度，其含义是作用于液体上的剪应力与剪切速率之比。将在所有剪应力和剪切速度下都显示出恒定黏度的液体，称为牛顿液体。其黏度在一定温度时为常数，不随油层间的剪切速率而变化。

黏度对发动机工作的影响。黏度不仅是润滑油分级的依据之一，而且对发动机工作有很大的影响。黏度过小，在高温高压下容易从摩擦面流失，不能形成足够厚度的油膜，使零件摩擦和磨损加剧；密封作用不好，汽缸漏气，功率下降，机油受到稀释和污染；黏度小的机油蒸发性大，加上机油容易窜入燃烧室，不仅增大机油消耗量，而且造成发动机工作不良。但是黏度也不能过大，黏度过大时：

（1）低温起动困难，油的泵送性能差，此时容易出现干摩擦或半液体摩擦，据试验，汽缸、活塞环和轴瓦等零件的磨损量有 2/3 是起动时造成的，这是发动机磨损的主要原因。

（2）阻力增加，致使功率损失和燃料消耗增加。

（3）机油的循环速度慢，冷却和洗涤作用差，因此，使用中要求润滑油的黏度要适当。

❷ 油性

油性是润滑油在摩擦金属表面上的吸附性。润滑油中极性分子定向排列吸附在金属表面形成吸附膜。这种吸附膜只能在中温、中速、中负荷或更平和的摩擦情况下才能完成边界润滑任务。

❸ 极压性

极压性是润滑油在摩擦表面所具有的一种化学反应性质。当润滑油中加入含有硫、磷等元素的化合物添加剂时，高温下这些化合物将分解出硫、磷等活性元素与摩擦表面金属形成化学反应膜，称为极压膜。当高温、高压、高速时，边界润滑由润滑油的极压性来完成。

发动机油黏度是评定润滑性的重要指标。但是，对于边界润滑，主要是油性和极压性起作用，所以发动机油的润滑性还要通过相关的发动机试验来评定。

❷ 低温操作性

❶ 低温操作性

从发动机油方面保证发动机在低温条件下容易起动和可靠供油的性能，称为发动机油的低温操作性。

发动机润滑油的低温操作性包括有利于低温起动和降低起动磨损两方面。

❷ 评定指标

评定发动机油低温操作性的指标，主要是低温动力黏度、边界泵送温度和倾点等。

（1）低温动力黏度。低温动力黏度又称表观黏度，它表示非牛顿液体流动时内摩擦特征的一个术语。发动机油在低温下的黏度并不具有与温度成比例的变化关系，它在很大程度上与剪切速率有关，在不同的剪切速率下的黏度不是常数，即在同一温度下，剪切速率不同，黏度也不同，有这种黏度特性的液体，称为非牛顿液体。

低温动力黏度是划分冬用发动机油黏度级号的依据之一。

（2）边界泵送温度。能将发动机油连续地、充分地供给发动机机油泵入口的最低温度，称为边界泵送温度。它是衡量在起动阶段发动机油是否易于流到机油泵入口并提供足够压力的性能。边界泵送温度也是划分冬用发动机油黏度级号的依据之一。

（3）倾点。试油在规定条件下冷却时，能够流动的最低温度，称为油品的倾点。同一试油的凝点比倾点略低。现行发动机油规格均采用倾点作为评定发动机油低温操作性的指标之一。

❸ 黏温性

❶黏温性

温度对油品黏度的影响很大，温度升高，黏度降低；温度降低，黏度增大。发动机油这种由于温度升降而改变黏度的性质，称为黏温性。发动机油应具有良好的黏温性。良好的黏温性是指油品的黏度随温度的变化而变化的程度小。

目前，在基础油中加入黏度指数改进剂是提高润滑油黏温性的普遍方法。

用低黏度的基础油和黏度指数改进剂调配而成，具有良好黏温性，能同时满足低温和高温工作使用要求的发动机润滑油，称为多黏度级发动机润滑油，俗称稠化机油。

❷ 评定指标

评定发动机油黏温性的指标是黏度指数。

将试油的黏温性与标准油的黏温性进行比较所得出的相对数值，称为黏度指数。黏度指数常缩写成 VI（Viscosity Index）。

把试油与在 100℃和试油黏度相同，但黏温性截然不同（高标准油 VI=100；低标准油 VI=0）的两种标准油对比，试油在 40℃时的运动黏度越接近高标准油，则黏度指数越高。

❹ 清净分散性

发动机油能抑制积炭、漆膜和油泥生成或将这些沉积物清除的性能，称为发动机油的清净分散性。

（1）积炭对发动机工作的危害有：

①使发动机产生爆震倾向增大。

②积炭形成高温源，易产生表面点火，可使发动机功率损失 2%~15%。

③积炭沉积在火花塞电极之间，会使火花塞短路，造成功率降低，油耗增加。

④使气门关闭不严，高温炭粒还会使气门和气门座烧蚀。

⑤积炭进入曲轴箱中，引起润滑油变质，堵塞滤清器。

（2）积炭的产生：积炭覆盖在汽缸盖、火花塞、喷油器、活塞顶等高温区域，是厚度较大的固体炭状物。它是燃烧不完全或是发动机油串入燃烧室，在高温下分解的烟气等物质在高温零件上的沉积。

（3）漆膜的危害是：

①降低活塞环的灵活程度，甚至造成粘环，使活塞环丧失密封作用，造成功率降低。

②漆膜导热性差，致使活塞过热，产生拉缸。

（4）漆膜的生成：

漆膜是一种坚固的、有光泽的漆状薄膜，主要产生在活塞环区和活塞裙部。主要是烃类在高温和金属的催化作用下，经氧化、聚合生成的胶质、沥青质等高分子聚合物。

（5）影响高温沉积物（积炭和漆膜都属于高温沉积物）生成的因素是：

①发动机的设计和操作条件。

②燃料和润滑油的性质。

（6）油泥的危害主要是：

①促使发动机油老化变质，润滑性下降。

②堵塞润滑系统。

（7）油泥的生成：油泥是一种比较稳定的油水乳状体与多种杂质的凝聚物，城市中行驶的汽车时停时开，发动机长时间处于低温条件下运行，易在油底壳中产生油泥。

（8）影响油泥生成的因素是：

①发动机的操作条件。

②燃料、润滑油的性质。

◆油泥属于低温沉积物

（9）发动机油基础油本身是不具备清净分散性的，而是通过添加清净剂和分散剂而获得的。主要通过相应的发动机试验来评定。

5 抗氧性

在一定条件下，发动机油抵抗氧化变质的能力，称为发动机油的抗氧性。

抗氧性决定发动机油在使用中是否容易变质，对零件腐蚀和生成沉积物的倾向是决定发动机油使用期限的重要因素。

6 抗腐性

发动机油抵抗腐蚀性物质对金属腐蚀的能力，称为发动机油的抗腐性。

评定发动机油抗腐性的指标是中和值或酸值，同时通过相应的发动机试验来评定。

7 抗泡性

发动机油消除泡沫的性质，称为发动机油的抗泡性。当发动机油受到激烈搅动，将空气混入油中时，就会产生泡沫，泡沫如果不及时消除，会产生气阻或供油不足等故障。

评定发动机油抗泡性的指标是生成泡沫倾向和泡沫稳定性。

2 发动机油的分类和规格

1 发动机润滑油的分类

（1）从基础油成分上分，有矿物油和合成油。

矿物油的基础油是从原油中提炼的，合成油的基础油则是通过化学合成的，与矿物油相比，合成油的抗高温氧化、抗黏度变化、抗磨损能力更强。

（2）从发动机种类分，有汽油机油和柴油机油。

汽油发动机油用字母"S"表示；柴油发动机油用字母"C"表示；当"S"和"C"

两个字母同时存在时，则表示此油为汽柴通用型。

❷ 发动机润滑油的分级

❶ 国外发动机油的分级

发动机油包括按黏度分级和按使用性能（品质）分级两个方面，国际上广泛采用美国汽车工程师协会（SAE）的黏度分级法（规范）和美国石油协会（API）的使用性能分级法（规范）。此外，还包括国际级润滑油认证组织，如 ACEA、ILSAC、ISO 等的规范；另外还有由各汽车制造厂所自行制定的规范，如 BMW、Mercedes Benz、VW 等。上述分级方法与汽车发动机各发展阶段的结构、性能和使用要求有紧密的联系。

（1）SAE 黏度分级。美国汽车工程师协会（SAE）制定的 SAE J300—1987《发动机油黏度分级》，本标准采用含字母 W 和不含字母 W 两组系列，黏度等级号的划分，前者以最大低温黏度、最高边界泵送温度和 100℃时的最小运动黏度划分，后者仅以 100℃时的运动黏度划分。冬用发动机油黏度等级以 6 个含 W 的低温黏度级号（0W、5W、10W、15W、20W 和 25W）表示；夏用发动机油黏度等级以 5 个不含 W 的 100℃时的运动黏度级号（20、30、40、50 和 60）表示。

按美国汽车工程师协会（SAE）黏度分级的发动机油，还有单黏度级和多黏度级（稠化机油）之分。只能满足低温或高温一种黏度级要求的发动机油，为单黏度级发动机油。既能满足低温时的黏度级要求，又能满足高温时黏度级要求的发动机油，为多黏度级发动机油（图6-2）。它由低温黏度级号与高温黏度级号组合来表示，例如5W/30，其含义是：这是一种多黏度级发动机油，这种油在低温使用时符合SAE5W黏度级；在100℃时运动黏度符合SAE30黏度级。可见，多级油可以四季通用。

图6-2　市场上常见的几种多级发动机润滑油

当发动机温度低时，发动机油较为浓稠；发动机温度高时，发动机油黏度则转为稀薄。美国汽车工程学会（SAE）依所在环境温度不同制定各种不同发动机油黏度级别规范，见表6-1。

（2）发动机油 API 使用性能分级规范。发动机油的使用性能分级，就是根据在发动机试验评定中所表现的抗磨性、清净分散性、抗氧性和抗腐性等确定其等级。

1970 年美国石油协会（API）、美国汽车工程师协会（SAE）和美国材料试验协会（ASTE），共同提出了发动机油的使用性能必须通过规定的发动机试验来确定，即 API 使用性能分级法。该分级将汽油机油定为 S 系列；将柴油机油定为 C 系列。美国汽车工程师协会标准《发动机油性能及发动机油使用分类》（SAE J183—1991）的分级方法。在 S 系列中，迄今有 SA、SB、SC、SD、SE、SF、SG、SH、SJ 等级别；在 C 系列中，有 CA、GB、CC、CD、CD-Ⅱ、CE、CF4、CG 等级别。它是按发动机强化程度和工作条件的苛刻程度来划分的，发动机油的级号越靠后，适用的发动机型越先进，或工作条件越苛刻。为了保证油品的使用性能，以上两个系列的各级油品，质量除应符合各自规定的理化性能要求外，还必须通过规定的发动机试验。

美国汽车工程学会（SAE）发动机油黏度级别规范　　　　表6-1

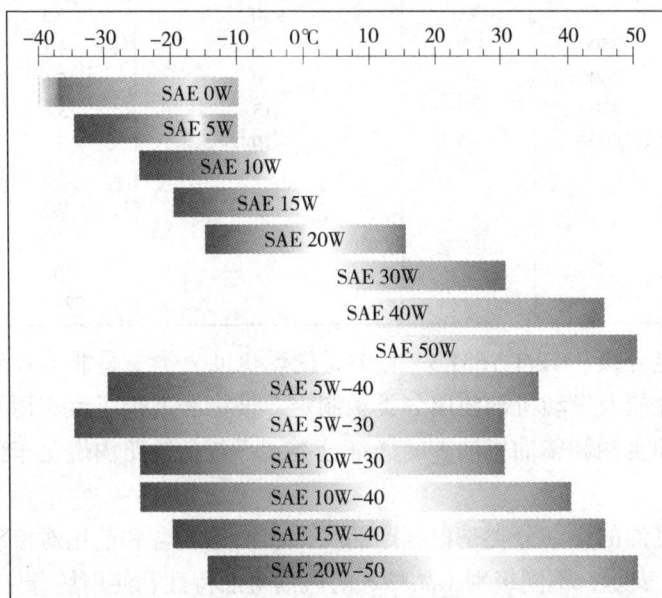

当前，国际上由于发动机发展迅速，发动机普遍采用电控燃油喷射技术，尾气净化技术，以及高压缩比、稀薄燃烧、进气增压等技术对发动机油要求更高，因而发动机油更新很快，在 API 使用性能分类中，汽油机油 SG 级及其以前各级，柴油机油 CC 级及其以前各级油的技术现在均已废除。API 使用性能分类法是一种开端分类法，今后将随着发动机和发动机油技术的发展，顺次增加新级别的油品，废除旧级。

❷我国发动机油的分级

（1）黏度分级。GB/T 14906—1994《内燃机油黏度分类》确定了发动机油的黏度等级（表 6-2），它是参照美国汽车工程师协会 SAE J300—1987《发动机油黏度分类》制定的。该分类标准采用含字母 W 和不含字母 W 两组黏度等级系列，黏度等级号前者以最大低温黏度、最高边界泵送温度和 100℃时的最小运动黏度划分，后者仅以 100℃时的运动黏度划分。表 6-2 为我国发动机的黏度分级。

黏度牌号也有单级油和多级油之分。任何一种牛顿油可标为单级油。一些经黏度指数改进剂调配，具有多黏度等级的产品是非牛顿油。应标注适当的多黏度等级。一种多黏度级的发动机油，其低温黏度和边界泵送温度满足系列中一个 W 级的需要，并且 100℃运动黏度是在系列中的一个非 W 级分类规定的黏度范围之内，即含 W 的低温黏度级和 100℃运动黏度级，并且两黏度级号之差至少等于 15。例如，一种多级油可标为

10W/30 或 20W/40，不可标为 10W/20 或 20W/20。一种产品可能同时符合多个 W 级，所标记的含 W 级号或多黏度等级号只取最低 W 级号。例如，一种多级油同时符合 10W、15W、20W、25W 和 30 级号，黏度牌号只能标为 10W/30。

我国发动机的黏度分级（GB/T 14906—1994）　　　表6-2

SAE 黏度等级	最大低温黏度		最高边界泵送温度 /℃	100℃运动黏度/mm²/s	
	MPa	℃		最小	最大
0W	3250	−30	−35	3.8	
5W	3500	−25	−30	3.8	
10W	3500	−20	−25	4.1	
15W	3500	−15	−20	5.6	
20W	4500	−10	−15	5.6	
25W	6000	−5	−10	9.3	
20				5.6	低于9.3
30				9.3	低于12.5
40				12.5	低于16.3
50				16.3	低于21.9
60				21.8	低于26.1

（2）使用性能分级。GB/T 7631.3—1995《内燃机油分类》是非等效采用 SAE J183—1991《发动机油性能及发动机油使用分类》制定。该标准规定了汽车用及其他固定式内燃机润滑油（汽油机油和柴油机油）的详细分类，不包括铁路内燃机车柴油机油和船用柴油机油。

四冲程发动机油的详细分类是根据产品特性、使用场合和使用对象确定的。汽油机油第一个字母用 S 表示，不同级别（品种）的汽油机油特性和使用场合见表 6-3。柴油机油第一个字母用 C 表示，不同级别（品种）的柴油机油特性和使用场合见表 6-4。分类中现已生产的各类产品使用性能与 API 分类的对应关系见表 6-5。

汽油机油特性和使用场合　　　表6-3

品种代号	特　性　和　使　用　场　合
SA（废除）	用于老式发动机，该油品不含添加剂，对使用性能无特殊要求
SB（废除）	用于缓和条件下工作的货车、客车或其他汽油机，也可用于要求使用API SB级油的汽油机。仅具有抗擦伤、抗氧化和抗轴承腐蚀性能
SC	用于货车、客车和某其他汽油机以及要求使用API SC级油的汽油机，可控制汽油机高低温沉积物、磨损、锈蚀和腐蚀
SD	用于货车、客车和某些小客车的汽油机以及要求使用API SD、SC级油的汽油机，此种油品控制汽油机高低温沉积物、磨损、锈蚀和腐蚀的性能优于SC，并可替代SC
SE	用于小客车和某些货车的汽油机以及要求使用API SE、SD级油的汽油机。此种油品的抗氧化性能及控制汽油机高低温沉积物、磨损、锈蚀和腐蚀的性能优于SD或SC，并可替代SD或SC
SF	用于小客车和某些货车的汽油机以及要求使用API SF、SE、SC级油的汽油机。此种油品的抗氧化性和抗磨损性优于SE，还具有控制汽油机高低温沉积物、锈蚀和腐蚀的性能，并可替代SE、SD
SG	用于小客车和某些货车的汽油机以及要求使用API级油的汽油机。SG质量还包括CC（或CD）的使用性能，此种油品改进了SF级油控制发动机沉积物、磨损和油品的氧化性并具有抗锈蚀和腐蚀的性能，并可替代SF、SF/CD、SE或SE/CC
SH	用于小客车和轻型货车的汽油机以及要求使用API SH级油的汽油机。SH质量在汽油机磨损、锈蚀和腐蚀及沉积物的控制和油的氧化方面优于SC，并可替代SG

品种代号	特 性 和 使 用 场 合
CA（废除）	用于使用优质燃料，在轻到中负荷下运行的柴油机以及要求使用API CA级油的柴油机，有时也适用于运行条件温和的汽油机，具有一定的高温清洁性和抗氧化性
GB（废除）	用于燃料质量较低，在轻到中负荷下运行的柴油机以及要求使用API GB级油的柴油机，有时也适用于运行条件温和的汽油机，具有控制发动机高温沉积物和轴承腐蚀的性能
CC	用于在中到重负荷下运行的非增压、低增压或增压式柴油机，并包括一些重负荷汽油机，对于柴油机具有控制高温沉积物和轴承腐蚀的性能，对于汽油机具有控制锈蚀、腐蚀和高温沉积物的性能，并可替代CA、GB级油
CD	用于需要高效控制磨损和沉积物或使用高硫燃料非增压、低增压或增压式柴油机以及国外级油的柴油机，具有控制轴承腐蚀和高温沉积物的性能，并可替代CC级
CD-II	用于要求高效控制磨损和沉积物的重负荷二冲程柴油机以及要求使用API CD-II级油的柴油机，同时也满足CD级油性能要求
CE	用于在低速高负荷和高速高负荷条件下运行的低增压和增压式重负荷柴油机以及要求使用API CE级油的柴油机，同时也满足CD级油性能要求
CF4	用于高速四冲程柴油机以及要求使用API CF-4级油的柴油机。在油耗和活塞沉积物控制方面性能优于CE并可替代CE，此种油品特别适用于高速公路行驶的重负荷货车

我国发动机油分类中已生产的各类产品使用性能与API分类的对应关系　　表6-5

我国发动机油分类对应API分类	SC≠sc	SD≠SD	SE=SE
我国发动机油分类对应API分类	SF=SF	cc=CC	DD=DD

发动机油的命名和标记，应包括使用性能级别代号和黏度级别代号两部分。

例如，一种特定的汽油机油产品可命名为 SE30；一种特定的柴油机油产品可命名为 CC 10W/30；一种特定的汽油机／柴油机通用油产品可命名为 SE/CC 15W/40。

（3）发动机油的规定。国家质量监督检验检疫总局于 2006 年 7 月 18 日发布了 GB 11121—2006《汽油机油》和 GB 11122—2006《柴油机油》，自 2007 年 1 月 1 日起 GB 11121—1995《汽油机油》和 GB 11122—1997《柴油机油》废止使用。其中，GB 11121—2006 和 GB 11122—2006 对通用内燃机油品种不作具体规定。通用内燃机油可根据需要在 GB 11121 所属的 9 个汽油机油品种和 GB 11122 所属的 6 个柴油机油品种中进行组合。任何一种通用内燃机油都应同时满足其汽油机油品种和柴油机油品种的所有指标要求。

①汽油机油的使用性能及要求。GB 11121—2006《汽油机油》与 GB 11121—1995《汽油机油》相比主要变化如下：

a. 废止 SC、SD。

b. 增加 SG、SH、GF-1、SJ、GF-2、SL 和 GF-3。

c. 对于黏度等级的设置，GB 11121—1995 仅包括部分黏度牌号，新标准基本覆盖了所有可能的应用要求，取消了 20/20W 黏度等级。

d. 不再对通用内燃机油品种作具体规定。

GB 11121—2006《汽油机油》包括 SE、SF、SG、SH、GF-1、SJ、GF-2、SL 和 GF-3 等 9 个汽油机油品种。

②柴油机油的使用性能及要求。国家质量监督检验检疫总局于 2006 年 7 月 18 日发

布了 GB 11122—2006《柴油机油》，自 2007 年 1 月 1 日起 GB 11122—1997《柴油机油》废止使用。

GB 11122—2006《柴油机油》包括 CC、CD、CF、CF4、CH-4 和 CI-4 等 6 个柴油机油品种。每个品种按 GB/T 14906 或 SAE J300 划分黏度等级。

❸ 发动机油添加剂

发动机油添加剂是一种可溶于基础油的物质，添加于基础油后，可显著提升并改变润滑油的化学和物理特性，提高了机油抗氧化、防腐蚀和抗磨损等性能。机油添加剂有：

（1）改变化学特性的添加剂：清净剂、分散剂、抗氧化剂、抗磨损添加剂、抗腐蚀添加剂。

（2）改变物理特性的添加剂：机油黏度指数调节剂、倾点调节剂、摩擦特性调节剂。

❶ 清净分散剂

发动机工作时，发动机润滑油要承受高温、高压的苛刻条件，并与空气中的氧和金属接触，因而发生氧化、缩合、分解等反应，由此形成油泥、积炭、沥青质、胶质和有机酸等。燃料燃烧不完全，产生的积炭沉积在发动机零件上，也使发动机工作恶化。

加入清净分散剂的目的，就是要通过清净分散剂的增溶、分散、酸中和及洗涤作用，使沉积在机械表面上的油泥和积炭洗涤下来，并使它们分散和悬浮在油中通过滤清器除去，从而使活塞及其他零件保持清洁，正常工作。

清净分散剂的使用量约占全部润滑油添加剂总量的 50%。

❷ 抗磨损添加剂

为了保证润滑油有可靠的抗磨性，在油中加入适量的各种抗磨添加剂，包括油性剂、减摩剂和极压添加剂。油性剂的作用是增加吸附油膜的强度，减小摩擦系数，提高抗磨损能力；极压添加剂则能在高温下和金属表面起化学反应，形成一层高熔点的无机薄膜，这层化学薄膜的机械强度比原来的金属低，接触时容易被切断，以防止在高负荷下金属表面发生熔解、卡咬、划痕和刮伤。许多含硫、磷的有机化合物对金属表面吸附性很强，它既是极压剂也是油性剂。

❸ 抗氧化剂

一般来说，在高温及含有氧气的情况下，润滑油即有逐渐老化的趋势（氧化）。更可能因为机油中含有燃烧后所产生的带酸性物质或其他不明金属杂质而急剧加速氧化。一旦机油开始氧化，各类的杂质，诸如胶质、树脂及油泥等无法溶解于机油的物质便会开始沉淀堆积，严重影响系统工作。虽说机油老化不可避免，但在添加抗氧化剂以后，可有效减缓油品老化。

④ 抗腐蚀添加剂

一般而言，腐蚀就是发生在金属表面的一种化学现象。因此，只要隔绝金属表面与酸性物质的接触，就可避免腐蚀的发生。抗腐蚀添加剂类似极压剂，可形成保护膜，防止腐蚀。

⑤ 机油黏度指数调节剂

黏度指数调节剂可以有效的改变机油的黏度特性。

⑥ 倾点调节剂

主要在降低机油的流动点，避免因气候过於寒冷而无法发动发动机。

⑦ 摩擦特性调节剂

在滑动速度较低的润滑部位，当负荷增加温度增高时，若油膜厚度不足，金属面间会产生颤抖滑动的现象，因此需要加入摩擦调节剂以减少摩擦。

摩擦调整剂与抗磨耗及极压添加剂相似，也是属于极性物质，能在金属间形成薄膜以减低摩擦。

④ 发动机油的选择

发动机油选择得好坏，直接影响发动机使用性能的发挥，影响发动机工作状态和发动机主要零部件的磨损及其使用寿命，特别是现代高速发动机，由于转速加快，使发动机的工作条件更加苛刻，因此，选择合适的发动机油是至关重要的。选择发动机油时，不仅要考虑环境、气候和使用条件，而且要考虑发动机的性能、结构、工作条件、发动机工况和技术状况等，选择适当级别的发动机油。发动机油的选择，应兼顾使用性能级别与黏度级别两个方面。

① 使用性能级别的选择

选择发动机油使用性能级别，主要根据发动机性能、结构、工作条件和燃料品质。汽油机油使用性能级别的选择一般应考虑：

（1）发动机压缩比、排量、最大功率、最大转矩。

（2）发动机油负荷，即发动机功率（kW）与曲轴箱机油容量（L）之比。

（3）曲轴箱强制通风、废气再循环等排气净化装置的采用发动机油的影响。

（4）城市汽车时开时停等运行工况对生成沉积物和发动机油氧化的影响等。

柴油机的强化系数与柴油机油使用性能级别的关系，见表6-7。但使用硫含量高的柴油或运行条件苛刻，选用的柴油机油使用性能级别要相应提高。

表6-6列出了部分汽油发动机的技术特征和要求的汽油机油规格。

部分汽油发动机的技术特征和要求的汽油机油规格　　　　表6-6

汽车型号	发动机型号结构特征	功率（kW）/（r/min）	转矩（N·m）/（r/min）	排量（L）	压缩比	汽油机油规格
解放CA1092	CA6102	99/3000	373/1200~1400	5.56	6.75或7.2	SD或SD10W/30
东风EQ1092	EQ6100-1改进型	99/3000	353/1200~1600	5.42	7.0	SD或SD10W/30
上海桑塔纳2000	闭环电控多点喷射	72/5000	150/3100	1.8	9.0	VW50000（改良机油）或SF
捷达CL	L-4水冷汽油机	53/5200	121/2500	1.595	8.5	VW50101或SF
红旗CA7220E	CA488系列电控多点喷射	73.5/5200	170/2800~3200	2.194	9.0	SF10W/30或SF15W/40
雪弗兰	VIN-L	125/4800	300/3200	3.8	8.5	SG或SH

柴油机的强化系数与柴油机使用性能级别的关系　　　　表6-7

柴油机的强化程度	强化系数	要求的柴油机油使用性能级别
高强化	＞50	CD或CE
中强化	30~50	CC
低强化	＜30	CA（废除）或GB（废除）

例如解放CA1091K2型载货汽车，装用的发动机为CA6110A型柴油机，其强化系数为36，在30~50之间，可选用CC级柴油机油。

❷ 黏度级别的选择

选择发动机油的黏度级别主要是根据气温、工况和发动机的技术状况。

发动机油的黏度要保证发动机在低温条件下容易起动，而在热状态下又能维持足够的黏度以保证正常润滑。

考虑工况：重载低速和高温下应选择黏度较大的发动机油；轻载高速应选择黏度较小的发动机油。

发动机油的黏度级别的选择，还与发动机的技术状况有关。新发动机应选择黏度较小的发动机油；磨损严重的发动机应选择黏度较大的发动机油。

发动机油黏度级别选择可参考表6-8。

SAE黏度级号适用的气温　　　　表6-8

SAE黏度级号	适用温度/℃	SAE黏度级号	适用温度/℃
5W/30	-30~30	20/20W	-15~20
10W/30	-25~30	30	-10~30
15W/30	-20~30	40	-5~40以上
15W/40	-20~40以上		

❸ 发动机油选择应注意的问题

（1）高性能级别的发动机油可以替代低级别的，而低性能级别的发动机油不能用于高级的发动机。

（2）两种不同品牌的发动机油最好不要混合使用，因不同品牌的油品采用的添加剂可能不同，混用可能会造成油品变质。

❺ 在用发动机油的检查与更换

发动机油在使用过程中，由于添加剂的消耗，发动机油本身在高温下的氧化，燃烧产物的影响，外部尘埃、水分等的混入，使发动机油劣化变质。

发动机油劣化变质后，沉积物增多、润滑性能下降，使零件增加腐蚀和磨损，因此，对在用发动机油应适时更换。

发动机油使用时间的长短，不仅与发动机油使用性能有关，还与发动机的技术状况、维修质量有关。为减缓发动机油变质，延长换油期，基本要求是：

（1）根据发动机型号及其工作环境温度，选择合适的使用性能级别和黏度级别的发动机油。

（2）发动机技术状况和使用情况正常。

（3）根据有关规定对汽车进行维护。

发动机油的更换可根据车辆的行驶里程（或发动机的工作时间）来定，称为定期换油；可以根据发动机油的使用性能来定，称为按质换油；还可以采用在发动机油油质监测下的定期换油。

❶ 定期换油

发动机油的劣化，尤其是化学变化，受使用时间、使用条件和工况影响较大，其中，使用时间比较易于掌握。定期换油就是按照行驶里程或使用时间对发动机油使用性能的影响规律来进行更换的。换油期应按照发动机油使用性能变化的影响规律来确定。换油期与发动机油使用性能级别、发动机技术状况和运行条件有关，一般为 6000~10000km 为一个换油周期。使用时间的长短，是影响润滑油是否老化变质的基本因素。在一般地区，通常小轿车采用 SE 级机油，更换里程可达 1.2 万 ~1.5 万 km；制造厂说明书通常按较差的使用条件推荐为 5000km，8000km 或 10000km。

❷ 按质换油

对于能够反映在用发动机油质量的一些有代表性项目规定的换油限值，在用发动机油有一项指标达到了限值要求的规定，就应当及时更换发动机油。现行的在用发动机油换油指标国家标准是：GB/T 8028—1994《汽油机油换油指标》和 GB/T 7607—2002《柴油机油换油指标》。GB/T 7607—2002 是对 GB/T 7607—1995 的修订，在技术要求中，增加了汽油机／柴油机通用油 SD/CC、SE/CC 和 SF/CD 的内容。

❸ 发动机油质量监控与更换

这种方法在规定了发动机油换油期的同时，也监测在用油的综合指标，必要时，可提前报废。

❶ 发动机油质量监控

就汽车发动机而言，对在用发动机油换油期的确定，目前国内外多采用第一种准则。这主要是因为汽车已成为一种非常普遍的交通工具，拥有量大。而每辆汽车的发动机油用量很少，油样化验费用高，定期换油比较经济。在美国，单独测定发动机油黏度的费用相当于小型发动机曲轴箱一次换油的费用。一个油样的常规分析费用，相当于全年用发动机油的总费用。

随着对在用发动机油油质分析技术的进步，特别是油质快速分析方法的出现与广泛应用，使原来在用发动机油的定期换油法，倾向于同时采用简易快速在用发动机油分析法作为定期换油合理性的监测手段。

目前，我国多采用滤纸油滴斑点色域迹象试验法和润滑油质量检测仪。

（1）滤纸油滴斑点色域迹象试验法。典型斑点形态基本分为三个环（图 6-3）：

①沉积环。在斑点中心，呈淡灰至黑色，为大颗粒不溶物沉积区。发动机油接近报废时，清净剂和分散剂消失，沉积环直径小，颜色黑。

②扩散环。在沉积环外圈呈淡灰色到灰色的环带，它是悬浮在油内的细颗粒杂质向外扩散留下的痕迹。宽度越宽，分散性越好。窄或消失，表示清净剂和分散剂已耗尽。

③油环。在扩散环外圈，是颜色由淡黄到棕红色的浸油区。此环可反映发动机油的氧化程度。新油的油环透明，氧化越深，颜色越暗。

测定时注意：油样应在补加新油前，在发动机运转数分钟后采取，并充分搅动；滤纸斑点在室内放置 2~3h 后，再进行判断。

滤纸斑点图谱一般分为 4 级（图 6-4）：

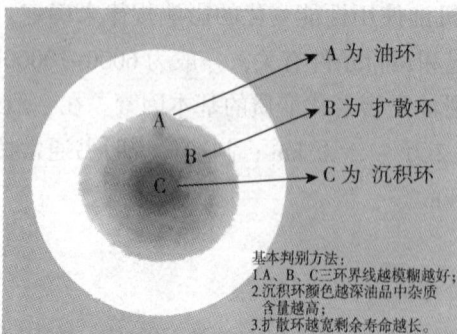

图 6-3　滤纸斑点形态示意图

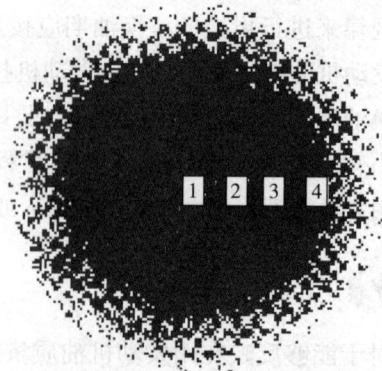

图 6-4　正常发动机油的油滴色域迹象

①1级。油斑的沉积环与扩散环之间没有明显界限，整个油斑颜色均匀，油环色浅而明亮。说明发动机油油质良好。

②2级。沉积环颜色深，扩散环较深，沉积环与扩散环间没有明显界限，油环颜色变黄。说明发动机油已污染，应加强滤清，但可继续使用。

③3级。沉积环呈黑色，扩散环变窄，油环颜色变深。说明发动机油接近报废，应更换新油。

④4级。油斑只有沉积环和油环，无扩散环。沉积环乌黑，稠厚而不易干燥。说明发动机油严重污染，完全报废，应更换新油。

（2）润滑油质量检测仪。快速测定在用发动机油质量的仪器，一般不是直接测定油品指标，而是选择有变化规律且能反映油品质量的某一参数作为测定参数。

发动机润滑油是电介质，具有一定的介电系数。发电机润滑油的介电系数值取决于发动机润滑油中的添加剂或污染物。发动机油污染越严重，介电系数越大。通过对新旧发动机油介电系数变化的测定，来分析发动机油的污染程度。

❷ 发动机油更换

（1）检查发动机润滑油（图6-5）。

①为了检查润滑油量，必须把汽车停放在平坦的场地上。检查前，至少应该使发动机停止运转30min。

②把润滑油标尺拔出来，注意不要使润滑油标尺上的润滑油滴洒下来。

③为了保证测量准确，用擦布把润滑油标尺上的润滑油擦拭干净。

④把擦干净了的润滑油标尺再插回到润滑油标尺孔内。

（2）再次把润滑油标尺缓慢地拔出来，检查润滑油标尺上黏附的油迹（图6-6），如果油迹位于F和L标记之间，则认为合适。

（3）如果润滑油量不足，应该添加新润滑油。

（4）在润滑油的选择上，除了厂家指定的润滑油品，车主也可以优先选用初装油品牌，因为初装油厂商在汽车发动机的研发过程中的紧密合作，较其他同类厂商，更熟悉发动机的特性，也更明白如何才能让其工作在最佳状态。所谓初装油，是指在新车下线前首次加入发动机的机油（图6-7）。

图6-5 检查发动机润滑油　　图6-6 检查润滑油标尺上黏附的油迹　　图6-7 加注机油

◆更换机油时，必须同步更换机油滤清器。

阅读空间

常见品牌机油的介绍

壳牌 (shell)：英荷 (英国, 荷兰联营) 皇家壳牌集团，始于 1907 年。

美孚 (Mobil)：世界品牌, 埃克森美孚公司是世界领先的石油和石化公司，创始于 1882 年。埃索也是它的一个主要品牌。

长城 (SINOPEC)：中国名牌, 中国石化润滑油公司。

统一 (Monarch)：中国名牌, 壳牌统一 (北京) 石油化工有限公司。

康普顿 (COPTON)：中国名牌产品, 青岛康普顿 (中美合资) 石油化学有限公司。

福斯（FUCHS）：德国福斯油品集团, 创立于 1931 年, 为世界上最大润滑油制造商。

道达尔（TOTAL）：道达尔是全球第四大石油与天然气一体化上市公司，总部设在法国巴黎。

BP：英国石油公司，是世界上最大的石油和石油化工集团公司之一。嘉实多（Castrol）也是它的一个主要品牌。

昆仑（KunLun）：中国名牌, 中国石油润滑油公司。

二　车辆齿轮油

知识目标

1. 了解车辆齿轮油的分类、品种和牌号；

2. 理解车辆齿轮油的选用原则。

能力目标

1. 掌握车辆齿轮油在汽车上的使用；

2. 培养学生理论联系实际的能力。

车辆齿轮油是一种润滑油，用于汽车机械式变速器驱动桥或转向器的齿轮、轴和轴承等零件（图6-8）的润滑。车辆齿轮油与发动机润滑油的作用基本相同，只是用于不同的总成，起润滑、冷却、防蚀和缓冲作用。颜色多为深黑色；馏分型双曲线齿轮油一般为黄绿色及深棕红色。由于车辆齿轮油工作条件与发动机油有所不同，因而对车辆齿轮油性能的要求也有所区别。

图6-8　车辆齿轮

1 车辆齿轮油的使用性能

1 润滑性和低温操作性

由于车辆齿轮油的工作条件比较苛刻，其工作温度范围较宽，齿轮之间传递的作用力较大，经常处于边界润滑状态，因此，要求车辆齿轮油应具有良好的润滑性和低温操作性。运动黏度是车辆齿轮油的润滑性和极压抗磨性的评价指标，为了获得良好的润滑性和极压抗磨性，车辆齿轮油应具有适当的黏度和良好的黏温性。黏度过低，难以保证形成油膜，实现良好的液体润滑状态；黏度过高，则流动性变差，运动表面摩擦产生的热量不容易被油迅速地带走，并且在低温条件下难以供油。因此，齿轮油的黏度应该适当，并且随温度变化较小。

为了保证轴和轴承的润滑、齿轮容易起动，要求车辆齿轮油在低温条件下应保持必要的流动性，高温时黏度不能过低，即有良好的黏温性。

车辆齿轮油的低温操作性和黏温性的评价指标有倾点、成沟点、黏度指数和表观黏度达150Pa·s时的温度等。

成沟点是指在规定的试验条件下，试油成沟的最高温度。把容器内的试验油样在规定的温度下放置18h，然后用金属片把油切成一条沟，10s后观测油的流动情况。若10s内试油流回并完全覆盖试油容器底部，则报告试样不成沟，反之则试样成沟。

2 极压性

车辆齿轮油的极压性是指齿轮油中的极压抗磨剂，在高压或高速、高温的苛刻工作条件下，能在齿面上与金属发生化学反应生成反应膜，防止齿面擦伤或烧结的性质。双曲线车辆齿轮油应具有良好的极压性。一般油性添加剂形成的边界油膜，在极压条件下，从吸附状态变为自由运动状态，从摩擦表面脱附，不再起保护金属表面的作用。因此，提高极压性是依靠极压抗磨剂实现的。

3 热氧化安定性

车辆齿轮油抵抗高温条件下氧化作用的能力，称为热氧化安定性。车辆齿轮油应具有良好的热氧化安定性。

汽车主减速器使用的齿轮油温度较高，使油的氧化倾向增大，再加上齿轮箱中金属的催化作用，容易使油的使用性能变坏。因此，要求汽车齿轮在较高温度下不易氧化变质。

4 抗腐性和防锈性

在车辆齿轮传动装置的工作条件下齿轮油防止齿轮、轴承腐蚀和生锈的能力，称为抗腐性和防锈性。车辆齿轮油应具有良好的抗腐性和防锈性。

❷ 车辆齿轮油的分类和规格

❶ 车辆齿轮油的分类

车辆齿轮油的分类与发动机油一样，大多数国家和地区采用美国 SAE 的车辆齿轮油黏度分类和 API 的车辆齿轮油使用性能分类。

❶ SAE 车辆齿轮油黏度分类

按 100℃运动黏度和表观黏度为 150000mPa·s 时最高使用温度规定，分为 75W、75W/90、80W/90、85W/90、90、85W/140 和 140 七个黏度等级（牌号）。

（1）单级齿轮油：在单级齿轮油定义中，又分两种定义方法：

①一种是不带 W 的，比如：SAE80，90，140 等。这种表示只考虑在高温下（这里温度定义在标准 100℃）标定的齿轮油的黏度标准：如 80、90 等。

②另外一种表示是带"W"的，比如：SAE80W、85W 等。这种表示只考虑在低温下（这里温度定义在标准 –18℃）标定的齿轮油的黏度标准：如 80、85 等。W 这里是 WINTER 的缩写，代表冬天，也代表低温。

由于单级齿轮油只有一种表达，所以不是带"W"的表达，就是不带"W"的表达，单级齿轮油只有一种对温度考虑的表达。

（2）多级齿轮油：随着技术和添加剂材料的工艺进步，SAE 标准推出了多级齿轮油，因为多级齿轮油比单极齿轮油有更好的范围，比如：SAE75W–90 这种表达方法，就是考虑在油温 –18℃的时候，黏度满足 SAE75W，而在高温 / 油温 100℃的时候，黏度满足 SAE90 的要求。对于最终客户，可以简单直接理解为：SAE75W–90 的油在 –18℃的环境下相当于 SAE75W 的单级油，而在 100℃的情况下，相当于 SAE90 的单级油。

❷ API 车辆齿轮油使用性能分类

API 车辆齿轮油使用性能等级，根据工作条件的苛刻程度划分为 GL-1、GL-2（已经废除）、GL-3（已经废除）、GL-4、GL-5 和 GL-6（已经废除）等 6 级。

❸ 我国车辆齿轮油的分类

目前我国车辆齿轮油的黏度分类国家标准是 GB/T 17477—1998《驱动桥和手动变速器润滑剂黏度分类》，其方法与 SAE 车辆齿轮油黏度分类相同。车辆齿轮油使用性能分为

3类：即普通车辆齿轮油、中负荷车辆齿轮油和重负荷车辆齿轮油。

我国汽车齿轮油与API分类对应关系见表6-9，车辆齿轮油质量级别和黏度级别对照见表6-10。

我国汽车齿轮油与API分类对应关系　　　　　　　　　　表6-9

我国汽车齿轮油	相当API分类号
普通车辆齿轮油（SH/T0350—1992）	GL-3
中负荷车辆齿轮油（GL-4）	GL-4
重负荷车辆齿轮油（GL-5）（GB 13895—1992）	GL-5

车辆齿轮油质量级别和黏度级别对照　　　　　　　　　　表6-10

质　量　级　别	75W/90	80W/90	85W/90	85W/140	90	140
普通车辆齿轮油（GL-3）		●	●	●	●	●
中负荷车辆齿轮油（GL-4）	●	●	●	●	●	●
重负荷车辆齿轮油（GL-5）	●	●	●	●	●	●

2 车辆齿轮油的规格

（1）普通车辆齿轮油。适用于中等负荷和速度，比较苛刻的手动变速器和螺旋锥齿轮的驱动桥。按黏度不同分为80W/90、85W/90、90规格。长江以南地区90号规格的油可全年使用。

（2）中负荷车辆齿轮油。适用于低速高转矩、高速低转矩下工作的齿轮，以及使用条件不太苛刻的准双曲面齿轮的驱动桥。按黏度不同有75W、80W/90、85W/90、90、85W/40规格，其中90号规格油在长江以南地区可全年使用。

（3）重负荷车辆齿轮油。适用于高速冲击负荷、高速低转矩、低速高转矩下工作的各种齿轮，以及条件缓和或苛刻的准双曲面齿轮的驱动桥。按黏度不同有75W、80W/90、85W/90、90、85W/140规格。

3 车辆齿轮油的选择和更换

与发动机润滑油类似，车辆齿轮油规格也要兼顾黏度级别和使用性能级别两方面来选择。

1 车辆齿轮油的选择

1 使用性能级别的选择

车辆齿轮油使用性能级别的选择，主要根据齿面压力、滑动速度和油温等工作条件，而这些工作条件又取决于传动装置的齿轮类型，所以一般可按齿轮类型和传动装置的功能多选择车辆齿轮油的使用性能级别。

一般来说，驱动桥主减速器工作条件苛刻，而准双曲面齿轮式主减速器更为苛刻，对齿轮油使用性能要求更高。对准双曲面齿轮式主减速器或工作条件苛刻的其他齿轮式主减速器一定要选择 GL-4 以上的齿轮油。

为减少用油级别，在汽车各传动装置对齿轮油使用性能级别要求相差不太大情况下选用同一级使用性能的齿轮油。

❷ 黏度级别的选择

车辆齿轮油黏度级别的选择，主要根据最低气温和最高油温，并考虑车辆齿轮油换油期较长的因素。

车辆齿轮油的黏度应保证低温下的车辆起步，又能满足油温升高后的润滑要求。

黏度选择应同时考虑高温时的润滑要求。

❷ 车辆齿轮油的更换

车辆齿轮油在使用中同样存在着质量变差问题，对齿轮油的更换多采用定期换油。

汽车齿轮油油质变化较慢，比车用机油有较长的更换周期。国外可达 5 万 ~12 万 km，国内营运企业 4 万 ~5 万 km，制造厂要求 2 万 ~3 万 km。

汽车齿轮油的选用：选用汽车齿轮油，主要是确定黏度级别和使用性能级别，以此两项指标选用合适的汽车齿轮油。

不定期更换齿轮油就无法保证齿轮的正常润滑，否则容易导致齿轮的早期磨损和损坏，甚至会造成大的车辆和人身事故。

齿轮油黏度最好选用多级的，单级的虽然便宜但性能不如多级的！另外双曲线齿轮油不适合手动变速器使用，这点很重要！

节能、环保仍是当今世界范围内的主题。车辆中运动部件的摩擦、磨损占全部损失的 1/3。通过改善润滑条件来改善燃油经济性，已成为当今世界汽车行业研究的课题。在北美、西欧普遍采用低黏度的多级齿轮油，使变速器、驱动桥齿轮工作处于混合润滑。既有弹性流体动力润滑，又有边界润滑。齿轮油黏度高对弹性流体动力润滑有利，因为油膜厚度大、承载能力高，但黏度高产生的摩擦阻力大，自耗较多动力能源。随着科技发展，油品中加有各种极压抗磨剂、油性剂，以保证足够润滑性能。

阅读空间
汽车专用齿轮油的使用常识

许多车主和汽车维修人员，由于不了解准双曲面齿轮油的特点，片面地认为准双曲面齿轮油比普通齿轮油性能好，因此，在遇到没有现成的普通齿轮油时，或为了"爱护"车辆而用准双曲面齿轮油来代替普通齿轮油而加入汽车变速器。殊不知这不仅仅会带来不必要的经济损失（因准双曲面齿轮油较贵），而且会造成变速器齿轮的腐蚀性磨损，不利于变速器的正常工作。由于准双曲面齿轮传动具有啮合平顺性好、减速比大等特点而广泛地使用于汽车后桥主减速器齿轮传动。但由于准双曲面齿轮在啮合传动过程中，传递的压力很高（达4000MPa），相对滑移速度可达400m/min，因而产生很高的瞬时温度（600～800℃），而一般的油性添加剂在100℃左右就会从摩擦表面脱附，油膜被破坏。在这种极压条件下，为防止磨损、擦伤和黏合，必须降低金属接触面的摩擦，所以准双曲面齿轮油中加入了含氯、硫、磷等元素的有机化合物作为极压添加剂。在极压条件下，这些添加剂在摩擦面的高温部分与金属反应，生成了剪应力和熔点都比纯金属低的化合物，即在啮合齿面上生成了一层假润滑层，从而防止接触表面咬合或熔合。这种假润滑层是由摩擦表面金属与添加剂分子中各种活性基因起化学作用而形成的。多数情况下，极压添加剂的效果取决于形成的金属硫化物、氯化物以及磷与金属的化合物。由此可以看出：它是依靠"腐蚀"金属表面而起到极压抗磨作用的。其中，含硫添加剂对有色金属，尤其对铜及其合金有较强的腐蚀作用，与氯添加剂作用时生成的氯化铁膜易发生水解，生成盐酸，对金属产生腐蚀。对于普通齿轮传动（常为渐开线齿轮），齿面单位压力较低（2001~3000MPa），且工作温度不高，一般低于90℃，所以油膜不易破裂，润滑条件较好，不必使用极压添加剂。若使用准双曲面齿轮油，从上述极压添加剂的作用机理可知，势必会有部分添加剂产生作用，从而使齿轮产生不必要的腐蚀磨损。因此单纯地认为准双曲面齿轮油性能好，可以代替普通齿轮油，这种观点是不正确的，而应该根据齿轮传动的特点，选用性能合适的齿轮油。

三 汽车润滑脂

知识目标

1. 了解润滑脂的分类、品种和牌号；
2. 理解润滑脂的选用原则。

能力目标

1. 掌握汽车润滑脂在汽车上的使用；
2. 培养学生理论联系实际的能力。

润滑脂是将稠化剂分散于液体剂中所形成的一种稳定的固体或半固体产品，其中可以加入旨在改善某种特性的添加物。润滑脂具有其他润滑剂所不能代替的特点，在汽车、拖拉机和工程机械上的许多部位（图6-9），都使用润滑脂作为润滑材料。

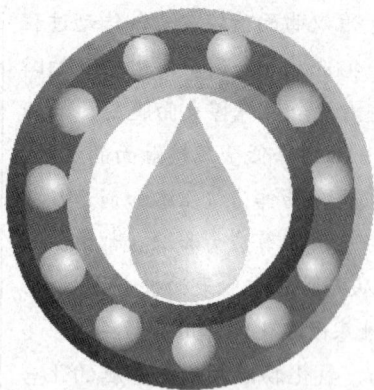
图 6-9 使用润滑脂的部位

润滑脂与润滑油比较有以下特点：

（1）在金属表面具有良好的黏附性，不易流失，在不易密封的部位使用，可简化润滑装置的结构。

（2）抗碾压，在高负荷和冲击负荷下，仍有良好的润滑能力。

（3）润滑周期长，不需经常补充，可以降低维护费用。

（4）具有更好的密封和防护作用。

（5）使用温度范围较宽。

由于润滑脂所具有的特点，凡车辆上不宜用润滑油的部位，如轮毂轴承、各拉杆球节、发电机轴、水泵轴承、离合器分离轴承和传动轴花键等，均使用润滑脂润滑。

❶ 汽车润滑脂的组成和使用性能

润滑脂由基础油、稠化剂和添加物（添加剂和填料）组成。

润滑脂的结构是指润滑脂的稠化剂和基础油组分颗粒的物理排列。润滑脂是具有结构骨架的两相胶体结构的分散体系，基础油是这种分散体系中的分散介质，稠化剂粒子或纤维构成骨架，即分散相，将基础油保持在骨架中。

❶ 组成

❶ 基础油

基础油含量一般占润滑脂质量的 70%~90%。基础油分为矿物油和合成油两大类。

以矿物油为基础油的优点是：润滑性能好；黏度范围宽。但是，一般矿物油不能兼备高低温性能，而以合成油为基础油可制备特殊润滑脂。例如 7014-1 高温润滑脂（使用温度为 -40~200℃）的基础油为合成油。在合成油中有合成烃类油、酯类油、硅油等。

❷ 稠化剂

稠化剂含量占润滑脂质量的 10%~30%，有皂基、烃基、有机和无机四大类。

（1）皂基稠化剂。汽车润滑脂稠化剂用的金属皂主要是钙皂和锂皂，分别制成钙基润滑脂、无水钙基润滑脂和锂基润滑脂。

①普通钙皂稠化剂。以天然皂或合成脂肪酸制成。普通钙皂要求在基础油中必须有适量水分作稳定剂才能成脂。高温时失去水分，油皂分离。钙基润滑脂适用温度范围为 -10~60℃。

②无水钙皂稠化剂。无水钙皂稠化剂为 12- 羟基硬酸钙皂，不需加水。严寒地区汽车通用无水钙基润滑脂（A 型），适用温度范围为 -50~110℃。

③锂皂。以脂肪酸锂皂和高级脂肪酸锂皂作为锂基润滑脂的稠化剂，构成的润滑脂具有温度范围宽和良好的机械安定性、胶体安定性和抗水性，是多用途多性能润滑剂，

适用温度范围为 –30~120℃。

（2）烃基稠化剂。主要是地蜡、石蜡以及石油脂，常用来制作保护润滑脂。

汽车蓄电池接线柱用的工业凡士林保护脂的稠化剂是烃基稠化剂，具体是石油脂。

（3）有机稠化剂。有机稠化剂是有稠化作用的有机物，例如：7022 通用汽车润滑脂的稠化剂为合成脂肪酸酰胺钠盐；7026 低温润滑脂的稠化剂为有机酰胺盐；7041–1 高温润滑脂稠化剂为对苯二甲酸酰胺钠。

（4）无机稠化剂。车用润滑脂中的无机稠化剂主要是膨润土，由氧化硅、二氧化铝和水等构成，膨润土润滑脂适用温度范围为 –45~150℃，适用于转向驱动桥等角速万向节的润滑。

❸ 添加剂

润滑脂添加剂是添加到润滑脂中以改进其使用性能的物质，可以改进基础油本身固有的性质或增加其原来不具有的性质，含量占润滑脂质量的 50% 以下。

润滑脂添加剂的主要种类有稳定剂、抗氧剂、金属纯化剂、防锈剂、抗腐剂和极压抗磨剂等。

❹ 填料

填料是润滑脂中的固体添加剂，大部分填料本身可作为固体润滑剂。常用的填料有石墨、二硫化钼等。石墨钙基润滑脂含 10% 的鳞片石墨填料，起极压添加剂作用。

❷ 汽车润滑脂的使用性能

由润滑脂的组成和结构特性所决定，润滑脂具有许多其他润滑剂所不具有的特殊使用性能。

❶ 稠度

稠度是指润滑脂一类的塑性物质，在受力作用时抵抗变形的程度。润滑脂应具有适当的稠度，稠度是塑性的一个特征，它仅是反映润滑脂对变形和流动阻力的一个笼统的概念。评定润滑脂的稠度指标是锥入度。稠度级号就是按照工作锥入度的范围而划分的，它是润滑脂的选择内容之一。锥入度是在规定的时间和温度条件下，标准锥体沉入润滑脂的深度，以 1/10mm 为单位。

按测定方法不同，锥入度分为 3 种：

（1）不工作锥入度。将润滑脂试样在尽可能少的搅动下，从试样容器移到润滑脂工作器脂杯中的锥入度，称为不工作锥入度。

（2）工作锥入度。指将润滑脂试样在标准工作器脂杯中，经受往复工作 60 次后，立即测定的锥入度。

（3）延长工作锥入度。指将润滑脂试样在标准工作器脂杯中，经受往复工作超过 60 次后，立即测定的锥入度。

润滑脂锥入度测定标准是 GB/T 269—1991《润滑脂和石油脂锥入度测定法》，测定仪器是锥入度计。

锥入度是润滑脂普遍采用的一项质量指标，具有下列意义：

①以锥入度划分润滑脂稠度级号。

②选用润滑脂须考虑适宜的稠度。

③可用锥入度表示润滑脂的其他性能。

❷ 胶体安定性

胶体安定性是指润滑脂抵抗温度和压力的影响而保持胶体结构的能力，也就是基础油与稠化剂结合的稳定性。如上所述，润滑脂是一个胶体分散体系，其胶体结构的稳定常受温度和压力的影响而不同程度的遭受破坏，使固定在纤维空间骨架中的基础油分离出来。但是，润滑脂不能在压力的作用下分离出一部分油，就不能使润滑脂起润滑作用。因此，要求胶体安定性适当。

评定胶体安定性的指标是：滴点、分油量、蒸发量和漏失量等。

❸ 流变性能

简单地说，流变性能是指液体在流动中剪应力与剪切速率的关系。因为润滑脂具有胶体分散体系，属于塑性流体，所以流变性能较为复杂。

❹ 机械安定性

机械安定性是指润滑脂在工作条件下抵抗稠度变化的能力。润滑脂应具有良好的机械安定性。

评定润滑脂安定性的指标是延长工作锥入度，或延长工作锥入度与工作锥入度的差值。

❺ 防蚀性

润滑脂的防蚀性能是指润滑脂防止零件锈蚀、腐蚀的性能。润滑脂应具有良好的防蚀性。

防护作用机理是由于润滑脂能在金属表面保持足够的脂层，防止腐蚀性物质侵蚀金属表面。此外，有的润滑脂能够吸收或中和腐蚀性气体或液体，以免零件遭受侵蚀。

评定润滑脂防蚀性的指标是防腐蚀性试验、腐蚀试验、游离碱。

❻ 抗水性

抗水性指润滑脂遇水后抵抗结构和稠度等改变的性能。润滑脂应具有良好的抗水性。润滑脂的抗水性主要取决于稠化剂的抗水性。评定润滑脂抗水性的指标是水淋流失量。

❼ 氧化安定性

氧化安定性是指润滑脂在储存和使用中抵抗氧化的能力。润滑脂应具有良好的氧化安定性。

润滑脂氧化后，外观、理化指标和结构都发生不同程度的改变。表现为：游离酸增加，滴点下降，颜色变深，锥入度、极限剪应力和相似黏度降低，生成腐蚀性产物和破坏润滑脂结构的产物，产生油脂分离等。

❷ 汽车润滑脂的分类和规格

❶ 汽车润滑脂的分类和产品标记

GB/T 7631.8—1990《润滑剂和有关产品（L类）的分类第 8 部分：X 组（润滑脂）》是

根据润滑脂的操作条件（温度、水污染及负荷等）对车用润滑脂进行分类的（表6-11）。

润滑脂按操作条件的分类　　　　　　　　　表6-11

操作温度				水污染				负荷条件	
				环境条件		防锈性		综合性字母	字母及备注
最低温度/℃	字母	最高温度/℃	字母	字母	备注	字母	备注		
0	A	60	A						
−20	B	90	B	L	L——干燥环境	L	L——不防锈	A	A:非极压型脂
−30	C	120	C	L		M	M——淡水存在下的防锈性	B	B:极压型脂
−40	D	140	D	L		H	H——盐水存在下的防锈性	C	
<40	E	160	E	M	M——静态潮湿环境	L		D	
		180	F	M		M		E	
		>180	G	M		H		F	
				H	H——水洗	L		G	
				H		M		H	
				H		H		I	
	(1)		(2)					(3)	(4)

注：（1）、（2）……为文中叙述方便编写的字母序号。

该分类体系的产品也采用 GB 7631.1—1987《润滑剂和有关产品（L类）的分类第1部分：总分组》的原则进行标记，具体是：类——品种数字。

类别代号用 L 表示。品种代号由润滑脂组别代号 x 和 4 个表示操作条件的字母所组成。表 6-9 下方的注释：（1）栏的字母是最低温度代号，数值见左栏，表示润滑脂适用的设备起动或运转时，或润滑脂泵送时的最低温度，该类字母位于润滑脂组别代号 x 号之后。（2）栏的字母是最高温度代号，数值见左栏，表示润滑脂适用零部件的最高温度，该类字母位于最低温度字母之后。（3）栏的字母表示在水污染条件下的抗水性和防锈性，环境条件分三种，用字母 L、M 和 H 表示；防锈性也分三种，同样用字母 L、M 和 H 表示。但是它们排序不同，环境条件字母在前，防锈性字母在后，字母含义也不一样（表 6-9）。由三种环境条件字母与三种防锈性字母，便可组成九种抗水性及防锈性，用 A、B、C、D、E、F、G、H 及 I 表示，是对在水污染条件下的抗水性及防锈性的综合评价，该类字母位于最高温度字母之后。前两种字母（L、M 和 H）仅是确定抗水性及防锈性的条件，在润滑脂产品代号中不出现。例如，一种润滑脂的环境条件经受水洗，则在表 6-9 的"环境条件"一栏中的字母为 H；又要求该种润滑脂在淡水存在下能防锈，则在表 6-9 中"防锈性"一栏的字母为 M。将 H、M 字母横向搭配一起，便得到表示抗水性及防锈性的字母为 H，含义是经受水洗、在淡水存在下能防锈。（4）栏的字母表示润滑脂适用的负荷条件，它是指在高负荷或低负荷下润滑脂的润滑性及极压性。普通非极压润滑脂用 A 表示；适用重负荷的极压润滑脂用 B 表示。

在润滑脂的产品代号中，只有字母按规定的顺序标记时才有特定含义，而且表示操作条件的字母单独存在时无意义。

润滑脂产品代号的最后数字是按工作锥入度（25℃，工作60次，单位为1/10mm）范围划分的润滑脂稠度等级号。

润滑脂代号的构成和标记识别举例如下：

L–XCCHA2

其中：L——类别（润滑剂）；

X——组别（润滑脂）；

C——最低温度（–30℃）；

C——最高温度（120℃）；

H——水污染（经受水洗，淡水能防锈）；

A——极压性（非极压型脂）；

2——数字（稠度等级，2号）。

本润滑脂相当于汽车通用锂基润滑脂（GB/T 5671—1995）。

❷ 汽车润滑脂的规格

汽车用润滑脂的规格有：GB/T 491—1987《钙基润滑脂》（表6–12）、GB/T 5671—1995《汽车通用锂基润滑脂》（表6–13）、SH 0369—1992《石墨钙基润滑脂》（表6–14）、GB/T 7324—1994《通用锂基润滑脂》（表6–15）和SH 0039—1990《工业凡士林》（表6–16）。

钙基润滑脂（GB/T 491—1987）　　　　表6–12

项　　　　目	质　量　标　准				试验方法
	1号	2号	3号	4号	
外观	浅黄色至暗褐色均匀油膏				目测
工作锥入度，1/10m	10~340	265~295	220~250	175~205	GB/T 269
滴点/℃　　　　不低于	80	85	90	95	GB/T 4929
腐蚀（T2铜片，室温，24h）	铜片上没有绿色或黑色变化				GB/T 7326
水分/%　　　　不大于	1.5	2.0	2.5	3.0	GB/T 512
腐蚀（T2铜片，室温，24h）	铜片上无绿色或黑色变化				GB/T 4929
灰分/%　　　　不大于	3.0	3.5	4.0	4.5	SH/T 0327
钢网分油量（60℃、24h）/%　　不大于		12	8	6	GB/T 0324
延长工作锥入度，1万次与工作锥入度差值1/10mm		30	35	40	SH/T 269
水淋流失量（38℃，1h）/%　不大于		10	10	10	GB/T 0109
矿物油黏度（40℃），mm²/s	28.8~74.8				GB/T 265

汽车通用锂基润滑脂（GB/T 5671—1995）　　　　表6–13

项　　　目	质量指标	试验方法
工作锥入度，0.1mm	265~295	GB/T 269
滴点/℃　　　　不低于	180	GB/T 4929

项　目	质量指标	试验方法
钢网分油（100℃，30h）/% 　不大于	5	SH/T 0324
相似黏度（-20℃，10s^{-1}），Pa·s，　不大于	1500	SH/T 0048
游离碱（NaOH）/% 　不大于	0.15	SH/T 0329
腐蚀（T2铜片，100℃，24h）	铜片无绿色或黑色变化	GB/T 7326乙法
蒸发量（99℃，22h）/% 　不大于	2.0	GB/T 7325
漏失量（104℃，6h）/% 　不大于	5.0	SH/T 0326
水淋流失量（79℃，1h）/% 　不大于	10	SH/T 0109
氧化定性（99℃，100h，0.77MPa），压力降/MPa 不大于	0.070	SH/T 0335
防腐蚀性（52℃，48h，相对湿度100%）/级	1	GB/T 5018
杂质/（个/cm^3） 10μm以上　　不大于 25μm以上　　不大于 75μm以上　　不大于 125μm以上　　不大于	 5000 3000 500 0	SH/T 0336

石墨钙基润滑脂（SH 0369—1992）　　　　表6-14

项　目	质量指标	试验方法
外观	黑色均匀滑膏	目测
滴点/℃ 　不低于	80	GB/T 249
腐蚀（钢片，100℃，3h）	合格	GB/T 7326
安定性	合格	
水分/% 　不大于	2	GB/T 512

通用锂基润滑脂（GB/T 7324—1994）　　　表6-15

项　目	质量指标			试验方法
	1号	2号	3号	
外观	均匀光滑油膏			目　测
工作锥入度，0.1mm	310~340	265~295	220~250	GB/T 269
滴点/℃ 　不低于	170	175	180	GB/T 4929
腐蚀（T3铜片，100℃，24h）	铜片无绿色或黑色变化			GB/T 7326乙法
钢网分油量（100℃、24h）/% 　不大于	10	7	5	GB/T 4929
蒸发量（99℃，22h）/% 　不大于	2.0	2.0	2.0	GB/T 7325
显微杂质/（个/cm^3） 10μm以上　不大于 25μm以上　不大于 75μm以上　不大于 125μm以上　不大于	 5000 3000 500 0	 5000 3000 500 0	 5000 3000 500 0	SH/T 0336
氧化定性（99℃，100h，0.785MPa），压力降/Pa　不大于	392×10^4	392×10^4	392×10^4	SH/T 0335

汽车材料

项　　　　目	质量指标			试验方法
	1号	2号	3号	
相似黏度（-15℃, 10s^{-1}）/（Pa·s）　不大于	800	1000	1500	SH/T 0048
延长工作锥入度（10万次），0.1mm　不大于	390	390	390	GB/T 269
水淋流失量（38℃，1h）/%　　不大于	10	10	10	SH/T 0109
防腐蚀性/级　　不低于		1	1	GB/T 5018

工业凡士林（SH 0039—1990）　　　　　　　　　表6-16

项　　　　目	质　量　指　标		试验方法
	1号	2号	
外观	淡褐色至深褐色均质无块软膏	淡褐色至深褐色均质无块软膏	目　　测
滴点/℃	45~80		GB/T 8026
酸值，mgKOH/g　　不大于	0.1		GB/T 264
腐蚀[①]（钢片、铜片，100℃，3h）	合　　格		SY 2710
水溶性酸或碱	无		GB/T 259
闪点（开口）/℃，　　不低于	190		GB/T 3536
运动黏度（100℃），mm^2/s	10~20	15~30	GB/T 265
锥入度（150g, 25℃），0.1mm	140~210	80~140	ZBE 42009
机械杂质/%　　不大于	0.03	0.03	GB/T 511
水分/%	无	无	GB/T 512

①腐蚀试验用45号钢片和T2铜片进行。

3 汽车润滑脂的选用

要正确合理地选用润滑脂，除需要了解各种润滑脂的特性外，还必须考虑润滑脂的工作温度、转速、负荷、工作环境、供脂方式等因素。

1 润滑脂的选择原则

根据汽车说明书中的规定，选择与用脂部位的操作条件相适应的润滑脂。具体的选择原则如下：

❶ 最低操作温度和最高操作温度

被润滑部位的最低操作温度应高于所选润滑脂的低温界限，否则在起动和运转时，将会造成摩擦和磨损增加。被润滑部位最高操作温度应低于所选润滑脂的高温界限，否则易发生润滑脂的流失而失去润滑作用。被润滑部位最高操作温度也不能离滴点太近，要比滴点低30℃或更低，否则会因基础油蒸发，氧化加剧，造成润滑脂寿命缩短。

❷ 水污染

水污染的选择主要取决于润滑脂适用的环境条件和对防锈性的要求。潮湿或易与水接触的部位，不宜选择钠基润滑脂，甚至不可以选用锂基润滑脂。因为钠基润滑脂抗水性较差，遇水容易变稀流失和乳化。有些部位用锂基脂也无法满足要求，如立式水泵的轴承可以说是经常浸泡在水中的，用锂基脂也发生乳化，寿命很短，轴承很容易损坏。在这样的部位应当选用抗水性良好的复合铝基润滑脂或脲基润滑脂。汽车、拖拉机和工程机械，常在潮湿和易与水接触的环境下工作，我国目前多用钙基润滑脂或锂基润滑脂，国外多选用抗水性能更好的锂——钙基脂或脲基润滑脂。

❸ 负荷

根据润滑脂工作负荷高低的不同分别选用非极压性或极压性润滑脂。

❹ 稠度级号

稠度级号的选择与环境温度、转速、负荷、供脂方式都有关系。一般高速低负荷部位，应选用稠度级号低（稠度小）的润滑脂，而在环境温度偏高时，稠度级号可提高一级。

润滑脂的加注方法，有人工加注和泵集中加注。涂抹或填充、脂枪加注、脂杯加注等都为人工加注。如轮毂轴承采用人工填充法，钢板弹簧用人工涂抹法，钢板弹簧销等（设有注油嘴）采用脂枪加注法，分电器传动轴采用脂杯加注法。采用人工加注的部位，在选择润滑脂时主要是应考虑它的稠度，一般为 1~3 号稠度的润滑脂，最好选用 2 号稠度的润滑脂，加注比较容易，寿命也较长。有些汽车润滑脂采用集中加注法，通过管道向这些部位定时定量压送润滑脂进行润滑。为了加注方便，不致使泵压过大，采用润滑脂的稠度一般为 1~0 号，最好选用 0 号稠度的润滑脂。汽车润滑脂的选择，见表 6-17。

汽车润滑脂的选择

表6-17

润　　　滑　　　脂	应　　用　　部　　位
汽车通用锂基润滑脂（GB/T 5671—1995）或2号通用锂基润滑脂（GB/T 7234—1994）	轮毂轴承、水泵轴承、起动机轴承、发电机轴承、离合器分离轴承和底盘用脂润滑部位
石墨钙基润滑脂（SH 0369—1992）	钢板弹簧
工业凡士林（SH 0039—1990）	蓄电池接线柱

❷ 润滑脂的使用

润滑脂在使用过程中应注意以下 5 点：

（1）润滑脂在使用时，不同稠化剂制成的润滑脂不能掺混，否则可能破坏其胶体结构而使其失去原有的性能。对于不同种类的极压润滑脂，由于所加极压剂是活性物质，很可能相互反应变成腐蚀设备的物质，更不应混用。换用新润滑脂时，须将用旧的润滑脂擦除干净，否则会加速新润滑脂的氧化变质。

（2）在润滑脂的保存和使用过程中，应严防水分、砂尘等外界杂质的侵入，尽可能减少润滑脂与空气的接触。

（3）推广使用空毂润滑。过去汽车轮毂轴承均采用满毂润滑方式，即除轴承装满润滑脂外，轮毂内腔也都加满润滑脂。一是润滑脂用量增加，造成浪费；二是轮毂中过量的润滑脂在行车过程中，通常不可能补充到轴承滚道里而只能使轴承散热困难，因温度升高而流失的润滑脂甚至漏失到制动摩擦副上而影响制动效果，造成制动失灵。为此，汽车轮毂轴承推行空毂润滑，即在内、外轴承内填满润滑脂，轮毂空腔仅涂上极薄的一层润滑脂防锈即可。空毂润滑与满毂润滑相比，有利于安全行车、节约润滑脂用量和动力消耗。

（4）尽量使用低稠度润滑脂。用1号或2号润滑脂较使用3号润滑脂可节约用脂量和动力消耗。

（5）润滑脂"无滴点"并不代表着它可耐高温。滴点是判定润滑脂使用最高温度的一个参考数据，一般润滑脂使用温度均比其滴点低30℃左右。滴点是一种条件试验结果，只能表示在统一的试验条件下，某种脂熔化或变软而滴落的温度，但并不能完全代表其实际的使用温度，也只能作为参考。对于新开发的无滴点脂，它采用无机物（如炭黑、硅胶等）或有机物（如颜料、染料、聚脲及聚四氟乙烯等）作稠化剂生产的润滑脂均"无滴点"，但并不代表着它可耐高温，因为决定润滑脂的使用温度关键有两方面：一是基础油，在温度升高时会发生氧化变质，同时伴有蒸发而损失；二是稠化剂，有可能不耐高温而变质。一般而言，润滑脂是否耐高温受基础油性质制约性大些。一般矿物油可耐120~150℃的使用温度，短时间内可承受180℃高温，而合成油则可耐更高的温度。所以，用矿物油制成的无滴点润滑脂并不见得可耐高温，在车辆上的使用效果是否良好，还需看其他性能是否良好，是否符合使用条件。

（6）一般应按使用说明书的规定定期更换润滑脂。如解放CA1091型汽车要求每行驶2000km向水泵轴承、离合器踏板轴、制动踏板轴、传动轴各点、前/后钢板弹簧销、转向节主销、转向拉杆等各润滑节点处注脂。但在使用过程中，若润滑脂发生严重析油、分层与软化流失时必须及时更换。

小结

1. 发动机油具有润滑、冷却、清洁、密封和腐蚀的作用，其工作条件十分苛刻，常采用加添加剂的方法提高发动机油的抗氧化性、防腐性和抗磨性等。发动机油的性能指标有：黏度与黏温性、低温黏度及低温泵送性、安定性、防腐性、清净分散性、抗磨性和起泡性等指标。

2. 机油品质的分类：机油的识别有质量等级（API）和黏度（SAE）两种标准。API机油分为两类："S"开头系列代表汽油发动机用油，规格有：SA、SB、SC、SD、SE、SF、SG、SH、SJ、SL。"C"开头系列代表柴油发动机用油，规格有：CA、GB、CC、CD、CE、CF、CF-2、CF-4、CG-4、CH-4、CI-4。当"S"和"C"两个字母同时存在，则表示此机油为汽柴通用型。

在S或C后面的字母越靠后，质量等级越高，国际品牌中机油级别多是SF级别以上的。

3. 车辆齿轮油的使用性能：润滑性和低温操作性；极压性；热氧化安定性；抗腐性和防锈性。

4. 车辆齿轮油的分类和规格：

（1）车辆齿轮油的分类：SAE车辆齿轮油黏度分类；API车辆齿轮油使用性能分类；我国车辆齿轮油的分类。

（2）车辆齿轮油的规格：普通车辆齿轮油；中负荷车辆齿轮油；重负荷车辆齿轮油。

5. 润滑脂是由基础油、稠化剂、添加剂和填料组成。要求润滑脂有适当的稠度、良好的高低温性，以及抗磨性、抗水性、抗锈性、防腐性和安定性等。汽车常用润滑脂品种有钙基润滑脂、钠基润滑脂、汽车通用锂基润滑脂、极压复合锂基润滑脂和石墨钙基润滑脂等品种。

汽车材料

162

自 我 检 测

一、填空题

1. 我国现行发动机润滑油是按_____和_____分类的。
2. 我国现行齿轮油按质量分为_____、_____、_____3种。
3. 检测在用油的黏度时发现黏度比原来的小，原因是_____。
4. 当发动机使用燃料的馏分过重时，油品易在高温区形成_____。

二、判断题

1. 含有胶状物质的发动机润滑油，在高温金属上易形成漆膜 （   ）。
2. 为减少齿轮有磨损，应选择高黏度牌号的齿轮油 （   ）。
3. 润滑油内清净分散剂的性能和加入量可以反映出润滑油质量的高低 （   ）。
4. 汽车轮毂轴承的满毂润滑方式优于空毂润滑方式 （   ）。

三、简答题

1. 对发动机油要求哪些使用性能？

2. 什么是发动机油的低温运动黏度、倾点、黏度指数、开口闪点和酸值？

3. 发动机油使用性能的评定试验方法有哪些？

4. 我国的发动机油的分类方法是什么？

5. 我国现行的汽油机油国家标准包括哪些品种？

6. 如何选择发动机油？

7. 柴油机油换油指标包括哪些项目？

8. 确定在用发动机油的换油周期的方法有哪些?

9. 汽油机油换油指标包括哪些项目?

10. 概述车辆齿轮油的作用。

11. 车辆齿轮油的使用性能有哪些?

12. 简述我国车辆齿轮油的分类。

13. 我国车辆齿轮油按使用性能可分成哪 3 类? 分别对应 API 中的什么级别?

14. 冬用齿轮油和夏用齿轮油的划分原则是什么? 表示方法有什么不同?

15. 按 API 车辆齿轮油分类等级中工作条件最苛刻的级号是什么?

16. 车辆齿轮油的选择和更换应注意哪些事项?

17. 与润滑油比, 润滑脂有哪些优点?

18. 试述汽车润滑脂的组成及各组成部分的质量比及其作用。

19. 列举汽车润滑脂的使用性能, 并分别解释各项使用性能的含义。

20. 什么是锥入度? 它是评定润滑脂哪项使用性能的指标?

21. 比较钠基润滑脂、钙钠基润滑脂、钙基润滑脂、锂基润滑脂的抗水性。

第七章 汽车专用工作液

一 汽车液力传动油

汽车液力传动油简称为 ATF（Automatic Transmission Fluid），主要应用在汽车自动变速器（图 7-1）和液压动力转向系统中。因此汽车液力传动油也常称自动变速器油。

❶ 自动变速器油的使用性能

自动变速器油是一种多功能液体，应具备传动、控制、润滑和冷却等多种功能。

❶ 黏度适当

ATF 的使用温度为 -40~170℃，范围很宽，又因自动变速器对其工作油的黏度极其敏感，所以黏度是 ATF 重要的特性之一。不同种类变速器所需要的

图 7-1 电液控制行星齿轮式自动变速器

ATF 黏度也不相同。因此不能随意地更换汽车使用 ATF 标准油，避免由于 ATF 黏度与自动变速器黏度要求不适应，导致出现不良反应。当使用 ATF 的黏度偏大时，不仅影响变矩器的效率，而且可能造成低温起动困难；当使用 ATF 的黏度偏小时，会导致液压系统的泄漏增加。特别是变速器在高速工作时，铝制箱体膨胀量大，此时黏度小则可能引起换挡不正常。

② 良好的热氧化安定性

ATF 的热氧化安定性是使用中的一个极为重要的问题。和机油一样，油品的氧化安定性直接决定着 ATF 的使用寿命和自动变速器的受用寿命。因为 ATF 的使用温度很高，如果热氧化安定性不好，就会导致形成油泥、清漆、积炭及沉淀物等，从而造成离合器片和制动片打滑，控制系统失灵等故障的发生。

③ 良好的抗泡沫性

自动变速器中的 ATF 产生泡沫对于传动系统危害很大，这是由液力自动变速器油的工作性质所决定的。目前普遍采用的液力变矩器和变速器是同一油路系统供油的。因此它既是变矩器传递功率的介质，又是变速器自动控制的介质和润滑冷却的介质。泡沫可导致液压系统压力波动和油压下降，严重时可使供油中断。油中混入大量空气，实际是减少了润滑油量。这些气泡在压缩过程中温度升高，又加速了油品老化，影响了油品使用寿命，且导致零件早期磨损。

④ 良好的抗磨性能

只有良好的抗磨性能才能保证：

（1）行星齿轮中各齿轮传动的需要；

（2）离合器片工作效能的需要；

（3）自动变速器寿命的需要。

⑤ 与系统总成中的橡胶密封材料的匹配性好

目前自动变速器中有的部件是丁腈橡胶、丙烯橡胶及硅橡胶等，要求 ATF 使其不能有太明显的膨胀，也不能使之硬化变质。

⑥ 良好的摩擦特性（换挡性能）

这是保证传动齿轮各部件工作平顺的关键，并能降低噪声，延长寿命。

⑦ 防腐（防锈）性能优良

在传动装置和冷却器中安装有铜接头、黄铜轴瓦、黄铜滤清器及止推垫圈等部件。这些部件中均含有大量的有色金属，因此 ATF 必须要保证不会引起铜腐蚀和其他金属生锈。

❷ 自动变速器油的规格

❶ 国外自动变速器油的规格

国外自动变速器油的规格多采用美国 ASTM 和 AP1 共同提出的 PTF（Power Transmission Fluid）使用分类（表7-1），将 Pl-F 分为 PTF-1、PTF-2 和 PTF-3 等 3 类。

汽车自动变速器油的使用和分类（2002）　　　　表7-1

分 类	适 用 范 围	相 应 规 格
PTF-1	小客车、轻型货车的自动传动装置	通用汽车公司Dexron 11D 11E 福特汽车公司Mercon，new mercon
PTF-2	重负荷功率转换器，货车负荷较大的汽车自动传动装置，多级变矩器和液力偶合器	埃列逊公司Allison C-3 Allison C-4
PTF-3	农业和建筑机械的分动箱传动装置，液压，齿轮，制动和发动机共用的润滑系统	约翰狄尔公司J-20B J-14B IDT-303 福特汽车公司W2C41A

PTF-1 类油主要用于小客车、轻型货车作自动变速器油。此类油对低温黏度要求较高，即要有好的低温起动性。GM DEXRON Ⅱ 的规格有 DEXRON Ⅱ -C 型（不抗银）和 DEXRON Ⅱ -D 型（抗银）之分，这主要考虑油品对自动变速器油冷却器含银件的腐蚀问题。

PTF-2 类油与前者最大的不同是负荷高，因此对极压、抗磨要求较高，而对低温黏度要求放宽了。

PTF-3 类油主要用在农业和建筑业机械的低速运转的变速器中，对耐负荷性和抗磨性的要求比 PTF-2 类油更严格。

小客车、轻型货车用自动变速器油（液力传动油）的典型规格是通用汽车公司（GM）DEXRON Ⅱ。

❷ 国内自动变速器油的规格

目前，我国仅有液力传动油两种企业规格，按 100℃ 运动黏度分为 8 号和 6 号两种，都是采用精制的基础油加入油性剂、抗磨剂、抗氧化剂、黏度指数改进剂和抗泡剂等。

8 号液力传动油相当于国外 PTF-1 类油中的 GM DEXRON Ⅱ规格，主要用作小客车的液力传动油。

6 号液力传动油相当于国外 PTF-2 类油，主要用于内燃机车、载货汽车以及工程机械的液力传动系统。

❸ 自动变速器油的选用

按车辆使用说明书的规定，选用适当品种的自动变速器油。小客车和轻型货车应选用 8 号油，进口小客车要求用 DEXRON Ⅱ型自动变速器油的均可用 8 号油代替。重型货车、工程机械的液力传动系统则应选用 6 号油。全液力传动的拖拉机、工程机械应选用拖拉机传动、液压两用油。

❶ 检查自动变速器油

主要包括油面高度检查、油质检查及油温检查。

❶ 油面高度检查

自动变速器油面的高低对自动变速器的工作有很大的影响，油面过低时空气可能进入油泵内部循环并与油液发生混合导致油液分解，出现气阻使得油压难以建立或油压过低，导致离合器和制动器打滑。油面过高同样会使油液分解，因为行星齿轮在过高的液面下转动，空气同样会被压入油液。被分解的油液可能会产生泡沫、过热或氧化等现象。所有这些问题都会使各种阀门、离合器、伺服机构等部件因压力不够而出现故障。

自动变速器油的油面检查分热机和冷机两种方式，如图 7-2 所示。自动变速器油的标尺刻有 COOL（冷）和 HOT（热）两个范围。COOL 是供更换自动变速器油作参考用，检查液面高度时应以热态为准，液面高度必须处于 HOT 的范围。其检查方法是：

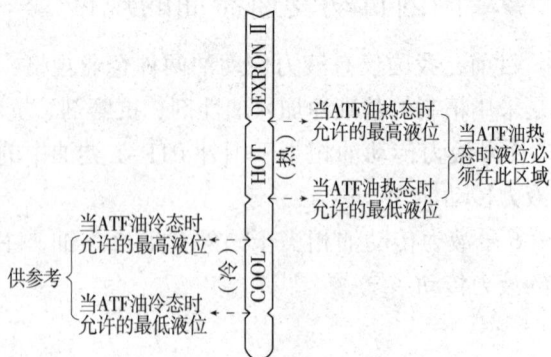

（1）将车辆停放在平直路面上。

（2）起动发动机，热车，使冷却液温度达到 80~90℃，发动机保持运转状态。

（3）踩住制动踏板，将变速杆从 P 位依次换入每一个挡位后回到 P 位，使油液进入阀体和变速器壳体。

（4）抽出油尺，用干净的抹布擦净后重新插入，接着拔出检查，如图 7-2 所示。

（5）检查时应注意，油面高度应达到油尺规定的上限刻度。这是因为油尺上的冷态范围（COOL）用于常温下的检测，而热态范围（HOT）才是比较标准的。如果超出或未达到允许范围，则要添加或排出部分油液，如图 7-3 所示。

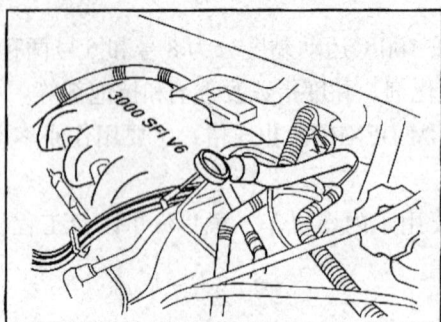

图 7-2　自动变速器油的标尺　　　　图 7-3　油尺上的油面高度规定范围

❷ 油质检查

正常情况下，油液应该清爽，并保持原来的粉红色。如果变脏、变色或者有粉末，说明自动变速器内部有损坏。油液的品质可用检测仪器进行检查。如无检测设备，可从外观上判断，如用手指捻一捻油液，感觉一下黏度，用鼻子闻一闻有无特殊的气味（图7-4及表7-2）。若发现油液变质，应及时换用新油。

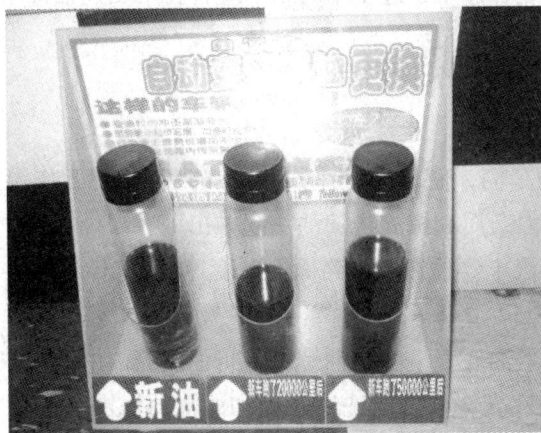

图 7-4 ATF 油质判别

ATF油品质判断   表7-2

油 的 状 态	变 质 原 因
油变成深棕色或棕褐色	没及时换油或由于重负荷运转，某些部件打滑或损坏造成变速器过热
油变成粉白色	有水进入油中
油有烧焦味道	油温过高，油面过低，冷却器或管路堵塞导致离合器或制动器摩擦片烧蚀
油中有胶状油膏胶质	变速器油温长期过热
油中有黑色粉末	离合器片磨损或烧片
油中有金属屑	单向离合器或轴承严重损坏

❸ 油温检查

油温是影响自动变速器油和自动变速器使用寿命的一个重要因素。油温过高将使油液黏度下降，性能变坏，产生油膏沉淀物和积炭，堵塞细小孔道，阻滞控制滑阀，降低润滑、冷却效果，破坏密封件等，最终导致故障。而影响油温的主要因素有液力变矩器故障，离合器、制动器打滑或分离不彻底，单向离合器打滑及油冷却器堵塞等。因此，驾车时必须按规定正确操纵自动变速器，保证自动变速器技术状况良好。行车途中应注意检查自动变速器壳体的温度是否正常，若发现温度过高，应立即停车检修。

因自动变速器过热而引起自动变速器油变质时，应首先检查油面高度是否合适。若油面高度合适仍过热，则应更换自动变速器油；若换油不能奏效，就需要检查管路是否堵塞；若仍然难以奏效，那就需要全面检修自动变速器。

◆检查自动变速器油时，还应注意检查自动变速器壳体上的通气管是否畅通，以防被污泥堵塞，不利于变速器内气压平衡，这一点往往被驾驶人和维修人员忽略。

自动变速器油必须定期进行更换，国产汽车正常行驶 8000~10000km，进口汽车正常行驶 20000~40000km，或者停车超过 1 年时，均应将自动变速器油全部更换。

❷ 更换自动变速器油方法

❶ 放掉旧自动变速器油

（1）放油前先行驶车辆，使自动变速器油预热到正常的工作温度（50~80℃），以便降低油的黏度（确保油内杂质和沉淀物随油一起排出）。

（2）停车熄火，将汽车停放在水平路面上，变速杆拨至停车位（P）位置，并拉紧驻车制动器。

（3）拆下自动变速器油底壳上的放油螺塞，将油底壳内的油液放净。

（4）视情况拆下油底壳，彻底清洗油底壳和滤清器滤网，并将自动变速器冷却系用汽油冲洗干净，然后再将油底壳和放油螺塞装好。

❷ 加注新自动变速器油

（1）从自动变速器加油口注入规定牌号的自动变速器油至规定的油面高度（因加入的是新油），温度较低，油面高度应在油尺刻度线的下限附近。

（2）起动发动机，在发动机怠速运转情况下，移动变速杆经所有挡位后回到停车位（P）位置，此时如油面低，应继续加油至规定油面高度。

（3）让汽车行驶至发动机和自动变速器达到正常工作温度，再次检查热状态时油面高度是否在油尺刻度线的上限附近，并调整油面高度。

◆若加油过多应及时处理：若加油时不慎将油加多，油面高于规定的高度时，不能勉强使用，而应该拧开放油螺塞进行放油；如没有放油螺塞，可从加油口处用吸管或其他器具吸出。

阅读空间

自动变速器的挡位

　　自动变速器的选挡杆相当于手动变速器的变速杆，一般有以下 6 个挡位：P(停车)、R(倒挡)、N(空挡)、D(前进)、S(或 2，即为 2 速挡)、L(或 1，即为 1 速挡)。
　　P(停车挡)的使用
　　此位置变速器处于空挡，但变速器输出轴被锁住，可用于驻车及起动发动机。
　　R(倒挡)的使用
　　此位置变速器处于倒车挡，注意使用倒挡前汽车必须停住。
　　N(空挡)的使用
　　N 位相当于变速器处于空挡，可在起动时或拖车时使用。

D(前进挡)的使用

正常行驶时将选挡杆放在D位,汽车可在1~3挡(或4挡)之间自动换挡。D位是最常用的行驶位置。需要掌握的是:由于自动变速器是根据节气门大小与车速高低来确定挡位的,所以加速踏板操作方法不同,换挡时的车速也不相同。如果起步时迅速将加速踏板踩下,升挡晚,加速能力强,到一定车速后,再将加速踏板很快松开,汽车就能立即升挡,这样发动机噪声小,舒适性好。

D位的另一个特点是强制低挡,便于高速时超车,在D位行驶中迅速将加速踏板踩到底,接通强制低挡开关就能自动减挡,汽车很快加速,超车之后松开加速踏板又可自动升挡。

S、L位低挡的使用

自动变速器在S位或L位上处于低挡范围,可以在坡道等情况下使用。下坡时换入S位或L位能充分利用发动机制动,避免车轮制动器过热,导致制动效能下降。但是从D位换入S位或L位时,车速不能高于相应的升挡车速,否则发动机会强烈振动,使变速器油温急剧上升,甚至会损坏变速器。另外在雨雾天气时,若路面附着条件差,可以换入S位或L位,固定在某一低挡行驶,不要使用能自动换挡的位置,以免汽车打滑。同时必须牢记,打滑时可将选挡杆推入N位,切断发动机的动力,以保证行车安全。

自动挡汽车在市区行驶时,如果车速无法超过60km/h,就要用低于D挡的一个挡位,这样可使加速凌厉,且避免积炭的产生;当车速超过60km/h以后,使用D挡行驶,不但省油,也不会有损加速性。

二 汽车制动液

知识目标

1. 了解汽车制动液的分类、牌号;
2. 了解汽车制动液的选择原则及使用注意事项。

能力目标

1. 掌握汽车制动液在汽车上的使用;
2. 培养学生理论联系实际的能力。

汽车制动液是机动车液压制动系统（图 7-5）所采用的传递压力的工作介质。现代汽车使用制动液主要是合成型制动液。合成型制动液以有机溶剂中的醇、醚和脂为基础，再加入添加剂调制而成，是世界上目前广泛使用的汽车制动液。

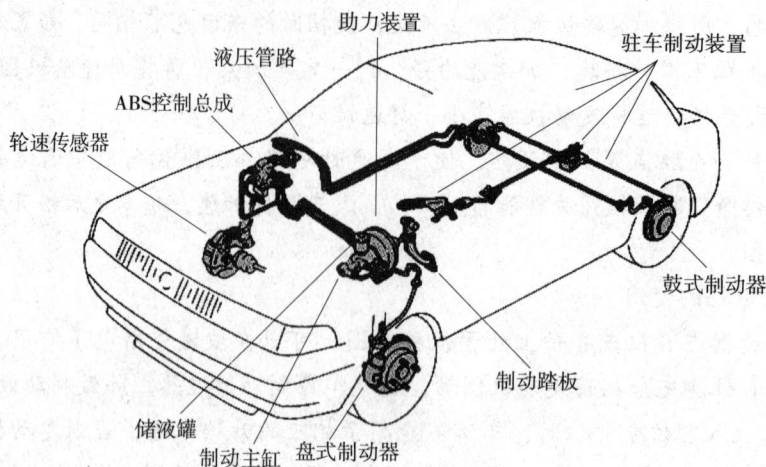

图 7-5　汽车制动系统

❶ 汽车制动液的使用性能

❶ 高温抗气阻性

现代汽车的车速越来越高，在平坦道路上行驶时，制动液的温度一般为 100~130℃，最高可达 150℃。行驶于多坡道山间公路的汽车，由于制动频繁，制动液温度更高。因此，防止因高温气阻造成制动失灵是对制动液使用性能的主要要求之一。

❷ 与橡胶的配伍性

汽车液压制动系有皮碗、软管等橡胶件，要求制动液对橡胶零件不会造成显著的溶胀、软化或硬化等不良影响。

❸ 抗腐蚀性和防锈性

汽车液压制动系的缸体、活塞、弹簧、导管和阀等主要使用铸铁、铝、铜和钢等材料制成，要求制动液不引起金属腐蚀。另外，当制动液渗进橡胶分子的间隙中时，会从橡胶中溶出一部分组分，溶出物对金属的腐蚀作用也应限制。

❹ 低温流动性

当气温低时，汽车液压制动液黏度会增大，使其流动性变差，影响准确地传递压力。

因此为保证制动可靠，要求汽车制动液在低温时黏度增加较小，具有较好的低温流动性。

5 溶水性

要求制动液吸水后能与水互溶，不产生分离和沉淀。

6 稳定性

制动液在规定的试验条件下，加热后和与相溶液体混合后，平衡回流沸点变化要小，即高温稳定性和化学稳定性要好。

7 抗氧化性

腐蚀往往是氧化引起的，为了防止腐蚀，制动液应在高温下具有抗氧化性。

❷ 汽车制动液的规格

❶ 国外汽车制动液的规格

国外汽车制动液典型规格有 3 个系列：

（1）美国联邦机动车辆安全标准（FMVSS）。具体是 FMVSSNo. 116DOT-3、DOT-4、DOT-5，这是世界公认的通用标准。

（2）美国汽车工程师协会标准（SAE）。具体是 SAEJ1703e、SAEJ1703f 等。

（3）国际标准化组织标准（ISO）。具体规格是 ISO 4925：1978《道路车辆—非石油基制动液》，它是参照 FMVSSNo. 116DOT-3 制定的，100℃的运动黏度不小于 1.5mm²/s，平衡回流沸点不低于 205℃，湿平衡回流沸点不低于 140℃。

❷ 国内汽车制动液规格

❶ 汽车制动液使用技术条件

GB 12981—2003《机动车辆制动液》以 JG 作为汽车制动液使用技术条件规格的代号，简称 JG 系列。JG 系列机动车制动液按使用技术条件分为 JG3、JG4、JG5 等 3 级。J、G 分别为交通运输部、公安部两部汉语拼音字的第一个字母，JG 右下角的阿拉伯数字 3、4、5 为 JG 系列各级的序号。

❷ 合成制动液规格技术标准

2003 年我国颁布 GB 12981—2003《机动车辆制动液》。该标准按机动车辆安全使用要求分为 HZY3、HZY4、HZY5 三种产品，并规定了以合成液体为基础液并加有多种添加剂制成的合成制动液的技术要求和试验方法。HZY3、HZY4、HZY5 中的 H、Z 和 Y 分别为合成、制动和液体的汉语拼音的第一个字母（大写）；阿拉伯数字 3、4、5 作为区别本系列各标准的标记。它们分别对应国际通用产品 DOT3、DOT4、DOT5 或 DOT5.1。

❸ 汽车制动液的选用

❶ 制动液选择

汽车制动液的选择应坚持两条原则：一是使用合成制动液；二是质量等级以FMSSNo. 116DOT 标准为准。我国各种汽车制动液的主要使用特性和推荐使用范围见表7-3。

JG系列汽车制动液的主要特性和推荐使用范围   表7-3

级别	汽车制动液的主要特性	推 荐 使 用 范 围
JG3	具有良好的高温抗气阻性能和优良的低温性能	相当于ISO 4926：78和DOT-3的水平，我国广大地区使用
JC4	具有优良的高温抗气阻性能和良好的低温性能	相当于DOT-4的水平，我国广大地区均可使用
JGs	具有优异的高温抗气阻性能和低温性能	相当于DOT-5的水平，供特殊要求车辆使用

❷ 使用时注意事项

（1）不同规格的制动液不能混用。

（2）防止水分或矿物油混入。

（3）制动缸橡胶皮碗不可敞开放置。

（4）汽车制动液多以有机溶剂制成，易挥发、易燃，因此管理和使用中要注意防火。

❸ 更换

汽车使用的制动液多为醇醚类化合物或酯类油，由于其具有一定的吸湿性，在使用一段时间后，会因吸入水分而使其沸点降低，易在制动时形成气阻，使制动失灵。因此应在到规定的使用期限（2年）时更换制动液。制动液对汽车漆膜有溶解作用，更换制动液时应特别注意，如果沾染了制动液要立即清洗干净。

❶ 放出旧制动液

起动发动机并保持其怠速运转，拧下制动储液罐的加液口盖，在轮缸放气螺钉上套上一根透明塑料管，将管的另一端放入一装有制动液的容器内。拧松放气阀，连续踩下制动踏板，直到制动液不再流出为止，拧紧放气阀。然后将储液罐内加入足量的同种制动液。

❷ 排放液压管路内的空气

排气时，应按由远至近的原则，按制动管路分布情况对各轮缸进行放气。放气作业由二人配合进行，一人在驾驶室内连续踩动制动踏板，使踏板位置升高并保持踩下踏板不动。此时在车下的另一人拧松放气阀，使管路中的空气和制动液一同排出。当踏板位置降低时，立即拧紧放气阀。如此反复多次，直到塑料管内没有气泡排出为止，拧紧放气阀并装好防尘套。按上述方法依次对其他轮缸进行放气。在排气时应一边排除空气，一边检查和补充制动液，以免空气重新进入制动管路，直到空气完全排放干净为止，将储液罐的制动液补充到规定位置。

❸ 使用专用换油机更换制动液

将换油机连到制动液储液罐上，将踏板压具压在制动踏板和驾驶人座椅之间，使制动踏板被压紧。再按由远至近（即按制动主缸、右后轮、左后轮、右前轮、左前轮）的顺序打开放气螺塞，让制动液从每个轮缸中流出，总流出量为 0.5L，然后拧紧各放气螺塞。制动液更换完毕后，将换油机从制动液储液罐上取下，拆下踏板压具，用力踩几次制动踏板，检查制动状况。当排气作业结束后，将储液罐制动液补充到上限位置，装好储液罐盖并擦净油污。试车检验制动性能，同时检查各部位有无漏油现象。如在检查过程中制动踏板发软，则表明制动系统内的空气没有完全排净，因此需要重新进行排气作业。

❹ 注意事项

在进行排气作业或检查补充制动液后，应注意拧紧储液罐盖，尽量缩短制动液接触空气的时间，以防制动液接触空气，吸收空气中的水分，降低制动液性能。补充制动液时，液量不得超过上限（MAX）刻线。制动液不能与其他品种混用。

阅读空间

制动液课外知识介绍

（1）谨慎购买制动液。目前制动液销售市场比较混乱，质量参差不齐。

国家质量技术监督局公布的有关结果显示，我国汽车制动液抽样合格率仅为41.7%。因此，建议用户购买时要谨慎，一是尽可能购买长期为汽车厂提供配套制动液的生产厂家的产品，确保质量可靠，性能稳定；二是尽量到国有大型销售部门购买，以防假冒伪劣产品。

此外，在种类上，最好考虑合成制动液，不要购买已淘汰的醇型制动液。

（2）混用制动液，这种做法是很危险的。由于不同种类的产品所使用的原料、添加剂和制造工艺不同，混用后会出现浑浊或沉淀现象，如不注意观察是很难发现的。这不仅会大大降低原制动液的性能，而且沉淀颗粒会堵塞管路造成制动失灵的严重后果。

（3）加强密封制动液的保管。汽车制动液，多为有机溶剂制成，易挥发、易燃烧，因此要远离火源，注意防火防潮，尤其注意防止雨淋日晒、吸水变质。

当混入的水分不能完全被制动液溶解时，会沉到制动系统的底部或凹处，使金属产生腐蚀，引起轮缸漏液、污损、异常磨损，而且水分本身凝点高、沸点低，低温时容易结冰，高温时容易气阻，造成制动故障。

三 汽车发动机冷却液

在可燃混合气的燃烧过程中，汽缸内的气体温度可达到1700~2500℃。为保证汽车发动机正常工作，必须对在高温条件下工作的零件进行冷却。目前，汽车发动机广泛采用强制循环液冷系（图7-6），冷却液即为发动机冷却系中带走高温零件热量的一种工作介质。

汽车冬季露天停放或长时间停车，发动机温度降至与气温相近，因此发动机冷却液应防冻。还要求发动机冷却液能防腐蚀、防水垢。

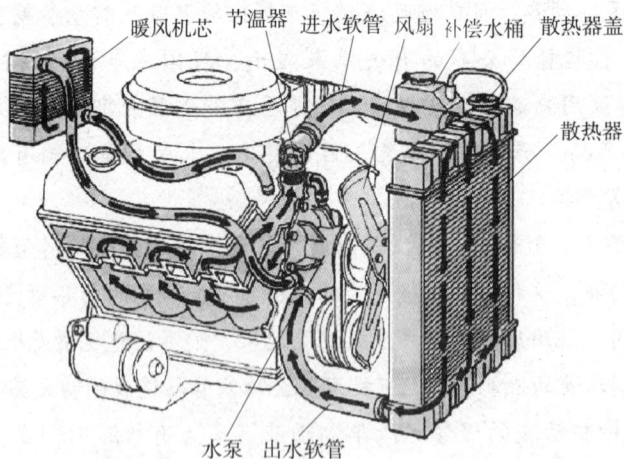

图7-6 发动机冷却系统

❶汽车发动机冷却液的使用性能

为保证汽车发动机正常工作和延长发动机的使用寿命，要求汽车发动机冷却液应具备下列品质。

① 黏度小，流动性好

汽车发动机冷却液的黏度越小越好，这样有利于流动，散热效果好。

② 冰点低，沸点高

冰点就是液体冷却时所形成的结晶在升温时，其结晶消失一瞬间的温度，以℃表示。若汽车在低温条件下停放时间较长，而发动机冷却液的冰点达不到应有温度时，则发动机冷却系统就会被冻裂。因此，要求发动机冷却液的冰点要低。

沸点就是发动机冷却系统的压力与外界大气压力相平衡的条件下，冷却液开始沸腾的温度，以℃表示。发动机冷却液在较高温度下不沸腾，可保证汽车在满载、高负荷等苛刻工作条件下正常运行，同时，沸点高，则蒸发损失也少。特别对现代电控燃油喷射系统及电子控制点火的发动机来说，因为其燃烧温度高，所以对沸点的要求更高。

③ 防腐蚀性好，不损坏汽车有机涂料

发动机冷却液在工作中要接触多种金属材料，如果该液对金属有腐蚀性，就会影响发动机的正常工作。为使发动机冷却液有良好的防腐性，要保持冷却液呈碱性状态，要求发动机冷却液的 pH 值为 7.5~1.0，超出范围，将对防腐蚀性产生不利的影响。

发动机冷却液是一种化学物质的调和物，在加注中，很容易接触到汽车的有机涂料层，这就要求发动机冷却液对汽车有机涂料不能有不良影响，例如剥落、鼓泡和退色等。

④ 不易产生水垢，抗泡性好

水垢对发动机冷却系的散热强度影响很大。试验表明，水垢的传热系数比铸铁小几十倍，比铝合金小 100~300 倍。据有关资料介绍，在发动机的故障维修中，约有 6% 是发动机冷却系出现的故障，而故障的常见原因是水垢或腐蚀所致。

发动机冷却液如果产生过多的泡沫，不仅会降低传热系数、加剧气蚀，而且会造成冷却液溢流。

② 乙二醇型汽车冷却液及其标准

① 用水作汽车发动机冷却液存在的问题

水的比热容大，黏度小，在常温下的流动性好。因此，长期以来一直在我国作为汽车发动机冷却液。但水不能防冻，在 0℃时水结冰，体积增加 8.3%，如果体积膨胀受到限制，产生的压强可达 230MPa。若用水做汽车发动机冷却液，在 0℃下使用时，即会因水结冰而造成缸体、散热器冻裂。为此，寒冷季节汽车在室外停放，必须将散热器中

的水放尽，给使用带来不便。冷却水在工作中还易生成水垢，影响传热系数，加之水达100℃时便沸腾，所以用水做冷却液已不适应汽车使用方便性和现代汽车发动机性能的要求。目前，国内外广泛采用乙二醇水基型发动机冷却液。为了便于运输和储存，很多乙二醇型发动机冷却液商品制成浓缩液，乙二醇含量高达95%，水的含量在5%以下。另外，还添加防腐蚀剂、阻垢剂、消泡剂和着色剂等添加剂。

② 乙二醇的主要性质

乙二醇的分子式为 $C_2H_6O_2$，结构式为 $HOCH_2CH_2OH$。纯乙二醇是具有微酸性、易吸湿、无色透明的黏稠液体。纯乙二醇可燃，但配制成的冷却液则具有明显的阻燃作用。乙二醇有微毒，按我国现行工业毒物的6级毒性分级方法，其毒性属于5级。乙二醇的主要物理化学性质见表7-4。

乙二醇的主要物理化学性质   表7-4

项　目	数　据	项　目	数　据
分子量	62.07	闪点（开口）/℃	115.6
相对密度（单位 d_{20}^{20}）	1.1155	黏度（50℃）/（Pa·s）	20.93×10^{-3}
沸点/℃	197.8	燃点/℃	121.0
冰点/℃	–13.0	自燃温度/℃	412.8

乙二醇可以与水以一定比例互溶，对降低冰点效果好。当乙二醇体积分数为58%时，发动机冷却液的冰点为–48℃。当乙二醇的体积分数在58%~80%时，没有明显的冰点，不仅不能改善防冻性能，反而会引起低温黏度增加。

③ 国外乙二醇型汽车发动机冷却液标准

欧美各国和日本等工业发达国家都制定了各自的汽车发动机冷却液标准。最早作出规定的是美国，现在许多发达国家制定的发动机冷却液标准，都是以美国材料试验协会（ASTM）所制定的标准为依据。

在美国，关于发动机冷却液的标准，还有美国联邦标准（FED. SPEC. OA-5480）、美国军用标准（MIL-A-11755C、MIL -A-46135B）。

在日本，影响最大的发动机冷却液标准是日本工业标准（JISK 2234）。

④ 我国乙二醇型汽车发动机冷却液标准

SH/T 0521—1999《乙二醇型汽车发动机冷却液及其浓缩液》规定了以乙二醇为防冻剂，加有各种添加剂和适量的水调配而成的发动机冷却液。该标准所属产品按质量分为一级品和合格品两个等级；冷却液按冰点分为–25号、–30号、–35号、–40号、–45号和–50号等6个牌号。

❸ 汽车发动机冷却液的选用

❶ 汽车发动机冷却液的选择

针对乙二醇水基型发动机冷却液，汽车发动机冷却液的选择主要包括发动机冷却液防冻性的选择和产品质量选择。

汽车发动机冷却液防冻性的选择原则，是汽车发动机冷却液的冰点要低于环境最低温度10℃左右，以确保在特殊情况下冷却液不冻结。JT 225—1996《汽车发动机冷却液安全使用技术条件》推荐的使用范围见表7-5。

汽车发动机冷却液推荐使用范围（JT 225—1996的一部分）　　　　表7-5

牌　号	推　荐　使　用　范　围
-25号	在我国一般地区如长江以北、华北环境最低气温在-15℃以上地区均可使用
-35号	在东北、西北大部分地区和华北环境最低气温在-25℃以上的寒冷地区使用
-45号	在东北、西北和华北等环境最低气温在-35℃以上的严寒地区使用

发动机冷却液的冰点除极易受外界环境温度影响外，在一定浓度条件下，与冷却液中所加添加剂的类型和用量有很大关系。所以不同厂家生产的冷却液，虽然乙二醇浓度一样，但冰点可能有所不同。桑塔纳、奥迪、红旗、捷达、皇冠3.0、雷克萨斯LS400、奔驰560和凯迪拉克等汽车的发动机冷却液，均推荐选用G11防冻剂与水的混合液，其冰点与G11浓度的关系见表7-6。

G11防冻剂调配浓度与发动机冷却液冰点之间的关系　　　　表7-6

冰点/℃	调配浓度（体积分数）	
	G11	蒸　馏　水
-25	40%	60%
-30	50%	50%

汽车发动机冷却液产品质量的选择，应以汽车制造厂家推荐为准。小客车与载货汽车、汽油车与柴油车以及不同型号的同类汽车，发动机的技术特性、热负荷情况、冷却系的材料均有不同。正因如此，目前国内外的汽车发动机冷却液配方很多，产品的性能指标和试验方法水平不一。所以，汽车发动机冷却液的选择要区别发动机的类型、性能的强化程度和冷却系材料的种类，除了保证发动机冷却液能降温、防冻外，还要考虑防沸、防腐蚀和防水垢等问题。另外，要注意区别是浓缩液还是已调配好的发动机冷却液，是一级品还是合格品。对铝质散热器发动机冷却液的选择，应特别注意对铝金属的防腐蚀性。

目前，国产的桑塔纳、别克和金杯等系列车型的冷却液中都加注乙二醇防冻液，其中桑塔纳车型采用代号G1的添加剂，其最大抗冻能力达到-40℃。别克转型专用的DEX-COOL冷却液，其防冻能力达到-37℃；金杯客车的冷却液中含有F35防冻剂，其中乙二醇与软水的体积各占 50%，它的防冻能力达到 −35℃。

❷ 汽车发动机冷却液的正确使用

汽车发动机冷却液的正确使用，除以上介绍的合理选择原则外，还应注意以下事项：

（1）稀释浓缩液要使用蒸馏水或去离子水。

（2）加强发动机冷却系密封性检查，避免冷却液漏失。

（3）由水换成乙二醇型发动机冷却液时，要彻底清洗冷却系。

（4）注意检查冷却液液面高度，视情正确补充。

（5）不同厂家、不同牌号的发动机冷却液不能混用。

（6）对浓缩液用水稀释时，要控制乙二醇浓度（体积分数）的上限值和下限值。

（7）最好每 40000km 或两年就更换冷冻液。

（8）人体不要接触防冻液。防冻液及其添加剂均为有毒物质，请勿接触，并置于安全场所。放出的冷却液不宜再使用，应严格按有关法规处理废弃的冷却液。

📖 阅读空间

汽车发动机冷却液的更换

（1）热车打开散热器盖时，应使用湿毛巾盖住散热器盖拧松，以防热水飞溅烫伤。

（2）拧开散热器底部放水孔螺塞，排放旧液；

（3）松开下水管（橡胶管）与发动机连接端口（注意检查有无锈蚀，修理锈蚀，安装前再用密封胶涂抹）；

（4）松开暖气水管（钻进驾驶舱的两条中任意一条）；

（5）更换不同品牌的防冻液时，最好接用自来水水管冲洗；

（6）旋紧散热器底部的放水口螺塞，连接自来水管，打开水龙头，起动发动机，踩下加速踏板，加快水路循环速度，并用自来水管移动到各个接口进行冲洗，直到完全清洗干净旧液为止；

（7）松开放水口螺塞，放掉散热器内自来水；

（8）用风枪吹出发动机与供暖器内残留余水；

（9）按照原来位置安装好所有管路接口；

（10）正常情况下，可以加入约 4L 冷却液；

（11）起动发动机，直到散热风扇频频起动，节温阀开启；

（12）将暖气开关旋转到红色最大区域，间歇踩加速踏板门，使冷却液充分循环，排除水路内部空气，并通过空调出风口的热量初步判断之；

（13）熄火冷却后，再从散热器盖处加满冷却液，副散热器储水罐的液面不要加注过高（这不能当作观察液面的准确规范）；

（14）散热器液面观测，必须以冷车时开启金属散热器盖观察为准，应保持为可见液面。

四　减振器油

减振器油是专用的液压油，是车辆减振器（图 7-7）的工作介质，主要用于各种载货汽车前轮及小客车前后轮的减振器内。

① 对减振器油的要求

减振器油要有适当的黏度，较高的黏度指数，良好的氧化安定性、防腐性和抗磨性。

② 分类及规格

减振器油的类别属于特殊润滑剂应用场合（S 组），在有的分类中列为液压油类，但目前尚无专门的分类。

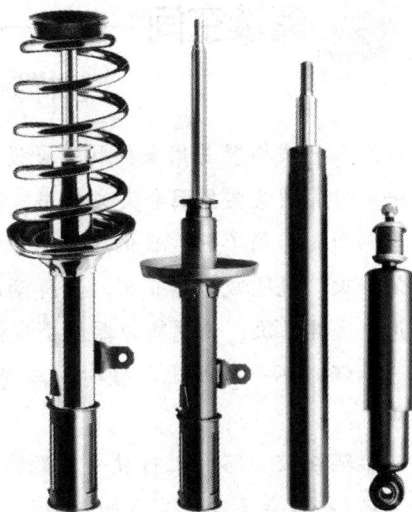

图 7-7　汽车减振器

目前，国内外的减振器油有两种：矿油型和硅油型。矿油型减振器油用低凝点的深度精制润滑油加增稠剂和抗磨、抗氧、防锈、抗泡沫等多种添加剂配制而成。硅油型减振器油具有优良的黏温性能、热稳定性和优异的吸振性能，但价格高。

表 7-7 是克拉玛依炼油厂的减振器油规格，其特点是凝点很低，有良好的黏温性，适合在北方使用。

减振器油规格（Q/XI 2009—1987） 表7-7

项　　　　目	质　量　指　标	试　验　方　法
运动黏度（50℃）/（mm²/s）　　不小于	8	GB/T 265
运动黏度比（30℃，50℃）　　不大于	200	GB/T 265
闪点（开口）/℃	150	GB/T 275
凝点/℃　　　　不高于	−55	GB/T 516
水分	无	GB/T 260
机械杂质	无	GB/T 511
酸值（未加剂）/（mgKOH/g）	0.1	GB/T 264
水溶性酸或碱（未加剂）	无	GB/T 259
腐蚀试验（T2，铜片，100℃，3h）	合格	ZBF 24013

另有一种按上海石油公司企业标准生产的减振器油，其凝点不高于 −8℃，适合在南方使用。

使用中要注意保持减振器密封良好，无渗漏现象，在 40 000~50 000km 定期维护时拆检减振器，同时更换减振器油，油量不能过多或过少，如东风 EQ1092 型汽车为 0.44L（每个），解放 CA1091 型汽车为 0.37L（每个）。

阅读空间

怎样判断减振器失效

汽车的减振器是用来抑制弹簧吸振后反弹时的振动和吸收路面冲击的能量。使用到一定时间因某些原因会失去作用，因而汽车的控制会受影响。

判断是很简单的，我们在汽车保险杠下压，放开后看汽车反弹的状况，汽车上下反弹一次，说明减振器正常。反弹两次说明减振器的回位失效或单边失效，但还可以使用。反弹三次，说明减振器完全失效，会影响驾驶控制。

车辆在不平路面上行驶时，车身振动很大而且是持续的振动，说明减振器不起作用了。

车辆在较差路面上行驶一段距离(10km 左右)，停车检查，如果用手摸减振器感觉不热(也就是不高于当时的气温)，说明减振器没有阻力，已经不起减振作用了。

当汽车在缓慢行驶中紧急制动时，若汽车振动比较剧烈，说明减振器有问题。

减振器是否漏油，可在没下雨或没洗车的情况下直接看减振器壳体或防尘套，很直观。还有就是听，在低速行驶时，当车轮通过路面的凸起部或有轻微的振动时，有悾悾的声音，减振器的异响有别于其他底盘异响，很沉闷。

减振器一旦出现故障，无法修复，只有更换，即使只有一个损坏也应全部更换。

五　汽车空调制冷剂

知识目标

1.了解汽车空调制冷剂的分类、牌号；

2.了解汽车空调制冷剂的选择原则及使用注意事项。

能力目标

1.掌握汽车减振器液在汽车上的使用；

2.培养学生理论联系实际的能力。

　　汽车空调包括冷气、暖气、去湿和通风等装置。冷气装置是使车内的空气或抽入车内的外部新鲜空气变冷或去湿，从而令人舒服的设备。制冷剂是在制冷装置的功能部件中循环的物质，通过膨胀和蒸发吸收热量，从而产生制冷效应。桑塔纳车型空调系统如图 7-8 所示。

1 汽车空调制冷剂的使用性能

　　汽车空调制冷剂应具备以下使用性能：

（1）无毒，无臭味。

（2）不易燃，不爆炸。

（3）易于改变吸热和散热的状态，有很强的重复变态能力。

（4）化学性质稳定，无腐蚀性。

（5）与润滑油无亲和作用，可与冷冻机油以任意比例相溶。

（6）有利于环境保护。

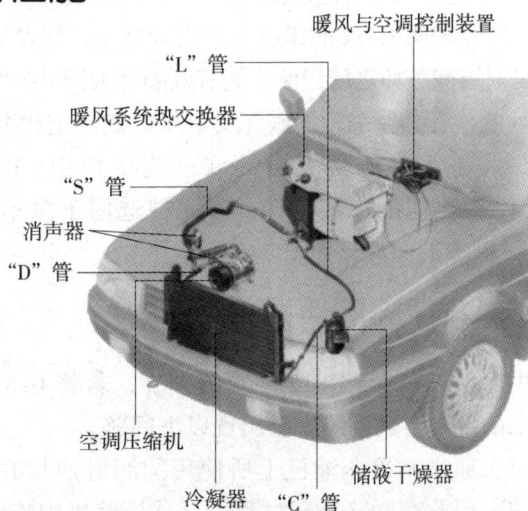

图 7-8　桑塔纳车型空调系统

183

❷ 汽车空调制冷剂的品种和使用

❶ 制冷剂的品种

汽车空调制冷剂最早广泛使用 R-12（CFC-12），后来出现了 R-12 的代用品，具有代表性的是 R-134a（HFC-134a），其中的 R 是 Refrigrant（制冷剂）的第一字母。R-12 和 R-134a 制冷剂的理化特性见表 7-8。

R-12 和 R-134a 都是氟利昂（CFCs）制冷剂。

R-12和R-134a制冷剂的理化特性　　　　　　　表7-8

项　　　目	R-12	R-134a
化学名称	二氯二氟甲烷	四氯乙烷
分子式	CF_2CL_2	CH_2FCF_3
分子量	120.91	102.03
沸点/℃	-29.79	-26.19
临界温度/℃	111.80	101.14
临界压力/MPa	4.125	4.065
临界密度/kg/cm³	558	511
0℃蒸发潜热/kJ/kg	152.28	197.5
燃烧性	不燃	不燃
臭氧破坏系数	1.0	0

R-12 制冷剂具有制冷能力强、化学性质稳定、与冷动机油相溶性好和安全性好等优点。但是，研究表明 R-12 的组成元素内含有氯，与大气中的臭氧（O_3）结合成为 ClO 和 O_2。大气的臭氧层被破坏之后，便不能有效隔开太阳紫外线的辐射，对人类和生物带来很大危害。

因此，有必要采用不破坏臭氧层的制冷剂代替 R-12。

在几乎不影响臭氧层的许多制冷剂中，R-134a 具有与 R-12 很相似的一些特性，因此被选用于汽车空调系统。R-134a 制冷剂储液罐如图 7-9 所示。

❷ 制冷剂的使用

由于 R-134a 与 R-12 性质的差异，若将 R-134a 直接用于原来的汽车空调系统中会出现以下问题：

（1）原来制冷压缩机上所使用的润滑油与 R-134a 几乎不相溶，因此在制冷循环过程中，从压缩机中流出的润滑油无法随制冷剂流回压缩机，将使压缩机润滑条件恶化而导致其使用寿命大大缩短。

图 7-9　R-134a 制冷剂储液罐

（2）R-134a对原用橡胶管与密封材料有极强的溶解与分离作用，必将导致制冷剂的大量泄漏，使系统无法正常运转。

（3）干燥罐内的硅胶干燥剂易被R-134a吸附，破坏其吸湿能力。

（4）当温度低于17℃时，R-134a的饱和压力要比R-12略低。

因此，必须针对上述问题改进和更新原有设备和材料，才能正常有效地使用R-134a。具体措施如下：

（1）制冷压缩机的润滑油由原来的矿物油更改为合成油，即聚烯烃乙二醇（PAG）。

（2）连接系统各处的软管和用于密封作用的橡胶材料，皆由聚腈橡胶（HNBR）取代以前的丁腈橡胶（NBR）。另外，新型系统管件一般由特殊复合材料制成，其内壁有尼龙层，中间为聚丁腈橡胶，并进行了强化处理，管件上设有R-134a专用标记。

（3）目前选用的干燥剂，是细小孔径且不吸附R-134a的合成泡沫沸石。

（4）膨胀阀的流量特性及制冷剂的工作压力也要相应地改变。

（5）压缩机排气压力相应增高，负荷相应增大，因而必须强化主轴、主轴承，加强缸壁特性并改善零件润滑，进排气阀也相应改用不锈钢材料。

（6）由于R-134a系统排气压力与压缩比均较R-12高，欲维持其系统效率与R-12具有相同水平，必须相应提高换热器的效能，为此，采用了平流式冷凝器和层流式蒸发器，以增大换热面积。

另外要绝对禁止R-12与R-134a混用。在使用新型制冷剂的汽车发动机和压缩机上，必须以醒目的标记加以提示。新型空调系统的使用与维修，也必须按照专门的操作规程操作。

20世纪90年代初，国际环保组织对使用R-12曾决定：1995年要在1986年消耗量与年产量基础上削减50%，1997年须减至15%，至2000年则要全部禁用。

我国有关部门对汽车空调制冷剂替代工作已有明确规定。决定以R-134a为新的制冷剂，2010年完全淘汰R-12制冷剂，采用新制冷剂的汽车空调装置加注制冷剂的接口，采用不同规格的螺纹。新制冷剂空调装置及其配件应采用绿色标志。

📋 小结

1.自动变速器油的使用性能：良好的抗泡沫性；良好的热氧化安定性；黏度适当；良好的抗磨性能；与系统总成中的橡胶密封材料的匹配性好；良好的摩擦特性（换挡性能）；防腐（防锈）性能优良。

2.国内自动变速器油的规格：目前，我国仅自动变速器油有两种企业规格，按100℃运动黏度分为8号和6号两种。

3.国内汽车制动液规格：分为HZY3、HZY4、HZY5三种产品，并规定了以合成液体为基础液并加有多种添加剂制成的合成制动液的技术要求和试验方法。HZY3、HZY4、HZY5中的H、Z和Y分别为合成、制动和液体的汉语拼音的第一个字母（大写）；阿拉伯数字3、4、5作为区别本系列各标准的标记。它们分别对应国际通用产品DOT3、DOT4、DOT5或DOT5.1。

4.减振器油是专用的液压油，是车辆减振器的工作介质，主要用于各种载货汽车前轮及小轿车前后轮的减振器内。

5.我国乙二醇型汽车发动机冷却液标准：SH/T 0521—1999《乙二醇型汽车发动机冷却液及其浓缩液》规定了以乙二醇为防冻剂，加有各种添加剂和适量的水调配而成的发动机冷却液。该标准所属产品按质量分为一级品和合格品两个等级；冷却液按冰点分为 –25 号、–30 号、–35 号、–40 号、–45 号和 –50 等牌号。

6. 汽车空调制冷剂最早广泛使用 R–12（CFC–12），后来出现了 R–12 的代用品，具有代表性的是 R–134a（HFC–134a），其中的 R 是 Refrigrant（制冷剂）的第一字母。R–12 和 R–134a 都是氟利昂（CFCs）制冷剂。

自我检测

1. 如何正确选用液力传动油？

2. 液力传动油如何分类？

3. 汽车制动液的概念是什么？

4. 我国汽车制动液可分成哪三类？

5. 汽车制动液使用性能有哪些？各项评定指标是什么？

6. 国外制动液规格有哪些？并指出其具体内容。

7. 国内车辆制动液的目前使用标准是什么？

8. 汽车制动液的选择原则有哪些？

9. 为什么要对发动机进行冷却？

10. 发动机冷却液的使用性能有哪些？

11. 乙二醇型冷却液比用水作冷却液更优越，为什么？

12. 目前国内乙二醇型冷却液的使用标准是什么？具体的等级和牌号是什么？

13. 汽车发动机冷却液的选择原则是什么？

14. 正确使用发动机冷却液，应注意哪些事项？

15. 汽车空调制冷剂的使用性能有哪些？

16. 由于 R–134a 与 R–12 性质的差异，若将 R–134a 直接用于原来的汽车空调系统中会出现什么问题？

参 考 文 献

［1］陈文均.汽车材料［M］.北京：高等教育出版社，2007.

［2］凌永成，李美华.汽车运行材料［M］.北京：北京大学出版社，2008.